La productivité à l'épreuve des services

P.I.E. Peter Lang

Bruxelles • Bern • Berlin • Frankfurt am Main • New York • Oxford • Wien

Faridah Djellal et Faïz Gallouj

La productivité à l'épreuve des services

Collection « Business & Innovation »
n° 2

Cet ouvrage a été initialement publié en anglais chez Edward Elgar sous le titre « Measuring and Improving Productivity in Services: Issues, Strategies and Challenges ».

Éditions scientifiques internationales
Bruxelles, 2012
1 avenue Maurice, B-1050 Bruxelles, Belgique
www.peterlang.com ; info@peterlang.com

ISSN 2034-5402
ISBN 978-90-5201-840-9
D/2012/5678/26

Ouvrage imprimé en Allemagne

Information bibliographique publiée par « Die Deutsche Nationalbibliothek »

« Die Deutsche Nationalbibliothek » répertorie cette publication dans la « Deutsche Nationalbibliografie » ; les données bibliographiques détaillées sont disponibles sur le site http://dnb.n-db.de.

Table des matières

PARTIE II. LES DÉTERMINANTS ET LES STRATÉGIES DE LA PRODUCTIVITÉ

Cet ouvrage s'appuie sur un travail de recherche effectué pour les ministères de la Santé, des Affaires sociales, du Travail et de la Solidarité. Nous remercions vivement Monsieur Étienne Marie (Directeur de la DGAPB : Direction de l'Administration Générale, du Personnel et du Budget) et Madame Fabienne Grizeau-Hoarau (chargée de mission) pour leur soutien. Notre dette est grande vis-à-vis de Jean-Gadrey (Professeur émérite à l'Université Lille I) dont les travaux ont profondément inspiré nos propres réflexions. Nous tenons également à exprimer notre gratitude à Sophie Goyat, Dominique Mosbah et Véronique Testelin. Leur professionnalisme constitue la preuve évidente que la performance dans les services publics n'est pas une simple question académique.

Faridah Djellal et Faïz Gallouj

Introduction générale

La productivité d'une entreprise, d'une organisation ou d'une nation rend compte de la relation qui s'établit entre sa production de biens et de services et les moyens de production mis en œuvre (le travail, les équipements, les matières premières, etc.). Elle mesure, par conséquent, un rendement technique, une efficience productive. Elle est un outil central de l'analyse économique et des sciences de gestion, puisque sa hausse signifie une meilleure utilisation de ressources humaines et matérielles rares et coûteuses…

Dans « Le Grand Espoir du XXe siècle », notamment à la suite des constats de Clark (1940), Jean Fourastié (1949) a consacré ce concept comme le critère technique intrinsèque qui permet de distinguer les secteurs primaires, secondaires et tertiaires. Ainsi, par nature, les services seraient définis par un taux de croissance de la productivité faible en comparaison de l'agriculture, mais surtout de l'industrie.

Sans remettre totalement en question l'hypothèse de la faiblesse de la productivité dans les services, l'évolution des économies tertiaires contemporaines met en doute le caractère « naturel » ou « technique » de cette faiblesse. D'autres interprétations sont ainsi avancées : en particulier, celles qui interrogent la validité et la pertinence des méthodes traditionnelles de mesure de la productivité, jugées trop industrialistes et inadaptées à la nature singulière des services. Ainsi, la productivité des services ne serait pas nécessairement toujours plus faible, mais plutôt souvent mal mesurée, et parfois même conceptuellement inappropriée.

Le relâchement de l'hypothèse de la faiblesse naturelle de la productivité dans les services pose, bien entendu, aux organisations comme aux pouvoirs publics, la question des modalités et des stratégies de son amélioration. Si les services ne sont pas caractérisés par une faible productivité *naturelle*, leur retard dans ce domaine peut laisser présager d'immenses gisements de productivité qui attendent d'être découverts et exploités.

Cette question s'est très rapidement retrouvée au cœur des stratégies des services marchands en concurrence. Mais elle a également vite gagné les services publics. Ainsi, la question de la mesure et de l'amélioration de la productivité des services publics est récurrente dans les débats politiques, comme dans les travaux académiques, depuis plusieurs décennies[1] (Le Pen, 1986 ; Castagnos, 1987). Il s'agit d'une préoccupation invasive, qui a souvent pénétré la sphère publique en commençant par les « entreprises de services publics », avant de s'attaquer aux « services administratifs ». Elle se diffuse désormais, au sein de ceux-ci, à des fonctions jusque-là préservées (à tort ou à raison) à savoir les fonctions, éminemment intellectuelles, de conception et de pilotage. Le chemin parcouru, retracé par la figure 1, est semé d'un nombre croissant d'embûches. En effet, comme on le constatera, dans ce travail, plus le concept progresse le long de ce chemin, plus les difficultés de définition, de mesure et de légitimation sont nombreuses.

Figure 1 : Le caractère invasif des stratégies d'amélioration de la productivité

Agriculture → Industrie → Services marchands

Services publics (entreprises) → Services publics (administratifs) → Fonctions internes (de pilotage)

La question de la productivité dans les services publics (en particulier, les services administratifs), qui n'est donc pas nouvelle en soi, connaît, depuis quelques années, un indéniable regain d'intérêt (dans les travaux académiques, les réflexions des institutions statistiques nationales et internationales et dans celles des pouvoirs publics). Pour expliquer cet intérêt ou ce regain d'intérêt, on invoque généralement les raisons suivantes, dont certaines sont anciennes et d'autres plus récentes.

1) Dans tous les pays développés, les services publics représentent une partie considérable de la richesse nationale et de l'emploi. Ainsi, toute variation de la productivité de ce secteur entraîne mécaniquement une variation significative de la productivité de l'ensemble de l'économie nationale.

2) Les services publics jouent un rôle dans le développement des autres activités économiques. Autrement dit, la performance (la productivité) des services publics influence celle du reste de l'économie. C'est

---

[1] Il existe même des revues scientifiques consacrées à cette seule question : par exemple, la *Public Productivity and Management Review*, qui existe depuis 1975 aux États-Unis, et qui est devenue la *Public Performance and Management Review*. Il existe également des revues spécialisées, consacrées à la question de la productivité en général : c'est le cas, par exemple, du *Journal of Productivity Analysis*, de *l'International Journal of Productivity and Performance*, *de l'International Journal of Productivity and Quality Management* ou encore de la *National Productivity Review*.

particulièrement évident pour l'éducation, la recherche publique, la santé, les infrastructures de transport, etc. Mais c'est tout aussi vrai pour la police, la justice, etc. Les services publics constituent ainsi à la fois un objet de productivité (argument précédent) et un facteur ou déterminant essentiel de la productivité (des autres secteurs). Comme on le verra, ils sont au cœur de ce qu'on appellera, dans le chapitre 5, le facteur politique et institutionnel.

3) Financés par les impôts, les services publics doivent rendre des comptes à des contribuables de plus en plus attentifs à la rigueur de la gestion des ressources, et qui ont de plus en plus tendance à se considérer comme les clients d'une administration qui n'est rien d'autre qu'un prestataire de services. L'hypothèse sous-jacente est ainsi que, contrairement à ceux de la sphère marchande, les managers des services publics ont tendance à négliger les objectifs de productivité. Ces préoccupations nouvelles sont associées à un contexte dans lequel certaines variables socioéconomiques exercent une pression à la croissance des dépenses publiques : le vieillissement de la population, la maladie des coûts de Baumol (1967) qui ne semble pas guérie. Elles ne sont pas non plus étrangères à l'évolution de certaines variables socio-politiques qui poussent les services publics, longtemps protégés par des monopoles (naturels), à être confrontés, d'une manière ou d'une autre, directement ou indirectement, à la logique du marché (libéralisation, etc.). Un niveau élevé de productivité est ainsi considéré comme le signe d'une saine gestion des ressources.

4) Les enjeux de la mesure de la productivité des services publics (et, en particulier, le choix du type d'indicateur retenu) sont fondamentaux pour les prestataires en tant qu'organisation ou centre élémentaire de décision économique. En effet, ces indicateurs se substituent au jugement par le prix et le marché en ce qui concerne l'évaluation des organisations et de leurs responsables.

5) Les services publics (comme l'ensemble des services) continuent de poser aux chercheurs, mais aussi aux organismes de statistiques nationaux et internationaux des problèmes difficiles, non encore résolus, malgré une grande avancée dans la formulation des difficultés et la proposition d'un certain nombre de réponses, par les travaux précurseurs en la matière (Fuchs, 1969 ; Griliches, 1984 ; Jorgensen, 1995). Il s'agit non seulement de problèmes techniques de définition et de mesure (en particulier de l'output), mais aussi, dans certains cas, de problèmes de validité conceptuelle de la notion de productivité et de difficultés d'arbitrage opérationnel entre des objectifs souvent contradictoires (par exemple, la détérioration de la qualité du « produit » et la démotivation des employés, engendrées par une stratégie de productivité trop intensive).

L'objet de ce travail est de dresser un bilan de la question de la productivité dans les services à la fois sur le plan théorique, méthodologique et opérationnel (c'est-à-dire celui de la mise en œuvre des facteurs de productivité).

Ce travail est organisé en deux parties.

La première partie est consacrée à un bilan des débats conceptuels et méthodologiques (récents) sur la notion de productivité. Nous y rendrons ainsi compte des définitions de la productivité et de ses principales méthodes de mesure. Cette partie comporte quatre chapitres. Dans le chapitre un, nous proposons un cadrage général sur la notion de productivité. Nous rendons compte de ses principales définitions et méthodes de mesure, de ses principaux enjeux théoriques et opérationnels et des controverses théoriques suscitées par cette notion. Dans les trois chapitres suivants, nous analysons plus en détail la manière dont la notion de productivité s'applique aux services marchands, puis aux services publics et enfin aux services internes de pilotage. Dans chacun de ces chapitres, nous examinons, tout d'abord, de manière analytique, les conséquences théoriques sur la notion de productivité d'un certain nombre de caractéristiques considérées comme représentatives de la catégorie de services retenue, avant de rendre compte des expérimentations de mesure mises en œuvre.

La seconde partie est consacrée, dans une perspective plus opérationnelle et stratégique, à l'identification et à l'analyse des principaux leviers (facteurs ou déterminants) de l'amélioration de la productivité, et, plus généralement, aux stratégies concrètes mises en œuvre à cette fin dans les entreprises et les organisations. Le chapitre cinq est un chapitre de cadrage général sur les principaux déterminants de la productivité envisagés dans la littérature. Dans les chapitres suivants, nous nous efforcerons d'analyser à la fois sur le plan théorique et sur le plan des stratégies concrètes mises en œuvre, les spécificités respectives des services, des services publics (en particulier administratifs) et de leurs services internes (en particulier de pilotage), en matière de « leviers » ou de « facteurs » d'amélioration de la productivité. Nous tenterons ici de multiplier les études de cas, dans une perspective de *benchmarking* organisationnel, sectoriel et/ou international.

Dans chacune de ces deux parties, qu'il s'agisse de définitions, de méthodes, de déterminants ou de stratégies, nous nous efforcerons de partir d'un questionnement général, pour resserrer progressivement la focale, tout d'abord, sur les services, puis, sur les services administratifs au niveau organisationnel, puis intra-organisationnel.

Partie I

La productivité : définitions et méthodes de mesure

Chapitre 1

Une notion clé de l'analyse économique : définitions, mesures, enjeux et controverses

La productivité est une notion apparemment facile à définir, difficile à mesurer, mais dont les enjeux sont considérés comme extrêmement importants, non seulement dans les modélisations des économistes et des gestionnaires, mais aussi et surtout dans la gestion concrète des entreprises et des organisations. Elle est ainsi au cœur de toutes les théories économiques. Au sein des entreprises, peu de discours managériaux échappent aux injonctions de productivité et le partage des gains de productivité continue d'être au centre d'âpres négociations entre les représentations syndicales et les responsables d'entreprises. Cela n'empêche pas que cette notion de productivité puisse être remise en question, dans certaines circonstances, et donner lieu à un certain nombre de controverses théoriques et méthodologiques.

Ce chapitre de cadrage, qui ne place pas les services au cœur de l'analyse, est organisé en trois sections. La section 1 est consacrée à une définition générale de la notion de productivité, qui indique les différents niveaux d'analyse envisageables et rappelle les confusions à éviter. Dans la section 2, nous rendons compte, de manière générale, des principales méthodes de mesure de la productivité, qu'il s'agisse de méthodes indicielles ou de techniques des frontières (paramétriques ou non-paramétriques). La section 3 est consacrée à une réflexion théorique sur la place du concept de productivité dans la théorie économique. En conclusion, nous présentons un certain nombre de controverses actuelles, qui remettent en question ce qui est considéré comme une certaine hégémonie d'un concept qui n'est pas pertinent partout et à tout moment.

I. Définition générale, niveau d'analyse et concepts voisins

La productivité (p) n'est rien d'autre que le rapport entre la production (P) d'un bien ou d'un service et les facteurs de production mobilisés (F) : p = P/F. C'est un indice de l'efficience productive d'une unité de production donnée, pour une période donnée, qui ne doit pas être confondu avec d'autres concepts comme l'efficience (indifférenciée), l'efficacité ou la performance (§ A). Il peut être défini et mesuré à différents niveaux : un pays, une branche, une entreprise, une unité de production, un individu (§ B).

A. Une confusion avec d'autres notions voisines

La notion de productivité entretient des liens avec d'autres notions dont il est important de la distinguer. Il s'agit des notions de performance, d'efficacité et d'efficience (*cf.* figure 1). Ces trois notions ne sont pas indépendantes. L'objectif de ce paragraphe est d'apporter quelques rapides clarifications.

La performance est le concept le plus large. Elle traduit la capacité d'une organisation (ou de toute autre entité analytique) à atteindre un certain nombre d'objectifs généraux, fixés *a priori*, concernant des aspects divers de son développement. Elle couvre (ou peut couvrir) des objectifs multiples, non seulement économiques, mais aussi sociaux, éthiques, écologiques, etc. Elle recouvre aussi les deux autres concepts : celui d'efficacité et celui d'efficience, qu'on désigne aussi parfois respectivement par les expressions « performance externe » et « performance interne ».

L'efficacité (*effectiveness* en anglais) traduit le degré de réalisation des objectifs, quels qu'ils soient (économiques, sociaux, éthiques, « citoyens », écologiques, etc.), sans se préoccuper, à ce niveau, de l'importance des coûts (des facteurs de production) engagés ou des volumes de produits créés. Une organisation est ainsi efficace, lorsqu'elle atteint les objectifs fixés (objectifs de vente, d'amélioration de l'accueil, d'intégration sociale, de réduction de la pollution, etc.). Comme on le verra, cette efficacité ou performance externe est étroitement associée, en ce qui concerne le produit, à la notion d'output médiat (indirect) ou outcome.

L'efficience (*efficiency* en anglais) traduit quant à elle dans quelle mesure les objectifs (le plus souvent ici économiques) ont été réalisés en économisant les ressources. On peut envisager cette efficience sous deux perspectives différentes, mais complémentaires : une perspective financière et une perspective technique. La perspective financière est, par exemple, celle des ratios de rentabilité. La perspective technique quant à elle est celle de la productivité. Ainsi, la productivité, qui mesure un rendement technique (rapport entre un volume d'output et un volume d'input), est une mesure d'efficience technique.

On pourrait dire, dans une certaine mesure, que l'efficience technique ou opérationnelle (productivité) est un concept d'ingénieur, qui ne se préoccupe pas directement des coûts, ni de la satisfaction des clients, mais des rendements physiques ou réels ; que l'efficience monétaire est un concept d'économiste, intéressé avant tout par la minimisation des coûts et la maximisation des profits ; et qu'enfin l'efficacité est un concept propre au politique, soucieux du bien-être et de la satisfaction des usagers (garants de sa réélection). Considérer que l'efficience technique (productivité) est un concept d'ingénieur ne signifie pas, bien entendu, que les économistes doivent y renoncer (tout au moins pour cette raison-là), mais simplement qu'ils doivent veiller à l'envisager en tant que tel et à ne pas la confondre avec les autres. De même, associer l'efficacité au politique ne signifie nullement que ce dernier ne se préoccupe pas d'efficience.

La productivité est ainsi une des dimensions de l'efficience, l'autre étant la rentabilité. Les liens entre les deux peuvent être mis en évidence de manière très simple, si on suppose que les stratégies d'amélioration de la productivité d'une entreprise visent à augmenter son profit (sa rentabilité), π, c'est-à-dire la différence entre les recettes et les coûts de production.

$$\pi = pq - \left(p_l L + p_k K + p_c C\right)$$

En effet, toutes choses égales par ailleurs, les effets de la productivité sur le profit peuvent être identifiés à deux niveaux : 1) l'accroissement du niveau de production (q) seul ; ou 2) la réduction de l'utilisation d'un ou plusieurs des facteurs de production : le capital (K), le travail (L), les consommations intermédiaires (C).

On pourrait croire que, pour leur part, les concepts d'efficacité et d'efficience entretiennent entre eux une relation simple, mécanique et cohérente, de renforcement mutuel. En effet, les stratégies et les ratios d'efficacité fixeraient les orientations que les stratégies et les ratios d'efficience s'efforceraient d'atteindre, dans les meilleures conditions économiques possibles. La relation entre les deux est en réalité beaucoup plus complexe et problématique (Schwartz, 1992 ; Du Tertre et Blandin, 1998). En effet, ces deux concepts sont, tout d'abord, confrontés au problème du « dimensionnement ». Il est nécessaire, mais toujours difficile (sujet à controverse et à rapport de force, dans la mesure où différents dimensionnements sont possibles) de passer de principes généraux (exemple, l'amélioration de la santé, de la justice, du niveau d'éducation, la baisse de la criminalité) à des ratios concrets et opérationnels. C'est particulièrement évident pour l'efficacité, mais c'est tout aussi vrai pour l'efficience. Par ailleurs, on constate qu'il n'est pas rare que les stratégies et les ratios d'efficience soient, en réalité, déconnectés des objectifs d'efficacité, autonomes vis-à-vis d'eux.

Figure 1 : Productivité, efficience, efficacité, performance

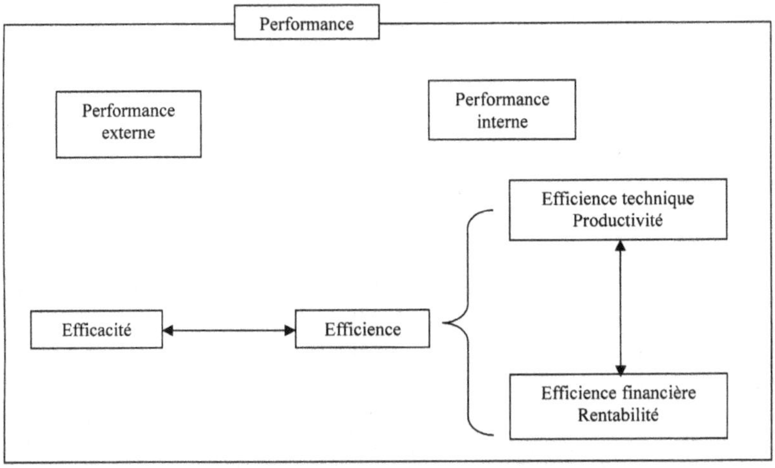

B. Différents niveaux d'analyse

Le problème de la mesure de la productivité peut être envisagé à quatre niveaux différents : méso et macroéconomique, microéconomique, intra-organisationnel et individuel.

1) Le niveau méso et macroéconomique est celui des comptabilités nationales des secteurs d'activité. Il rend compte de la contribution des activités de services aux grands agrégats (PIB, PNB). On verra qu'il est difficile de mesurer la valeur ajoutée dans certains services marchands (par exemple, la banque, l'assurance) et dans la plupart des services non-marchands.

2) Le niveau microéconomique est celui d'une entreprise donnée ou d'une administration. La question de la mesure de la productivité, dans ce cas, ne diffère pas beaucoup du niveau précédent, puisque c'est sur la base des comptabilités des entreprises et des organisations que la comptabilité nationale construit ses agrégats sectoriels ou nationaux. Le niveau microéconomique pose ainsi les mêmes problèmes que le niveau macroéconomique en ce qui concerne la définition de l'output et des inputs. Il introduit une difficulté supplémentaire : celle de l'agrégation des données microéconomiques pour accéder au niveau méso ou au macroéconomique.

3) En revanche, quand on entre dans la boîte noire de l'organisation, c'est-à-dire quand on (le chercheur, mais aussi le responsable d'une entreprise ou d'une organisation, l'autorité de tutelle) s'intéresse (en

particulier, dans une perspective de comparaison, de mise en concurrence et d'allocation de ressources) aux performances des composantes d'une organisation (un établissement, un département, un atelier, un service fonctionnel), autrement dit quand on s'intéresse aux « produits intermédiaires » plutôt qu'aux produits finaux, on est confronté à de grandes difficultés, en particulier lorsqu'il s'agit d'une activité de service. En effet, il y a de nouveau ici une grande pluralité de définitions possibles des produits et des résultats. Par ailleurs, à l'intérieur d'une organisation, plus qu'ailleurs, les relations entre les facteurs de production et le produit sont difficiles à établir. Des variables différentielles d'environnement interviennent qu'il est difficile de « neutraliser » (en particulier dans une logique comparative). Dans le chapitre quatre et dans la dernière partie du chapitre sept de ce travail, c'est ce niveau intermédiaire, intra-organisationnel (et notamment les fonctions de pilotage des services administratifs) qu'on privilégiera.

4) On peut également porter l'évaluation sur la performance (productivité) de l'individu ou du groupe restreint. Les sciences de gestion ont produit des outillages raffinés d'évaluation des individus ou des groupes restreints d'individus, en particulier, dans une perspective d'incitation à la performance (Le Maître, 1993 ; Bernatchez, 2003). Dans toute organisation, *l'individu* se voit confier un ensemble de tâches données qui correspondent à son « produit ». Que l'individu (chronométré à deux moments successifs) soit plus rapide dans la réalisation des mêmes tâches, et l'on pourra dire que des gains de productivité du travail ont été réalisés dans l'exercice des tâches en question. La difficulté de ce type de mesure du produit et de la productivité est triple : 1) les tâches ne sont pas toujours facilement codifiables : elles ont, dans certains cas, une forte dimension tacite et discrétionnaire ; 2) elles sont rarement stables dans le temps, ce qui ruine tout espoir de mesurer sérieusement l'évolution de la productivité ; 3) l'individu n'est jamais isolé : il appartient à un groupe et est toujours enchâssé dans des structures sociales de coopération et de solidarité, qui brouillent les mesures individuelles. Pour parodier la comptabilité nationale, on pourrait appeler ce *groupe élémentaire d'individus* « unité de production homogène », dans la mesure où il s'agit d'un collectif de travail dédié à un « produit » ou une tâche donnés ou à un panier de « produits » ou à un ensemble de tâches donnés ayant une certaine cohérence. C'est à ce niveau que s'exprime sans doute le plus fortement le sentiment d'appartenance à un groupe et que s'exercent les « liens forts » (solidarité dans le travail) qui contribuent à brouiller le niveau d'analyse individuel.

II. La mesure de la productivité

L'apparente simplicité de la définition générale de la productivité cache de redoutables problèmes de mesure et une multiplicité d'indicateurs et de techniques dont il ne s'agit pas ici de rendre compte de manière exhaustive. En effet, les sources de difficulté sont particulièrement nombreuses (*cf.* pour un bilan, OCDE, 2001 ; Schreyer et Pilat, 2001 ; Gamache, 2005). Nous nous contenterons donc d'énoncer un certain nombre de problèmes généraux (c'est-à-dire, à ce stade, indépendamment de l'activité ou du secteur envisagé), dont nous serons amenés à explorer, plus en profondeur, certains aspects dans les chapitres suivants (consacrés aux services).

Nous rendrons compte ici pour l'essentiel des méthodes indicielles (les plus fréquentes et celles utilisées par les experts des organismes statistiques nationaux ou internationaux). Mais nous évoquerons également, plus rapidement, d'autres méthodes de mesure de la productivité, qui relèvent pour l'essentiel des techniques dites de frontières (paramétriques ou non-paramétriques) : les méthodes d'analyse de données par enveloppement (DEA) et les méthodes économétriques. Il s'agit de techniques utilisées essentiellement dans les travaux académiques, mais qui sont occasionnellement mises en œuvre par certaines institutions statistiques, voire par certaines entreprises et organisations.

A. Les méthodes indicielles

La mesure de la productivité par les indices est la plus simple sur le plan formel, et la plus fréquente. En fonction du choix du numérateur et du dénominateur (qu'il s'agisse de la grandeur retenue ou de son mode d'évaluation), il existe néanmoins une grande diversité d'indices, plus ou moins problématiques.

1. Indicateurs monofactoriels et indicateurs multifactoriels

Les indicateurs de productivité comportent toujours au numérateur la production (P), bien que, comme on le verra, celle-ci puisse être mesurée de multiples manières (par la production brute ou la valeur ajoutée). En revanche, les facteurs de production sont hétérogènes, puisqu'ils comprennent le travail, le capital et un nombre considérable de types différents de consommations intermédiaires. Il est possible, en théorie, de calculer la productivité pour chaque type de facteur de production envisagé séparément (indices monofactoriels : par exemple, la productivité du travail, la productivité du capital ou la productivité des consommations intermédiaires) ou pour plusieurs ou l'ensemble de ces facteurs (indices multifactoriels).

On considère généralement (et, davantage encore, dans les services) que la productivité du travail est l'indicateur le plus important. Elle mesure l'efficience productive de la main-d'œuvre dans une entreprise ou une économie ou toute autre unité de production. Cependant, cette efficacité productive de la main-d'œuvre n'est pas indépendante des autres facteurs de production. Les gains de productivité du travail peuvent, en particulier, provenir de l'utilisation par la main-d'œuvre de différentes unités de capital (intégrant plus ou moins de progrès technique) qui facilitent le travail. La quantité et la qualité (niveau technologique) du capital mis à la disposition des travailleurs exercent généralement un effet beaucoup plus significatif sur la productivité que l'intensité de l'effort consenti par la main-d'œuvre. Ainsi, à cet indicateur de productivité partielle (pour un facteur isolé), les organisations peuvent préférer un indicateur de la productivité totale (ou globale) des facteurs (ou productivité multifactorielle).

2. *Productivité physique, en valeur et en volume*

La productivité physique, qui peut être utilisée pour une production de biens (mais aussi de services) homogènes rapporte une production mesurée en unités physiques (en quantité) à un facteur de production lui-même mesuré en unités physiques. C'est, par exemple, le nombre de tonnes de minerais extraits par travailleur, le nombre de véhicules produits par individu, le nombre d'opérations techniques élémentaires effectuées (ouvertures de compte, fermetures de compte, dans une banque) par individu.

Cependant, lorsque la production est hétérogène, il est nécessaire de l'homogénéiser par des unités monétaires (production en valeur). Afin de se libérer de l'influence de la variation des prix (inflation), c'est-à-dire pour éviter que les évolutions de productivité ne traduisent que des évolutions de prix, en particulier lorsqu'il s'agit de réaliser des comparaisons dans le temps, il est indispensable d'exprimer la production (et la productivité) en volume, c'est-à-dire à prix constant. On y parvient généralement en déflatant la valeur de la production par l'indice des prix approprié.

3. *Le casse-tête de la mesure des indicateurs*

Si la productivité est simplement une comparaison de la production et des ressources, les réponses aux questions suivantes sont quant à elles loin d'être simples : 1) Comment définir la production et comment la mesurer ? 2) Quelles ressources faut-il prendre en compte et comment les mesurer ? 3) Comment effectuer l'agrégation des productivités des niveaux intermédiaires pour aboutir aux niveaux supérieurs (qu'il s'agisse de passer du niveau intra-organisationnel au niveau organisationnel ou du niveau organisationnel au niveau sectoriel ou national) ?

Ces questions ne sont pas nouvelles, mais elles se posent avec une acuité renouvelée dans une économie post-industrielle, post-fordiste ou encore une économie de la qualité (Karpik, 1989), une économie de l'innovation permanente ou une économie fondée sur le savoir. Dans une telle économie (quel que soit le nom qu'on lui attribue), le résultat (outcome) prend de plus en plus d'importance vis-à-vis du produit (output). Les cycles de vie de la qualité et de l'innovation sont de plus en plus courts, ce qui augmente le risque de comparer (dans l'espace ou dans le temps) des produits, mais aussi des facteurs de production, qui ne sont plus les mêmes.

On ne développera ici pour l'essentiel que la question n° 1 (celle de la définition et de la mesure de la production). C'est là que réside l'essentiel des difficultés en particulier conceptuelles. Les deux autres questions posent moins de difficultés (et des difficultés au regard desquelles les services diffèrent peu des biens). Il s'agit essentiellement de problèmes méthodologiques, qui peuvent trouver des solutions techniques plus ou moins raffinées. On évoquera donc très rapidement la question n° 2 et, en ce qui concerne la troisième question, on renverra à la littérature technique (*cf.* OCDE, 2001).

a. La définition et la mesure de la production

Le produit qui figure au numérateur des indicateurs de productivité peut être appréhendé par la *production brute*, mais aussi par la *valeur ajoutée*, c'est-à-dire par la production diminuée des consommations intermédiaires (VA = P - CI). La justification de cette seconde alternative est simple. Les gains de productivité constatés peuvent ne rien devoir (ou devoir peu) à une meilleure efficacité des facteurs de production utilisés. Ils peuvent tout simplement être la conséquence de biens intermédiaires (matières premières, produits semi-finis) de meilleure qualité. Autrement dit, la productivité accrue d'une unité de production donnée peut être essentiellement le fruit de la productivité accrue d'une autre entité située en amont. Ainsi, la mesure de la productivité par le produit brut pénalise en particulier les unités les plus fortement intégrées verticalement. L'idée est donc que, puisque toute unité de production transforme des inputs venant d'une autre unité en outputs en utilisant ses propres facteurs de production, ce qu'elle produit réellement c'est la différence : ce qu'elle ajoute aux inputs consommés. Mais il n'est pas toujours simple de déterminer la quantité ajoutée, car elle n'est jamais « une quantité additionnelle concrète ».

Cette alternative entre production brute et valeur ajoutée permet de mettre en évidence plusieurs types de productivité. Elle permet, tout d'abord, d'introduire une distinction entre *productivité brute* et *productivité nette*. En effet, la productivité brute retient la production brute comme indicateur de produit, tandis que la productivité nette s'appuie sur la valeur ajoutée. Cette distinction entre productivité brute et productivité nette est d'autant plus importante qu'il y a une différence significative entre la production brute et la valeur ajoutée. C'est le cas, par exemple, en général, des services dont l'objet est le traitement de biens matériels, comme le commerce. En revanche, la distinction entre ces deux types de productivité importe moins lorsque les consommations intermédiaires sont peu importantes comparées à la valeur ajoutée. Cette alternative permet, ensuite, (lorsqu'elle est croisée avec la diversité des types de facteurs de production) de mettre en évidence les principaux indicateurs de productivité généralement utilisés (*cf.* tableau 1).

Tableau 1 : Aperçu des principales mesures de productivité

Types de mesure de la production	**Type de mesure des facteurs de production**			
	Travail	**Capital**	**Capital et travail**	**Capital, travail et facteurs intermédiaires (énergie, matières et services)**
Production brute	Productivité du travail (en production brute)	Productivité du capital (en production brute)	Productivité multifactorielle (en production brute)	Productivité multifactorielle KLEMS
Valeur ajoutée	Productivité du travail (en valeur ajoutée)	Productivité du capital (en valeur ajoutée)	Productivité multifactorielle (en valeur ajoutée)	-
	Mesures de productivité unifactorielle		**Mesures de productivité multifactorielle (PMF)**	

(OCDE, 2001)

Comme nous l'avons évoqué précédemment, le produit doit généralement être exprimé en volume ou à prix constant, afin de « neutraliser » les effets de la variation des prix. Sur le plan statistique, tout au moins, la déflation de la production brute est simple. Il suffit de diviser l'indice de production en valeur par un indice de prix de la production. On obtient ainsi un indice de volume ou de quantité de la production brute. Quand on s'intéresse à la valeur ajoutée, la déflation n'est pas statistiquement plus compliquée, dans la mesure où l'on opère une « double déflation » : tout d'abord, une déflation de la production brute par un indice de prix de production, puis une déflation des consommations intermédiaires par un indice des prix de consommations intermédiaires. La valeur ajoutée en volume est obtenue en opérant la soustraction suivante : *(valeur à prix constant de la production brute) - (valeur à prix constant des facteurs intermédiaires).* Il convient néanmoins de tempérer cet optimisme par le rappel de la difficulté, dans certains secteurs (en particulier de service, comme la santé, l'éducation, les services financiers, etc.), à établir des indices de prix.

Cependant, l'évaluation du produit (qu'elle s'appuie sur la production brute ou la valeur ajoutée) est confrontée à une difficulté majeure (ancienne, mais de plus en plus saillante) à savoir celle de la prise en compte des variations de la qualité et des nouveaux produits. Lorsque la variation de la qualité, l'amélioration des produits ou l'introduction de nouveaux produits (la frontière s'estompant entre les différents niveaux) s'effectue à une vitesse relativement lente, il est possible d'intégrer régulièrement ces « produits » dans l'échantillon représentatif utilisé pour construire l'indice des prix. Mais, ce n'est pas le cas, par exemple, des technologies de l'information et des télécommunications, qui sont caractérisées par une vitesse de renouvellement extrêmement élevée et une baisse très rapide et souvent spectaculaire des prix, qui compromettent leur intégration (en temps opportun) dans les indices des prix. Il est ainsi fréquent, dans ces cas, que l'amélioration de la qualité soit plus importante que la différence de prix observée. Ainsi, les variations de qualité seront sous-évaluées et les variations de prix surévaluées, ce qui est à l'origine d'une sous-estimation de la croissance de la production et de la productivité.

On notera que certaines techniques sont parfois explorées, qui visent à affecter aux nouveaux produits des prix dits de « réservation », c'est-à-dire à leur imputer des prix hypothétiques correspondant à la période où ces produits n'étaient pas encore disponibles sur le marché. Tel est le cas, par exemple, de la méthode dite des prix hédoniques.

b. La définition et la mesure du travail et du capital

Les mesures du travail et du capital sont souvent envisagées de manière parallèle, comme deux formes du capital, l'un humain, l'autre technique. Cette perspective autorise un certain nombre d'analogies. Par exemple, le travail, comme le capital, sont évalués par la « quantité de services produits ».

Pour mesurer la productivité du travail, on retient généralement plutôt le nombre d'heures travaillées, dans la mesure où le nombre de travailleurs cache des situations différentes, telles que le temps partiel, les variations dans les heures supplémentaires effectuées et les absences, les emplois multiples. Il ne tient pas compte des travailleurs indépendants, etc.

Dans la mesure où les « heures travaillées » mesurent la « quantité de services produits » par le travail, on retient généralement la rémunération horaire moyenne (c'est-à-dire le taux salarial sous l'angle de l'employeur) comme prix de ce travail.

Les « heures travaillées » ne disent rien, ni des compétences, ni des efforts des travailleurs, alors que, comme pour le « produit », la sous-estimation de la qualité du travail (tout comme d'ailleurs de celle du capital ou de toute autre ressource) peut conduire à une sous-estimation de la productivité. Or, le facteur travail est hétérogène du point de vue de la qualité, et il faut en tenir compte. On peut y parvenir en utilisant des typologies de main-d'œuvre croisant un nombre plus ou moins élevé de caractéristiques qualitatives (âge, sexe, instruction, santé, etc.). Mais il faut alors résoudre le problème difficile de la pondération de ces différentes catégories.

Par de nombreux aspects, la mesure du capital ressemble à celle du travail. En particulier, la quantité de capital est mesurée, non pas par la quantité d'équipements, mais par les « services du capital », c'est-à-dire comme le total des heures machines (généralement considéré comme une part fixe du stock de capital). Le prix du capital est défini quant à lui par le « coût d'utilisation du capital par unité de service du capital ». Comme pour le travail, il est nécessaire (mais difficile) de tenir compte de l'hétérogénéité qualitative du capital, afin de ne pas sous-estimer la productivité.

B. Les techniques des frontières

Les méthodes indicielles de mesure de la productivité sont privilégiées à la fois par les instituts de statistique nationaux et internationaux et par les acteurs professionnels (les entreprises et les organisations, les syndicats et groupements professionnels, etc.). Mais il existe d'autres méthodes. Les techniques dites des frontières ont connu un grand succès, dans les travaux académiques, en particulier lorsqu'il s'agit d'apprécier la productivité ou l'efficience technique des services marchands et non-marchands.

On attribue généralement la paternité des techniques des frontières à Farrell (1957), même si on en trouve les prémices chez Koopmans (1951) et Debreu (1951). Le principe des techniques des frontières consiste à « modéliser le processus de production » afin « d'expliquer l'efficience relative » de différentes unités de production. Ainsi, la frontière de production est constituée des unités de production (qu'il s'agisse de firmes, d'organisation ou de tout autre niveau de décision) les plus efficientes d'un échantillon donné. L'efficience des autres est évaluée par rapport à cette frontière empirique.

Depuis l'article fondateur de Farrell, les techniques des frontières se sont considérablement enrichies et raffinées (pour un *survey*, *cf.* Bauer, 1990 ; Chaffai, 1997 ; Murillo-Zamorano, 2004). On peut cependant en dresser une typologie sommaire en croisant les deux caractéristiques suivantes : la nature paramétrique ou non-paramétrique de la technique et sa nature déterministe ou stochastique (*cf.* tableau 2). Contrairement aux méthodes non-paramétriques, les méthodes paramétriques s'appuient sur une forme fonctionnelle spécifique de la frontière de production. Les méthodes stochastiques considèrent qu'une partie de la distance d'une unité de production donnée à sa frontière s'explique par une erreur aléatoire, tandis que les méthodes déterministes attribuent cette distance exclusivement à l'inefficacité.

Tableau 2 : Méthodes de mesure de l'efficience et de la productivité

	Paramétrique	Non-paramétrique
Déterministe	• Programmation mathématique paramétrique • Analyse (économétrique) de frontière déterministe	• Analyse de données par enveloppement (DEA)
Stochastique	• Analyse (économétrique) de frontière stochastique	• Analyse stochastique de données par enveloppement

Source : Hollingsworth *et al.*, 1999.

Notre intention n'est pas ici de rendre compte en détail de chacune de ces méthodes. Nous proposons, tout d'abord, de réexaminer (rapidement) la notion d'efficience, telle qu'elle ressort en particulier du travail fondateur de Farrell, puis de rendre compte (également succinctement) des principes généraux des techniques paramétriques, puis des techniques non-paramétriques.

1. Les notions d'efficience technique ou productive et de frontière de production

Nous avons d'ores et déjà évoqué cette notion d'efficience au début de ce chapitre. Nous en rappelons ici rapidement les formulations élémentaires dans les termes de la microéconomie. La figure 2 constitue une représentation élémentaire de l'efficience dans le cas simple d'une fonction de production réduite à deux facteurs de production x_1 et x_2.

Figure 2 : Efficience technique, efficience allocative et efficience globale

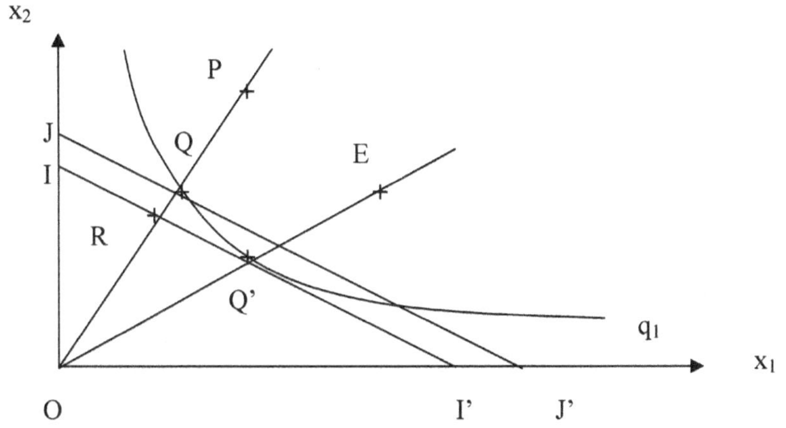

Farrell, 1957.

L'isoquante q_1 constitue la frontière de production, c'est-à-dire la quantité maximale d'output qui peut être obtenue pour des quantités variables d'inputs : $q_1 = f(x_1, x_2)$.

Farrell (1957) propose de distinguer trois types d'efficience :

1) L'efficience *technique* (ou productive) consiste à produire le maximum d'output avec une quantité donnée d'inputs ou encore à produire une quantité donnée d'output en utilisant une quantité minimale d'inputs.

2) L'efficience *allocative* prend en compte les prix relatifs des inputs. Elle consiste à maximiser l'output sous la contrainte du coût des inputs ou à minimiser les coûts sous la contrainte d'un niveau d'output donné.

3) L'efficience *économique* (*overall efficency* dans les termes de Farrell) est la combinaison des deux.

Ainsi, une firme est *techniquement efficiente*, lorsqu'elle opère sur sa frontière de production (q_1). L'inefficience technique est mesurée par la *distance* à cette frontière (soit que la production est insuffisante compte tenu de la quantité d'inputs utilisée, soit que, pour un niveau de production donné, il y a un usage excessif d'inputs). Une firme *économiquement efficiente* opère quant à elle sur sa frontière de coût ou de revenu.

Les combinaisons d'inputs techniquement possibles (réalisables) se trouvent nécessairement à droite de l'isoquante q_1.

Si, pour produire q_1, l'organisation se situe au point P, elle est cependant techniquement inefficiente, puisqu'elle pourrait parvenir au même résultat en se plaçant au point Q (plus économe en facteurs de production). Ainsi, l'efficience technique ET au point P peut être mesurée par :

$$ET = \frac{OQ}{OP} \quad (0 < ET \leq 1)$$

Lorsque ET = 1, la firme est techniquement efficiente (elle se situe sur sa frontière de production). Plus ET se rapproche de 0 et plus l'entreprise est techniquement inefficiente (elle utilise trop d'inputs et elle s'éloigne de sa frontière de production).

Si on introduit les prix relatifs des facteurs de production (c'est-à-dire la droite d'isocoûts II'), on constate que l'optimum (c'est-à-dire la situation qui maximise la production tout en minimisant les coûts de production) est atteint au point Q'. Pour que l'entreprise opérant en P soit *techniquement efficiente*, il faudrait, comme nous l'avons déjà dit, qu'elle opère en Q. C'est en ce point qu'elle peut générer un output à un coût minimum. Mais, ce faisant, elle est *allocativement inefficiente*, puisqu'elle se situe sur une courbe d'isocoût JJ' située au-dessus de II' (l'inefficience allocative est la conséquence d'une combinaison d'inputs inadéquate). Par conséquent, l'efficience allocative peut être mesurée par :

$$EA = \frac{OR}{OQ} \quad (0 < EA \leq 1)$$

L'efficience économique (economic efficiency dans le langage actuel, efficience d'ensemble ou overall efficiency chez Farrell) est la combinaison (le produit) de l'efficience technique et de l'efficience allocative. Elle se situe au point Q'. On peut la mesurer de la manière suivante :

$$EE = ET.EA = \frac{OQ}{OP}\frac{OR}{OQ} = \frac{OR}{OP} \quad (0 < \mathrm{EE} \leq 1)$$

Lorsque EE = 1, on se situe au point Q'. Plus on se rapproche de 0 et moins la firme est économiquement efficiente. On notera qu'au point E, la firme est efficiente sur le plan allocatif, mais inefficiente sur le plan technique, tandis qu'au point Q, elle est techniquement (mais non allocativement) efficiente.

2. *Les méthodes non-paramétriques de mesure de la productivité*

Les techniques (des frontières[1]) non-paramétriques sont fréquemment utilisées pour comparer l'efficience et la productivité de différentes organisations ou selon les termes de Charnes *et al.* (1978) de différents centres élémentaires de décision (« *decision making units* » ou DMU). Elles sont essentiellement mobilisées dans des travaux académiques, mais certaines institutions statistiques nationales et parfois certaines entreprises y ont également recours. Elles peuvent aussi, bien que ce soit plus rare, être utilisées pour effectuer des comparaisons internationales à un niveau agrégé. Nous nous contenterons ici de rappeler rapidement les principes généraux de la plus fréquente de ces méthodes non-paramétriques.

La méthode non-paramétrique de loin la plus utilisée est la méthode dite d'analyse de données par enveloppement ou *Data Envelopment Analysis* (DEA). En s'appuyant sur les techniques de programmation linéaire, la méthode DEA consiste à construire une frontière de production, qui correspond aux meilleures pratiques (« best practices ») en matière d'efficience technique. Le niveau d'efficience des autres organisations est évalué par comparaison à cette frontière empirique des meilleures pratiques (« frontier benchmark »).

La méthode DEA présente de nombreux avantages (dont certains sont intéressants pour l'étude de la productivité des services en général et des services publics en particulier) :

1) Elle est particulièrement bien adaptée à l'analyse d'organisations utilisant de nombreux inputs pour produire de nombreux outputs.

2) Sa mise en œuvre ne nécessite pas l'expression, *a priori*, d'une forme de la fonction de production.

3) Elle n'exige pas non plus d'informations sur les prix (ce qui est évidemment intéressant dans le domaine des services publics où de tels prix n'existent pas ou ne sont pas significatifs).

4) L'efficience n'est pas évaluée par rapport à une performance moyenne (comme c'est souvent le cas dans les techniques économétriques), mais par rapport aux meilleures performances observées.

---

[1] Cette précision est importante dans la mesure où les méthodes indicielles sont elles aussi des méthodes non-paramétriques.

On distingue généralement deux formes différentes de méthodes DEA : la DEA déterministe et la DEA stochastique. Compte tenu de son caractère déterministe, la première est particulièrement sensible aux valeurs extrêmes. Quoi qu'il en soit, elle est de loin la plus fréquente, et les DEA stochastiques appliquées aux services sont pour l'instant plutôt rares, c'est pourquoi nous les négligerons ici.

La méthode DEA ne concerne ainsi que l'une des formes d'efficience mises en évidence par Farrell à savoir l'efficience technique (Charnes *et al.*, 1978). En effet, dans le cas d'une organisation multi-produits et multi-inputs, l'efficience technique s'écrit :

$$ET = \frac{\sum_{r=1}^{p} u_r . y_r}{\sum_{i=1}^{m} v_i . x_i} \quad (0 < ET \leq 1)$$

Il s'agit du rapport entre la somme pondérée des outputs (y_r, l'output r est pondéré par u_r) et la somme pondérée des inputs (x_i, l'input i est pondéré par v_i).

La méthode DEA va consister tout simplement à calculer ce ratio pour chaque organisation ou *decision making unit* (DMU) retenue pour l'analyse (un ensemble d'hôpitaux, des succursales de banque, les différentes directions d'une administration centrale, etc.), sachant que chaque organisation va chercher à maximiser ce ratio, qui, si elle y parvient, sera égal à 1 (et < 1 dans le cas contraire).

Si l'on a affaire à n organisations (j = 1, …, n), le programme à résoudre est le suivant :

$$\text{Maximiser : } ET_0 = \frac{\sum_{r=1}^{p} u_r . y_{r0}}{\sum_{i=1}^{m} v_i . x_{y0}}$$

Sous la contrainte :

$$\frac{\sum_{r=1}^{p} u_r . y_{rj}}{\sum_{i=1}^{m} v_i . x_{ij}} \leq 1, \qquad j = 1, \ldots\ldots, n \quad organisations$$

$$u_r > 0, \qquad r = 1, \ldots\ldots, p$$
$$v_i > 0, \qquad i = 1, \ldots\ldots, m$$

ET_0 est l'efficience de l'organisation 0 parmi les n organisations considérées. Il s'agit donc de maximiser l'efficience technique sous la contrainte que pour l'ensemble des autres organisations, cette efficience est inférieure ou égale à 1. Ce problème peut être résolu aisément par les techniques de programmation linéaire.

De l'efficience technique et de la DEA à l'indice de productivité de Malmquist

On passe souvent de l'efficience mesurée par la méthode DEA à la mesure de la productivité à proprement parler par l'intermédiaire de l'indice de productivité de Malmquist. En effet, l'indice de Malmquist peut être dérivé de la méthode DEA.

Cet indice de Malmquist est issu de la théorie du consommateur (Malmquist, 1953). Il est défini en termes de « fonctions de distance ». C'est Caves *et al.* (1982) puis Färe *et al.* (1985, 1994) qui l'ont introduit dans le domaine de la théorie de la production et de la mesure de la productivité. On constate, en effet, que les fonctions de distance qui définissent l'indice de Malmquist ne sont rien d'autre que l'inverse de l'efficience technique au sens de Farrell (et du modèle DEA). Il est donc possible de calculer l'indice de productivité de Malmquist en utilisant des données provenant des techniques DEA (Charnes *et al.*, 1995).

La figure 3 permet d'établir le lien, de manière simple, entre l'efficience de Farrell (ou de la DEA) et l'indice de productivité de Malmquist. Elle représente une fonction de production en dynamique. On assiste donc (contrairement à l'analyse de Farrell qui est statique) à un déplacement de la frontière de production sous l'effet du changement technique. On passe de q_1 à q_2.

Figure 3 : L'efficience, la productivité et l'indice de Malmquist

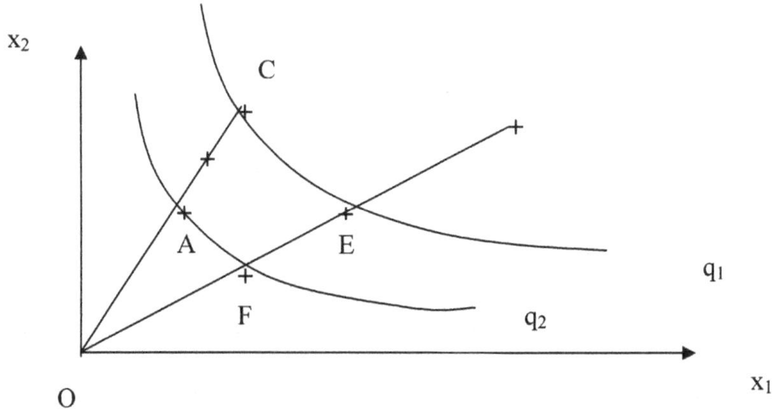

Hollingsworth *et al.*, 1999.

Supposons qu'une firme qui opérait en G au temps t_1 opère désormais en B. Son efficience technique en t_1 est $ET_1 = OE/OG$. En t_2 elle est $ET_2 = OA/OB$.

Le changement technique quant à lui (si on prend la technologie de t_2 comme référence) est $CT_1 = OF/OE$ quand il est exprimé dans les termes (combinaison d'inputs) de la technique de la période t_1. Ce changement technique est $CT_2 = OA/OC$ quand il est exprimé par rapport à la technique (combinaison d'inputs) de la période t_2.

L'indice de productivité de Malmquist, nous l'avons déjà dit, est formulé en termes de fonctions de distance, qui sont l'inverse des mesures d'efficiences techniques. Il n'y a donc aucune difficulté à exprimer cet indice en termes de mesures d'efficience technique. Dans notre figure, il prend donc la forme suivante :

$$I = \left[\frac{OE/OG}{OC/OB} \times \frac{OF/OG}{OA/OB} \right]^{0,5}$$

Il s'agit d'un indice « orienté input », ce qui signifie qu'on met l'accent sur la réduction des inputs, dans le contexte d'un niveau d'output donnné (dans le cas contraire, il s'agirait d'un indice de Malmquist « orienté output »).

Il s'agit de la moyenne géométrique de deux indices dont le premier prend comme référence (comme donnée) la frontière de production de la période 1, et le second celle de la période 2. Dans chacun des cas, l'indice mesure la distance des deux points de production (G et B) par rapport à la frontière donnée. Un indice inférieur à 1 signifie que la firme voit sa productivité s'élever en passant de G à B.

L'indice de productivité de Malmquist peut être très simplement décomposé en deux autres indices : un indice de changement d'efficience et un indice de changement technique :

$$I = \frac{OE/OG}{OA/OB}\left[\frac{OA}{OC} \times \frac{OF}{OE}\right]^{0,5}$$

$$I = \frac{ET_1}{ET_2}\left[CT_2.CT_1\right]^{0,5}$$

3. *Les méthodes (de frontières) paramétriques de mesure de la productivité*

Les grandes institutions statistiques nationales et internationales (OCDE, Eurostat) privilégient les méthodes indicielles. Certains pays, mais plus rarement, utilisent les méthodes DEA (par exemple, la Suède). Les méthodes économétriques quant à elles sont privilégiées par les travaux académiques. On les utilise néanmoins occasionnellement dans certaines entreprises. Ces méthodes consistent à estimer par des techniques économétriques les paramètres d'une fonction de production pour en dégager des mesures directes de la croissance et de la productivité. Les techniques paramétriques elles aussi peuvent estimer soit une fonction frontière déterministe, soit une fonction frontière stochastique.

a. Techniques de frontières déterministes

Si on y intègre un paramètre d'efficience technique, la fonction de production peut s'écrire :

$$y_i = f(x_i, \beta).ET_i$$

y_i est la production de la firme i (i = 1, 2.....I). f est la fonction de production. Elle dépend du vecteur x_i des N inputs et du vecteur ß des paramètres technologiques. ET_i est l'efficience technique de la firme i. Elle peut s'écrire :

$$ET_i = \frac{y_i}{f(x_i, \beta)},$$

qui est le ratio du produit observé sur le produit maximum possible.

Dans le cas d'une technologie de type Cobb-Douglas, Aigner et Chu (1968) ont d'abord modélisé l'inefficience technique par une variable d'erreur asymétrique :

$$ln\, y_i = \beta_0 + \sum_{n=1}^{N} \beta_v\, lnx_{ni} - u_i \text{ avec } u_i \geq 0$$

L'efficience technique est alors : $ET_i = exp(-u_i)$.

Ces frontières déterministes ne prennent pas en compte (c'est un de leur point faible) les erreurs aléatoires de mesure. Elles considèrent ainsi la totalité de la distance à la frontière comme de l'inefficience technique.

b. Techniques de frontières stochastiques (SFA)

Des modèles de frontière stochastique (SFA) ont été proposés par Aigner *et al.* (1977), Battese et Cora (1977), Meeusen et van den Broeck (1977). Comme les précédents, ces modèles comportent un terme d'efficience positif, mais ils ont l'avantage de tenir compte de ce qui relève de l'erreur dans la mesure de l'output. Le terme d'erreur comprend ainsi l'inefficience technique u et un bruit blanc v.

La frontière de production stochastique s'écrit ainsi :

$$y_i = f(x_i, \beta).ET_i.exp(v_i)$$

La fonction de Cobb-Douglas à estimer peut s'écrire :

$$ln\, y_i = \beta_0 + \sum_{n=1}^{N} \beta_n\, lnx_{ni} + v_i - u_i$$

L'approche économétrique de la productivité présente un certain nombre d'avantages (OCDE, 2001). En particulier, l'économétrie est en mesure de prendre en compte le coût d'ajustement ou les fluctuations dans l'usage des ressources. C'est un élément intéressant, dans la mesure où le coût de ces variations dépend de la rapidité de la mise en œuvre des ressources. Par ailleurs, elle peut s'accommoder à n'importe quelle hypothèse sur la forme du changement technique, alors que les méthodes indicielles reposent sur l'hypothèse d'un progrès technique neutre au sens de Hicks (c'est-à-dire qui économise les facteurs de production dans les mêmes proportions). Mais, cette approche économétrique a également un certain nombre de désavantages (OCDE, 2001).

Ainsi, le raffinement des solutions apportées à des problèmes techniques complexes remet en cause la validité de certains des résultats. Par ailleurs, pour les instituts de statistiques, ces méthodes économétriques exigent des ressources importantes en données, en mises à jour des systèmes d'équations et en pédagogie à destination des utilisateurs de statistiques.

III. La notion de productivité : au cœur de la théorie économique, aujourd'hui comme hier

Que ce soit au niveau macro-économique, méso ou micro-économique, la théorie économique, quelle que soit l'orientation privilégiée (classique, néoclassique, marxiste, etc.), aujourd'hui, comme hier, accorde une place centrale au concept de productivité. Comme le souligne Gadrey (2002a, p. 1099), « les économistes orthodoxes et hétérodoxes peuvent se diviser sur la méthode d'analyse de la croissance, sur les déterminants de la productivité et de la croissance, sur le fait de considérer les institutions ou les règles comme endogènes ou exogènes. Mais à quelques exceptions près, ils ne se divisent pas sur ce paradigme commun (une certaine idée de la richesse économique et de l'origine technique de sa progression) ». Avant de rendre compte, en conclusion de ce chapitre, d'une remise en cause récente de ce paradigme, nous allons examiner, de manière succincte, un certain nombre de raisons pour lesquelles la théorie économique accorde une telle importance à cette notion. Notre objectif n'est pas de rendre compte de la place du concept de productivité dans la théorie économique. Il s'agirait là d'une mission impossible. Nous nous proposons tout simplement d'évoquer, de manière certainement arbitraire, un certain nombre de théories (relativement) récentes s'appuyant sur ce concept.

La théorie économique accorde ainsi une place centrale à la notion de productivité et à son évolution parce qu'elle est (ou est supposée être) en mesure d'établir une relation entre un certain nombre de variables économiques essentielles : 1) la croissance et le niveau de vie d'un pays ; 2) la compétitivité d'une économie ; 3) le niveau d'emploi (Harris, 1999 ; Gamache, 2005 ; Parienty, 2005).

A. Le lien entre la productivité et la croissance économique, le niveau de vie

La théorie économique place la notion de productivité (en l'assimilant souvent à la notion de changement technique) au cœur de la croissance. Certes, les économistes classiques (Adam Smith, Ricardo) attribuent la croissance à l'accumulation du capital, c'est-à-dire à la quantité de moyens de production mis à la disposition des travailleurs, mais il est clair que de tels investissements augmentent la productivité. Ainsi, pour les classiques, l'augmentation du capital par tête conduit à l'augmentation de la richesse par tête. Quoi qu'il en soit, les travaux réalisés après la Seconde Guerre mondiale mettent quasiment tous la productivité au cœur de leur système théorique d'explication de la croissance. Nous évoquons ici très rapidement certains de ces travaux.

1. Les travaux empiriques consacrés à la mesure de la croissance et les théories néoclassiques

On considère généralement que la croissance du niveau de vie s'explique essentiellement par l'élévation de la productivité du travail. On s'appuie, habituellement, pour le prouver, sur une identité très simple. Si on accepte en effet l'idée (qui peut être contestée[2]) que le PIB par habitant, c'est-à-dire le ratio PIB réel/population totale (PIB/H) est un bon indicateur du niveau de vie d'un pays, alors on peut établir, sans difficulté, une relation entre le niveau de vie et la productivité du travail d'un pays mesurée par le ratio : PIB réel/Nombre d'heures travaillées (PIB/L).

$$\frac{PIB}{H} = \frac{PIB}{L} \times \frac{L}{N} \times \frac{N}{H}$$

Niveau de vie	Productivité du travail	Durée du travail	Taux d'emploi

H = population totale, L = nombre d'heures travaillées, N = emploi (nombre de travailleurs)

L'identité précédente tend à conforter l'idée que le principal levier de l'élévation du niveau de vie est l'accroissement de la productivité, dans la mesure où la quantité de travail effectué (qui dépend du nombre d'heures travaillées annuellement par individu, du taux d'emploi et du profil démographique de l'économie) est plus inerte.

Les gains de productivité se répercutent sur le niveau de vie par deux canaux : celui des prix et celui des revenus. En effet, les gains de productivité sont à l'origine de la baisse des prix des produits (et donc de l'élévation du pouvoir d'achat des consommateurs). Ils sont également à l'origine d'un accroissement des salaires des salariés et des dividendes versés aux actionnaires.

---

2 Voir par exemple, Stiglitz *et al.* (2009).

Cela dit, l'analyse précédente n'explique en rien les raisons pour lesquelles la productivité du travail augmente. Dans le prolongement des travaux de Solow (1957), de nombreuses investigations empiriques se sont efforcées de pousser l'analyse plus avant en tentant de décomposer la croissance et d'isoler les effets de différents facteurs. Cette abondante littérature est désignée par l'expression « comptabilité de la croissance ».

En partant initialement de l'hypothèse d'un progrès technique autonome (indépendant des facteurs de production K et L) et exogène (c'est-à-dire, une « manne qui tombe du ciel », indépendamment de l'évolution économique), la méthode de Solow (1957) consiste à décomposer très simplement la croissance ($g_{Y,t,}$) en trois composantes : la part expliquée par la croissance du stock de capital ($(1-\alpha)g_{K,t}$), la part expliquée par la croissance du stock de travail ($\alpha g_{L,t}$) et le résidu ($g_{A,t}$).

$$g_{Y,t} = (1-\alpha)g_{K,t} + \alpha g_{L,t} + g_{A,t}$$

α étant l'élasticité de la production par rapport au travail.

Le résidu dit de Solow est ainsi la part de la croissance qui n'est pas expliquée par la croissance du stock de capital et de travail. Ce résidu correspond à la productivité totale des facteurs (PTF). Il est souvent considéré comme une approximation du progrès technique. Cette identification n'est valable que si on accepte une définition du progrès technique large, propre à rendre compte de tout ce qui à capital et à travail constant permet d'accroître la production. Dans le cas contraire, la PTF ne mesure pas seulement le progrès technique, mais aussi d'autres éléments, comme les économies d'échelle, l'impact des mouvements sectoriels, etc.

C'est à Denison (1962) qu'on doit l'amélioration de la méthode de Solow par la décomposition du résidu. Denison propose en effet de distinguer des éléments relatifs au degré d'utilisation des facteurs (en particulier, les conséquences de la réduction de la durée de travail), des éléments relatifs à la qualité des facteurs de production (les conséquences de la qualité des facteurs travail et capital) et des éléments relatifs à la structure industrielle (tels que les effets de transferts de ressources des secteurs de faible productivité vers les secteurs de forte productivité, les effets des économies d'échelle). La part de croissance qui n'est expliquée par aucun de ces facteurs (résidu du résidu) est le progrès technique (la PTF) au sens strict.

Les travaux empiriques précédents sont ancrés dans des modèles théoriques de croissance, en particulier, bien entendu, dans le modèle de

Solow (1956) dont il n'est pas notre intention de rentre compte ici. Une des limites importantes du modèle de Solow est de postuler un changement technique (une productivité) exogène, c'est-à-dire indépendant de l'évolution économique. Or, la croissance contemporaine s'explique, de plus en plus, par la productivité (le progrès technique) et des formes particulières de progrès technique (la recherche et la formation, en particulier) qui jouent un rôle fondamental dans la croissance. C'est ce qu'ont cherché à modéliser les modèles de croissance endogène.

Les modèles de croissance endogène considèrent ainsi que le progrès technique est endogène, c'est-à-dire qu'il ne tombe pas du ciel, mais qu'il est la conséquence de l'activité économique elle-même. Pour Romer (1986), la source du progrès technique se trouve dans les externalités produites par les investissements en capital physique. En effet, chaque investissement introduit des connaissances supplémentaires, qui viennent enrichir un stock de connaissances collectives, que toute entreprise alimente en même temps qu'elle s'en nourrit. Ces externalités positives permettent ainsi de contourner les rendements décroissants de l'accumulation du capital. Depuis la contribution fondatrice de Romer (1986), les modèles se sont multipliés. On peut dire que le principal élément de différenciation de ces modèles est la nature du facteur qui engendre le progrès technique. Il peut en effet s'agir de la formation, de la recherche, du commerce international, de l'investissement en infrastructures publiques et plus généralement des activités gouvernementales, etc.

2. Les théories hétérodoxes de la croissance

Parmi les approches hétérodoxes, l'École française de la Régulation, qui s'efforce d'articuler l'histoire et la macroéconomie, pour expliquer l'évolution et les crises du capitalisme contemporain, est probablement celle qui a accordé la place la plus importante au concept de productivité dans son analyse de la croissance. Le concept de « régime de productivité » décrit les principaux déterminants de la productivité. « La dynamique des gains de productivité (encore appelée régime de productivité) précise l'origine de ces gains dans le processus de production, qu'ils soient le résultat d'une expansion des marchés ou d'une substitution accrue de capital au travail ou de la diffusion de nouveaux principes d'organisation » (Petit, 1998). Ainsi, l'un des concepts fondamentaux de la théorie de la régulation, « le régime d'accumulation », définit, sur le long terme, l'ensemble des régularités qui concernent « la façon d'obtenir à l'échelle de l'économie dans son ensemble une amélioration de la productivité horaire du travail par une modification des conditions socio-techniques de production et une façon d'utiliser cette amélioration par un changement des conditions d'existence de la population » (Billaudot, 2001, p. 52).

Robert Boyer (2004) propose ainsi un modèle de croissance qui comporte deux équations, l'une décrivant un « régime de productivité », l'autre un « régime de demande ».

Le « régime de productivité » traduit l'idée que la croissance influence (positivement) la productivité du travail à la manière de la loi de Kaldor-Verdoorn. Cette influence s'exprime, dans un premier temps (à court terme), sans embauche (uniquement par intensification du travail et substitution de capital), et à plus long terme, par spécialisation et division du travail entre firmes.

Le « régime de demande » exprime quant à lui l'influence des gains de productivité sur la croissance. La théorie de la régulation recense et analyse ici l'ensemble des dispositifs institutionnels, qui permettent une répartition des gains de productivité, plus ou moins favorables à la croissance (modes de détermination des salaires, de l'investissement, règles de gestion, etc.).

Boyer met ainsi en évidence deux configurations idéal-typiques : un régime de croissance classique et un régime de croissance fordiste. Le régime « classique » est caractérisé par une croissance qui a peu d'effets sur la productivité (absence de rendements croissants). L'investissement y repose essentiellement sur les profits, et les salaires y dépendent de la situation de l'emploi. Le régime « fordiste » est caractérisé par d'importants rendements croissants (permis par des technologies et une organisation favorables aux économies d'échelle et donc aux gains de productivité). Dans ce régime, l'investissement est tiré par une demande croissante associée à des normes de consommation de masse. Ce régime, enfin, est régulé par des institutions (un rapport salarial) qui arbitrent, de manière plus ou moins conflictuelle, le partage des gains de productivité (les salaires sont indexés sur la productivité).

B. Le lien entre la productivité et la compétitivité

La compétitivité d'une entreprise est sa capacité à dégager du profit en vendant ses biens ou services sur un marché concurrentiel. Ce lien peut être envisagé, en réalité, à la fois au niveau microéconomique et macroéconomique. Si on retient le coût unitaire de la main-d'œuvre (c'est-à-dire la masse salariale par unité produite) comme indicateur de compétitivité, l'identité suivante permet d'établir une relation entre la compétitivité et la productivité du travail.

Coût unitaire de main-d'œuvre = Taux de salaire horaire X *Nombre d'heures travaillées/Nombre d'unités produites*

Coût unitaire de main-d'œuvre = Taux de salaire horaire/productivité du travail.

On constate ainsi une relation inverse entre le coût unitaire de la main-d'œuvre et la productivité.

Dans la mesure où elle réduit les coûts de la main-d'œuvre, l'amélioration de la productivité du travail constitue une stratégie évidente pour améliorer la compétitivité. Mais, cette stratégie n'est pas toujours possible (*cf.* le cas d'école suggéré par Baumol de la prestation en concert d'un quintette à vent). Elle n'est pas non plus la seule possible, ni d'ailleurs toujours souhaitable (Giles, 2005). Il peut ainsi être plus avantageux, pour une entreprise, de réduire ses coûts par d'autres stratégies : bas salaires, réduction des avantages sociaux, sous-traitance, etc.

Ce lien entre la productivité et la compétitivité n'est pas, bien entendu, pertinent en ce qui concerne les services publics administratifs auxquels nous consacrerons les chapitres 3 et 7. Ces services ne sont pas concernés, en effet, par la compétitivité et le profit.

C. Le lien entre la productivité et l'emploi

Il existe une relation évidente entre la productivité et l'emploi, qui se confond souvent, dans la littérature économique, avec la relation progrès technique-emploi. Si l'existence d'une telle relation est incontestable, voire tautologique, en revanche, sa nature (en particulier, lorsque la productivité est assimilée au progrès technique) est impossible à formuler de manière générale.

En effet, la question de la relation entre le changement technique et l'emploi est une question ancienne et fondamentalement complexe, à la fois sur le plan théorique et empirique, indépendamment même du problème du secteur concerné (pour un bilan, *cf.* Freeman et Soete, 1987 ; Petit, 1995 ; Vivarelli, 1995). Elle renvoie à des causalités multiples et contradictoires, directes et indirectes. Elle ne semble pas pouvoir être abordée de manière satisfaisante par l'intermédiaire d'un nombre réduit de mécanismes généraux, ni à un seul niveau d'analyse, micro, méso ou macroéconomique. Les débats autour de la « théorie de la compensation » (selon laquelle les ressorts du marché sont en mesure de compenser, de manière automatique, les pertes d'emplois induites par une innovation « *labour saving* »[3]) donnent une idée de la complexité

---

[3] On considère généralement que la compensation opère à travers les différents mécanismes suivants : la création de nouvelles machines, la baisse des prix, de nou-

des mécanismes à l'œuvre. L'écheveau des relations est par ailleurs rendu encore plus inextricable par le fait que d'autres variables que l'innovation interviennent sur la croissance de l'emploi : la demande, les changements institutionnels, etc. La question de la relation entre productivité et emploi est une question fondamentalement complexe, qui ne peut pas être traitée de manière générale, ni obtenir une réponse générale, mais elle doit décliner différents niveaux d'analyse (micro, méso, macro).

Les travaux réalisés dans ce domaine sont ainsi contradictoires, et on peut dire que s'il y a un lien entre productivité et emploi, la nature de ce lien varie selon les circonstances. Ainsi, en fonction du niveau d'analyse où l'on se situe, les gains de productivité entraînent différentes conséquences : la destruction de certains emplois, la création d'autres, le changement des qualifications, sans qu'on soit en mesure de conclure définitivement que les gains de productivité nuisent ou bénéficient à l'emploi.

Conclusion : la remise en cause

Dans la section précédente, nous avons rappelé que l'économie accorde une place centrale au concept de productivité. Elle place ce concept au cœur de nombreuses théories, l'identifie souvent au progrès technique, l'associe à des enjeux aussi fondamentaux que le niveau de vie, la croissance, l'emploi, la compétitivité... Quoi qu'il en soit, un débat est ouvert, depuis un certain nombre d'années, qui remet en cause sinon ce concept du moins sa portée jugée universelle par les économistes (Schwartz, 1992 ; Gadrey, 1996a, 2002b ; Bonneville, 2001).

Les termes de ce débat critique que nous évoquerons régulièrement dans les chapitres suivants, dans la mesure où les services sont souvent concernés, peuvent être classés en deux groupes d'argumentaires (celui de l'erreur de mesure, et celui, plus fondamental, de l'invalidité conceptuelle). Le premier argumentaire remet en cause les résultats et suggère des corrections ; le second remet en question le concept lui-même et suggère la renonciation.

A. L'argumentaire de l'erreur de mesure (inévitable et chronique) et de la correction

Ces erreurs de mesure ont été mises en évidence de manière spectaculaire par un certain nombre de travaux récents. Ainsi, aux États-Unis,

---

veaux investissements, la baisse des salaires, l'augmentation des revenus, la création de nouveaux produits (*cf.* Vivarelli, 1995 ; Petit, 1995).

par exemple, le rapport Boskin (1996) confirme la forte surestimation de l'indice des prix à la consommation et par conséquent la sous-estimation des gains de productivité et de la croissance. Il va de soi que toutes les politiques économiques et les scénarii bâtis sur ces données erronées sont problématiques, sinon voués à l'échec, du moins très aléatoires. On peut transposer ce raisonnement au niveau microéconomique.

Les erreurs de mesure s'expliquent par des facteurs exogènes ou endogènes aux indicateurs utilisés, facteurs qui, bien entendu, peuvent se conjuguer.

Les facteurs endogènes tiennent, pour un environnement socioéconomique donné (pour des facteurs exogènes stables), aux caractéristiques des indicateurs retenus et à la difficulté d'assembler des données (fiables) en particulier dans les services publics. Les difficultés techniques nombreuses de définition et de mesure de l'output, de l'input, etc., et les difficultés d'agrégation (en particulier, mais pas exclusivement, dans les services) engendrent des erreurs de mesure. Ces problèmes de mesure sont à l'origine de la grande diversité des techniques de mesure du produit en volume et de la productivité, en particulier dans les comptabilités nationales. Ils remettent en cause certaines comparaisons internationales. Il apparaît ainsi, par exemple, que les choix effectués par les différents pays en ce qui concerne l'année de base retenue, le calcul de l'indice des prix et l'ajustement pour tenir compte des variations de qualité entraînent des différences non négligeables dans la valeur des taux de croissance nationaux (Eurostat, 2001). Ces différences sont, par exemple, problématiques dans le cadre du « pacte de stabilité et de croissance » adopté par le Conseil Européen en juillet 1997, qui exige des pays membres de maintenir leur déficit public à une valeur inférieure à 3 % du PIB. Ce sont ces problèmes fondamentaux de politique économique et monétaire qui ont incité la Commission européenne à établir un « Manuel de la mesure des prix et des volumes dans les comptes nationaux » (Eurostat, 2001). La remise en cause dont il est question ici concerne les méthodes et conventions de calcul et non pas l'indicateur lui-même. Cette remise en question incite à l'adaptation des outils, à leur harmonisation et à la correction des erreurs.

Les facteurs exogènes renvoient quant à eux aux modifications fondamentales des économies contemporaines, qui mettent en difficulté, de manière chronique, nos indicateurs de mesure de la productivité. Il s'agit, pour simplifier, du passage d'une économie fordiste à une économie post-fordiste de la qualité et de la connaissance. Ainsi, les indicateurs retenus sont rapidement rendus obsolètes par la dynamique économique contemporaine (renouvellement extrêmement rapide de la qualité, logique d'innovation permanente).

Ces facteurs exogènes constituent des sources importantes d'erreur de mesure. Les difficultés de construction d'indicateurs deviennent de véritables casse-tête dans les économies de la qualité. Il faut donc redoubler d'ingéniosité pour trouver des solutions techniques et corriger les erreurs systématiques. Mais ces facteurs exogènes posent également parfois la question de la validité conceptuelle de la notion de productivité.

B. L'argumentaire de l'invalidité conceptuelle (totale ou partielle) et de la renonciation

Dans certaines situations, le concept de productivité perd tout simplement sa validité. Aucun aménagement technique ne peut résoudre ce problème. Il faut tout simplement renoncer à évaluer la performance d'un individu, d'une équipe ou d'une organisation à travers ce concept. Cette situation peut se manifester 1) dans les zones de fortes asymétries d'information où interviennent des effets d'aléa moral. C'est le cas, par exemple, de certaines fonctions de support, comme la maintenance et le développement informatique, des fonctions intellectuelles de conception et de pilotage ; 2) dans les zones de fortes relations de service (en particulier sociaux et civiques). À ces différents endroits, la qualité du service et la productivité peuvent devenir des objectifs contradictoires. La structure qualitative de la clientèle ou des usagers a des effets sur la nature du service rendu et sur la productivité.

En réalité, il faut distinguer plusieurs cas de figure.

1) Le premier est celui où le concept de productivité n'a aucun sens, car les enjeux essentiels se trouvent ailleurs (la créativité, la qualité de la solution, etc.). C'est le cas de la prestation en concert d'un quintette à vent suggéré par Baumol, et également de la création artistique sous toutes ses formes, etc.

2) Le second cas de figure est celui où le concept de productivité perd non pas nécessairement toute sa validité, mais en tout cas sa suprématie. Il s'agit d'une invalidation partielle. Ce cas traduit la difficile confrontation du concept industriel de productivité avec ce qu'on appelle l'économie ou la société de l'information et du savoir. Cette société du savoir est, en effet, caractérisée par une forte élévation du contenu cognitif des activités économiques (la connaissance étant non seulement leur *input*, mais aussi leur *output*) et par un phénomène de multiplication des relations sociales de service entre prestataires et clients. Le problème qui est ainsi posé est en quelque sorte celui de la mesure de la productivité des relations sociales, d'une part, et de la connaissance, d'autre part. Or, dans une telle économie (que Karpik appelle une économie de la qualité), les quantités ou les volumes d'output, mais aussi les prix importent moins que leurs effets utiles à long terme, autrement dit les outcomes. La productivité d'un avocat n'a

aucune importance, si elle se solde par des jugements défavorables à ses clients, celle d'un médecin importe peu en comparaison des résultats des soins prodigués, la productivité d'un chercheur ne signifie rien si elle n'est pas confrontée à la qualité des résultats obtenus. Dans ces différents cas où le produit est fortement entaché d'incertitude (où il y a forte asymétrie d'information) les dispositifs qui produisent de la confiance sont plus importants que la mesure du produit ou de la productivité. L'argument de l'invalidité conceptuelle (partielle) recouvre des activités économiques, bien plus nombreuses que précédemment. En effet, la société du savoir semble avoir une vocation universelle. Elle concerne non seulement les services, mais aussi l'industrie, dans la mesure où on assiste à une tertiarisation du travail industriel, envisagée comme une « intensification des activités symboliques et des interactions sociales impliquées par le processus productif » (Perret, 1995). Si cet argument d'invalidité conceptuelle partielle peut toucher des activités très diverses, il affecte en particulier les activités de services intensifs en connaissances, qui peuvent être définies comme des machines à traiter de l'information et de la connaissance (*cf.* chapitre quatre). Les fonctions internes de conception et de pilotage stratégique des organisations appartiennent à cette catégorie. On peut donc également invoquer à leur égard cet argument d'invalidité partielle.

3) Un troisième cas est celui où le concept de productivité pourrait à la rigueur avoir un sens si l'on parvenait à tenir compte des variables d'environnement. Autrement dit, ce concept perd de son sens dans une perspective de comparaison et de *benchmarking* interorganisationnel. Mais il pourrait garder son sens si on comparaît des organisations comparables ou si on tenait compte des variables d'environnement (mais ce faisant on quitte le domaine de la mesure par la productivité pour lui substituer une évaluation multicritère).

C. La nécessité d'une évaluation multicritère

Personne ne propose néanmoins de rejeter définitivement le critère de productivité (ou celui étroitement associé au niveau macroéconomique de croissance). Ce qui est le plus souvent préconisé, c'est de renoncer au pouvoir absolu (que ce soit sur le plan théorique ou opérationnel) d'un ratio unique (la productivité, la croissance), pour lui substituer un système d'évaluation pluraliste et flexible (dans lequel l'abandon pur et simple du concept de productivité est un cas limite possible, dans certaines circonstances).

Le renoncement à l'absolutisme de la productivité (et de la croissance) se justifie par un certain nombre d'arguments que nous venons d'évoquer, qui jettent la suspicion sur ce concept, dans un certain nombre de situations. En effet, quelle que soit l'activité (mais dans des proportions variables), la productivité est toujours mal calculée. Elle souffre de « mal-mesure » chronique. Mais, d'autres arguments contribuent à remettre en question l'absolutisme de la productivité (et de la croissance), et militent en faveur d'une approche pluraliste.

1) Ainsi, pour une même activité économique, la performance n'est pas une catégorie objective. Elle est envisagée en des termes différents, voire contradictoires selon les acteurs concernés (l'individu, l'entreprise, le pouvoir politique). Ce caractère subjectif de la performance, qui se vérifie pour un bien matériel, est particulièrement prononcé pour les marchandises de l'économie de l'information et du savoir, qui s'appuient sur des facteurs de production intangibles, abstraits et socialement construits (Bonneville, 2001).

2) Il faut également tenir compte des effets pervers de certains objectifs. Par exemple, au niveau macroéconomique comme au niveau microéconomique, la recherche de la croissance et de la productivité entraîne des externalités négatives. Elle peut induire un certain nombre de coûts sociaux (stress, problèmes de santé) ou environnementaux (dégradation de l'environnement), qui ne sont pas pris en compte par les évaluations de la croissance et de la productivité (Jex, 1998 ; Karasek et Theorell, 1990 ; Lowe, 2003). Au niveau microéconomique, la relation fréquemment dénoncée entre des stratégies trop agressives de productivité et la dégradation de la qualité est bien connue. Dans le domaine de la justice, les efforts de rationalisation des processus (réduction des délais) ne sont acceptables que s'ils ne se réalisent pas au détriment des droits des accusés. En effet, certaines injonctions productivistes peuvent constituer le terreau d'une justice expéditive (exemple : pressions excessives pour obtenir des aveux).

3) Plus généralement, le niveau de production de biens et de services n'est pas le seul indicateur du bien-être d'une société. Il n'en est pas nécessairement le meilleur. Ainsi, des indicateurs de développement alternatifs sont désormais envisagés au niveau macroéconomique, qui pourraient être adaptés au niveau des entreprises et des organisations (pour un bilan, *cf.* Gadrey et Jany, 2007 ; Stiglitz *et al.* 2009). Parmi ces indicateurs, l'un des plus connus est probablement l'indice de » bien-être économique » d'Osberg et Sharpe, qui comporte différentes variables associées aux quatre familles suivantes : le flux de consommation, l'accumulation du capital, l'inégalité et la pauvreté, l'insécurité économique. On peut également citer l'indicateur de « santé sociale nationale » élaboré par le *Fordham Institute* en tant qu'alternative au PIB, ou encore les indicateurs de « bien-être durable » (ISEW, *Index of Sustainable Economic Wefare*). Au niveau microéconomique, l'insatisfaction vis-à-vis du concept de productivité se manifeste d'autres manières. Ainsi, Stankiewicz (2002) propose de substituer au

concept de productivité, celui de « valorité ». Ce nouveau concept entend rendre compte de l'efficacité du travail, non pas (seulement) en termes d'augmentation du volume de production, mais en tant que création de valeur. Cependant, la « valorité » ne signifie pas la productivité en valeur. Elle désigne l'efficacité de la production de volumes de produits, mais aussi d'autres éléments qui peuvent être plus importants que les volumes de produits à savoir la qualité, l'adéquation à la demande, la satisfaction du client, etc. Le passage du concept de productivité au concept de valorité signifie également une vision différente de la main-d'œuvre. Cette nouvelle perspective (qualifiée de néoschumpétérienne) reconnaît à la force de travail des compétences plus étendues, non seulement une capacité à agir sur les volumes (conception néoclassique traditionnelle), mais aussi et surtout sur la nature ou qualité du produit. Cette capacité d'action mobilise des routines, mais aussi des capacités d'adaptation et de créativité différentes d'un salarié à l'autre. Pour tenir compte de cette conception néoschumpétérienne du travail et pour compléter le concept de productivité marginale du travail, Stankiewicz propose et formalise un concept de « valorité différentielle » des salariés (qui rend compte de leurs aptitudes différentes à mobiliser des routines et à s'adapter au changement).

4) Pour d'autres activités (en particulier au niveau intra-organisationnel), les comparaisons de productivité sont injustes, contre-productives et décourageantes pour les entités concernées. Ces dernières en effet exercent leurs activités dans des environnements parfois très différents, qui supportent difficilement des comparaisons mécaniques. C'est le cas, par exemple, de la comparaison des productivités de bureaux de poste ou d'écoles localisés dans des environnements socioéconomiques très différents.

5) Dans certains cas, enfin, le concept de productivité perd sa validité, ou, sans perdre toute pertinence, devient dérisoire au regard d'autres enjeux de performance. Ainsi, la productivité (l'efficience technique) de l'administration sanitaire et sociale devient un enjeu secondaire par rapport à un outcome aussi essentiel que l'endiguement d'une grave épidémie mettant en danger la vie des populations.

Chapitre 2

L'épreuve des services

Le concept de productivité a vu le jour dans des économies industrielles et agricoles. On peut dire qu'il a atteint l'apogée de son règne dans les économies dominées par un régime de croissance fordiste, c'est-à-dire un régime fondé sur les gains de productivité engendrés par la mécanisation croissante, la division du travail et la réalisation d'économies d'échelle, la consommation de masse de produits standardisés et l'indexation des salaires sur les gains de productivité. Il constitue ainsi, dans une certaine mesure, le concept fordiste par excellence. Les débats qu'il suscite, dans un tel contexte, comme nous l'avons souligné dans le chapitre précédent, portent sur l'amélioration (incrémentale) d'une catégorie qui fait l'unanimité (y compris entre les acteurs sociaux, même s'ils peuvent entrer en conflit pour la répartition des gains de productivité).

L'avènement de l'économie des services (envisagée à la fois sous l'angle fonctionnel, c'est-à-dire des fonctions de service internes à l'industrie, et sous l'angle sectoriel) est venu remettre en cause, de manière beaucoup plus fondamentale, les méthodes de mesure de la productivité allant même parfois jusqu'à interroger la validité d'un concept jugé obsolescent et historiquement daté.

Nous commencerons, dans ce chapitre, par rendre compte, selon différentes perspectives, des spécificités des services en général[1] et de leurs conséquences sur les définitions et les indicateurs de la productivité et de la performance. Nous nous intéresserons, ensuite, à la mise en œuvre concrète de la mesure de la productivité, en distinguant, de nouveau, les méthodes indicielles et les techniques des frontières.

I. Les spécificités « techniques » des services et leurs conséquences

L'économie et le management des services ont mis en évidence un certain nombre de caractéristiques particulières qui présentent un indé-

---

1 Nous mettrons néanmoins l'accent ici sur les services marchands, et nous envisagerons d'autres spécificités, propres aux services non-marchands, dans le chapitre trois.

niable intérêt pour aborder, de manière analytique et simplifiée, un certain nombre de questions théoriques ou opérationnelles posées par les services, qu'il s'agisse de marketing, de gestion des ressources humaines, d'innovation et de R-D, et bien entendu de qualité, de productivité et plus généralement de performance.

Ces différentes caractéristiques, qui sont résumées dans la figure 1 ne sont pas indépendantes les unes des autres. Elles sont présentées séparément, parfois de manière artificielle (en dépit d'éventuelles redondances), afin de croiser les faisceaux d'indices quant à leurs conséquences sur la notion de productivité.

Figure 1 : Les spécificités des services et leurs conséquences sur la définition de la productivité

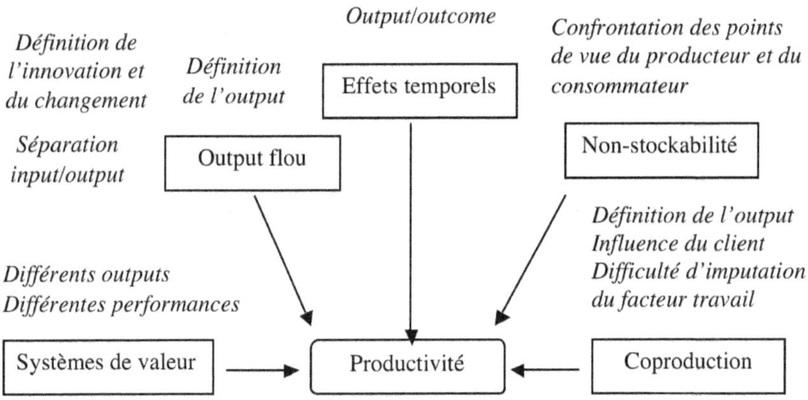

A. L'output est flou

Les services sont généralement caractérisés par un « produit » relativement flou, immatériel et instable. Le processus de production d'un service n'aboutit pas à la production d'un bien tangible. Il s'agit d'un « changement d'état ». Le produit est un acte, un protocole de traitement, une formule, autrement dit, un processus et une organisation. Il est difficile, dans bien des cas, de tracer la frontière de la prestation.

Cette première caractéristique a plusieurs conséquences sur la définition et la mesure de la productivité.

1) Il est toujours difficile, dans les services, d'identifier le produit (ou l'unité de produit), c'est-à-dire le numérateur du ratio de productivité. Ainsi, l'unité de produit d'un constructeur d'ordinateurs est un ordinateur, mais quelle est l'unité de produit d'un cabinet de consultant,

d'une banque ou d'un hôpital ? Ceci ne signifie pas qu'il n'existe pas de réponse à cette question, mais des réponses multiples, contradictoires, toutes aussi légitimes les unes que les autres.

2) Il est difficile de séparer ce produit des facteurs de production mis en œuvre (autrement dit, le produit du *process*). C'est pour cette raison que certains modèles théoriques bien connus, comme le modèle de Baumol (1967), font l'hypothèse que le produit peut être identifié aux facteurs de production (et plus exactement dans ce cas précis au travail). C'est d'ailleurs cette hypothèse que les comptabilités nationales ont retenu, jusqu'à une date récente, pour mesurer le produit d'un certain nombre de services et en particulier des services publics. Cette hypothèse continue d'être utilisée pour certains d'entre eux.

3) Le caractère flou de l'output complique également l'identification de l'innovation et de l'amélioration de la qualité dans les services (Djellal et Gallouj, 2000). Or, la prise en compte de l'amélioration du « produit » et de l'innovation est fondamentale dans la mesure de la productivité.

B. L'output exerce ses effets dans le temps

La définition des services doit tenir compte de la variable temporelle. En effet, il est important de distinguer le service à court terme (le service « en actes ») de ses effets à moyen et à long terme. La littérature anglo-saxonne distingue ainsi l'output de l'outcome (le résultat à long terme[2]). En conservant le terme output, dans les deux cas, Jean Gadrey (1996b) propose quant à lui de distinguer l'output *immédiat* de l'output *médiat*. Par exemple, dans le cas du garagiste, l'output médiat correspond aux différentes opérations réalisées par le garagiste pendant la période durant laquelle le véhicule lui est confié. L'output médiat désigne les conséquences des réparations réalisées sur le fonctionnement du véhicule. D'une certaine manière, l'output immédiat correspond à ce que les juristes appellent les obligations de moyens, tandis que l'output médiat renvoie plutôt aux obligations de résultats. Dans le cas d'un séjour à l'hôpital, par exemple, l'output immédiat désigne les différents traitements réalisés ; quant à l'output médiat, il renvoie au changement de l'état d'un malade, à son état de santé ultérieur (voire à la durée de vie supplémentaire) permis par ces traitements.

Quelle que soit la terminologie adoptée, l'enjeu de cette distinction est fondamental, en ce qui concerne la productivité. En effet, la distinction entre input, output et outcome, mais aussi la prise en compte du

[2] Certains travaux décomposent l'outcome selon l'horizon temporel, en distinguant des outcomes de court terme, de moyen terme et de long terme.

budget initial (*cf.* figure 2) permet de mettre en évidence plusieurs formulations possibles de la performance.

La productivité, au sens traditionnel de rendement du ou des facteurs de production (ou d'efficience productive), traduit la relation entre les outputs (immédiats) et les inputs (Q/F). Le rapport entre les outputs et les coûts (Q/C) traduit quant à lui ce qu'on appelle généralement l'efficience économique (ou efficience-coût). Une réduction des coûts ne signifie pas nécessairement un gain de productivité. La recherche des gains de productivité ne peut pas se confondre, comme c'est souvent le cas dans les entreprises et les organisations, à une « chasse aux coûts ».

L'outcome donne lieu, lui aussi, à deux concepts de performance différents. L'outcome rapporté aux inputs (R/F) correspond à ce qu'on appellera l'efficacité (*effectiveness*) au sens du résultat à plus ou moins long terme de l'engagement des inputs. Quant à l'outcome rapporté aux coûts (R/C), il traduit l'équivalent économique. Dans les deux cas, la mesure et l'interprétation peuvent être faussées par l'intervention de facteurs extérieurs. Dans le cas de la santé, par exemple, la performance en termes d'amélioration de la durée de vie des dépenses de santé (R/C) ou son équivalent technique (R/F) peuvent être brouillés par les comportements à risque individuels. Dans le cas de la lutte contre les incendies, l'outcome (réduction des dommages causés par le feu) peut être expliqué par d'autres raisons que l'output des pompiers : par exemple, l'amélioration des matériaux de construction, l'introduction de systèmes de détection de fumée, etc. De même, la réussite aux examens d'un étudiant ne s'explique pas uniquement par l'output de l'éducation nationale, mais aussi par l'intervention des parents, l'usage d'Internet ou des bibliothèques municipales, etc. La baisse de la délinquance, enfin, ne peut pas être imputée qu'à la seule activité des forces de police et de justice. D'autres facteurs y jouent un rôle non négligeable : l'éducation civique dans les écoles, les fréquentations des centres de loisir dans les quartiers, etc.

Figure 2 : Les différentes formes de performance

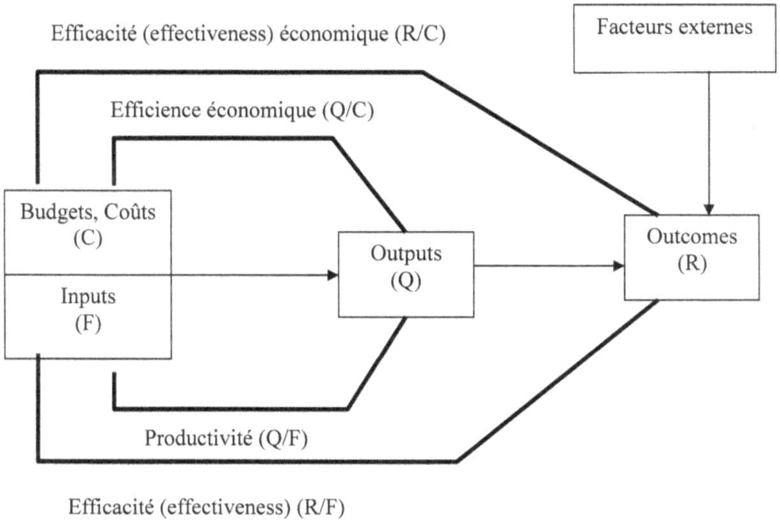

Ces différents concepts de performance sont souvent utilisés (à tort) comme des synonymes, ce qui est la source d'erreurs, en particulier dans les stratégies mises en œuvre pour les mesurer ou les améliorer. C'est le cas, par exemple, d'une stratégie dite d'amélioration de la productivité qui est centrée sur la « chasse aux coûts ». Une telle stratégie réduit les coûts, mais n'améliore pas nécessairement la productivité. Mais, ces concepts peuvent également être concurrents, l'un pouvant être jugé plus légitime que l'autre par les acteurs. Ainsi, par exemple, en particulier dans les services publics, la performance évaluée par l'outcome pourra être considérée comme plus légitime que celle évaluée par l'output. Une autre difficulté, qui caractérise les mesures de la performance par les outcomes, réside dans les phénomènes d'hystérésis, c'est-à-dire de décalage dans le temps entre l'amélioration des outputs rendue possible par les inputs et l'amélioration des outcomes. De manière générale, cet effet de retard (plus ou moins prononcé) des résultats peut avoir pour conséquence d'inciter les agents à privilégier les solutions visibles à court terme, plutôt que les solutions (plus fondamentales) de long terme.

On notera qu'au niveau macroéconomique (mais on pourrait transposer le raisonnement au niveau microéconomique), par exemple, pour les services publics, le ratio C/Q présente un indéniable intérêt. Il mesure le coût par unité d'output. On l'appelle parfois l'« *implied deflator* » (Pritchard, 2003). On ne doit pas néanmoins le confondre avec un indicateur de productivité. Il ne dit rien de l'efficience de la manière dont les ressources sont transformées en outputs. En effet, dans la mesure où il est exprimé en termes monétaires, il traduit à la fois un effet de productivité (efficience avec laquelle les inputs sont transformés en outputs) et de simples effets de variations des prix des inputs. Ceci signifie, par exemple, qu'une hausse du ratio (c'est-à-dire du coût par unité produite) peut parfaitement être compatible avec des gains de productivité.

On notera également que les outcomes, encore plus que les outputs sont multidimensionnels et difficiles à mesurer. On peut difficilement les ajouter les uns aux autres (Pritchard, 2002).

C. L'output dépend de systèmes de valeur

Cette proposition n'est pas indépendante des deux autres. Dans les services, la définition du produit n'est pas, pourrait-on dire, « objective », mais subjective. La désignation du produit dépend, en effet, du système de valeurs ou des critères de jugement privilégiés, autrement dit, de la « convention » de produit retenue. C'est particulièrement important pour les services publics où les principes de continuité, d'équité et d'égalité de traitement jouent un rôle important. Ainsi, contrairement à un bien, un service n'a pas d'existence autonome, inscrite dans ses spécifications techniques. Il est une *construction sociale* (monde de référence), qui s'inscrit de différentes manières dans le *temps* (horizon temporel) et dans *la matière* (degré de matérialité).

La conséquence du caractère conventionnel ou « socialement construit » du produit est qu'on peut identifier, dans les services, différents types de « produits » et différents types de performances, selon le critère d'évaluation privilégié. Par ailleurs, les critères privilégiés sont variables dans l'espace et dans le temps. Cette importante question est abordée dans la troisième partie de ce chapitre (paragraphe intitulé « Au-delà de la productivité : la performance ? au-delà de la mesure : l'évaluation ? »).

D. L'output est interactif (ou coproduit)

L'idée que le client ou l'usager participe à la production du service a souvent été placée au cœur de la définition de cette activité. Certains auteurs proposent même d'intégrer le client en tant qu'input, dans la fonction de production. Tel est le cas, par exemple, de Oï (1992) qui propose, dans le cas du commerce, la fonction de production suivante : $X = f(L, K, N)$ où N est la quantité de travail fournie par le consommateur. On pourrait complexifier davantage l'analyse en ajoutant la quantité de capital apportée par ce client. En effet, en particulier avec les NTIC et les réseaux, le consommateur utilise non seulement sa propre force de travail, mais aussi ses propres technologies (ordinateurs, Internet, etc.) pour coproduire le service. En ce qui concerne la définition et la mesure du produit et de la productivité, cette caractéristique a plusieurs conséquences.

1) L'interactivité contribue à la difficulté de définition et d'identification du « produit » (ou de l'unité « standardisée » de produit). En effet, l'intervention du client rend le produit toujours différent, adapté aux besoins particuliers. Cette caractéristique n'est pas propre aux services de haut niveau. Elle concerne des services moins intensifs en connaissances. Par exemple, comme le note Hulten (1985), le nombre de coupes de cheveux n'est pas un bon indicateur de l'activité de coiffure. La première raison est que chaque coupe est différente, en fonction des souhaits et des caractéristiques personnelles des clients. La deuxième raison est que cette mesure ne prend pas en compte la perception qu'a le consommateur de cette coupe. Broussole (1997), en commentant cet exemple, considère, à juste titre, que ce qui importe, du point de vue de la mesure de la production, c'est « la prestation moyenne sur laquelle s'engage le producteur et non pas la diversité des réalisations particulières ». Dans le cas contraire, tout produit industriel (une automobile, un ordinateur, etc.) peut être considéré comme différent, compte tenu des péripéties particulières de son processus de production (péripéties qui peuvent avoir des conséquences sur sa durée de vie, ses défaillances potentielles, etc.).

2) Le client peut exercer une influence, qui peut être positive ou négative, sur la productivité (et plus généralement sur la performance) d'une organisation de service. Ainsi, de bons élèves ou étudiants ont une influence positive sur la productivité et la performance des établissements scolaires ou universitaires ; un client compétent est en mesure d'accroître la performance des consultants auxquels il a recours, etc.

3) On peut mettre en œuvre, selon le type de service, des stratégies consistant, soit à exclure le plus possible le client, en lui imposant des produits standard qui éliminent le degré de variabilité introduit par son intervention (l'effort est alors porté sur le numérateur du ratio de productivité), soit, au contraire, à l'autre extrême, à faire faire au client une partie du travail (self-service) (*cf.* chapitre 6).

4) Cette interactivité introduit une difficulté d'imputation du facteur travail à l'unité de production (c'est en particulier le cas des relations de services avec les consultants, les sous-traitants, etc.).

E. L'output n'est pas stockable

Le caractère non stockable du service (son immédiateté) signifie qu'il est consommé au moment de sa production. Le service étant un changement d'état, on ne peut stocker un tel changement (Hill, 1977).

Cette caractéristique peut être utilisée pour comprendre la nature de l'output dans les services. En effet, le point de vue du consommateur (ce qu'il considère avoir consommé) peut venir compléter le point de vue du producteur (ce qu'il considère avoir produit) pour définir l'output. Ces deux points de vue ne coïncident pas toujours.

II. Une autre perspective pour analyser les spécificités des services et leurs conséquences (sur la productivité)

Bien qu'utile, l'analyse précédente, qui isole des caractéristiques de services, est mutilante et insuffisante. Elle vise en quelque sorte à mettre en évidence des conséquences ou des effets élémentaires « en laboratoire », alors que la réalité étudiée est autrement plus complexe et systémique.

Ainsi, les caractéristiques envisagées ne suffisent pas pour distinguer un bien d'un service : ni l'immatérialité, ni l'interactivité, ni l'immédiateté. Tout d'abord, parce qu'un nombre non négligeable de services ne satisfont pas, ou plus ou seulement de manière partielle, à ces caractéristiques techniques. Des activités comme la restauration, le grand commerce, le nettoyage ou le transport ont un contenu « matériel » évident, alors que la dimension relationnelle n'y semble pas toujours très significative. Certains auteurs n'hésitent pas, pour traduire cette « perte » de spécificité des services, à parler d'industrialisation (*cf.* chapitre 6). Ensuite, parce que de plus en plus nombreux sont les biens qui répondent aussi, dans une certaine mesure, à ces caractéristiques. On assiste en effet à une montée en puissance de la dimension service dans la production industrielle (« servicialisation »). Deux conclusions peuvent être tirées de ces constats. La première est que les incidences de ces caractéristiques sur la notion de productivité ne concernent donc pas que les services. La seconde est que, pour un certain nombre de services (qu'il s'agira d'identifier), les incidences de ces caractéristiques en termes de définition et de mesure de la productivité doivent être relativisées. Il est nécessaire d'envisager les services au cas par cas.

On peut aborder les spécificités des services par une définition plus systématique, qui contourne les limites (en particulier l'épreuve des incontournables exceptions à la définition) de l'approche par l'identification de caractéristiques techniques intrinsèques. La définition de Hill-Gadrey fait autorité en la matière. Nous la présentons succinctement ci-dessous, avant d'examiner ses incidences sur l'analyse de la productivité dans les services.

A. Le triangle des services

On doit à Hill (1977) une telle définition générale du service, fondée, en particulier, sur la dissociation analytique entre le client et le support de la prestation, et la distinction entre le service en tant que processus et le service en tant que résultat. Ainsi, pour Hill, un service est « la transformation de la condition d'un individu ou d'un bien appartenant à un agent économique quelconque, à la demande ou avec l'agrément du premier agent ». Gadrey (1996b) enrichit et précise cette définition et en fournit une représentation schématique : « le triangle du service » (figure 3).

Figure 3 : Le triangle des services

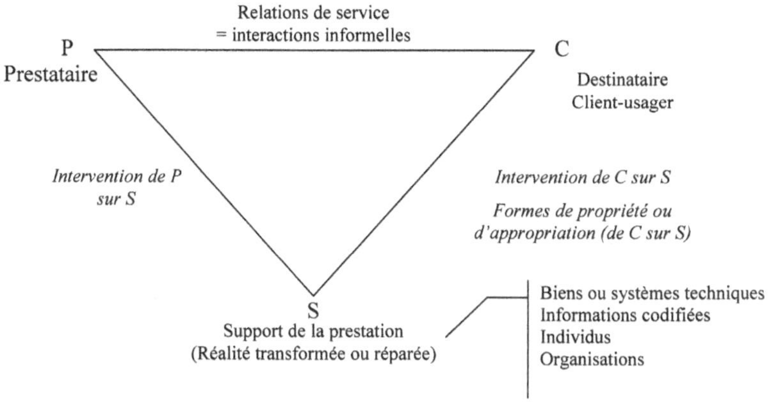

Source : Gadrey, 1996b.

Les sommets du triangle désignent : 1) le prestataire (qu'il soit public ou privé, qu'il s'agisse d'un individu ou d'une organisation) ; 2) le client ou destinataire ou usager, là encore, quelle que soit la forme institutionnelle de celui-ci (ménages, individus, entreprises, organisations, collectivités) ; 3) le support du service qui est défini par la cible ou réalité visée (modifiée, travaillée) par le prestataire pour le compte du client.

Ainsi, le service est-il défini (Gadrey, 1996b) comme un ensemble d'opérations de traitement différentes, réalisées par le prestataire, sur un support, entretenant des liens divers avec le client, sans pour autant que soit élaborée une marchandise susceptible de *circuler économiquement indépendamment de ce support*. Ces opérations de traitement visent à transformer, de différentes manières, l'état du support.

Les différents côtés du « triangle des services » désignent des relations particulières : les liens divers entre le client et le support (liens de propriété, lien d'usage, lien d'identité) ; les liens opérationnels (d'intervention du prestataire sur le support), et surtout la relation de service entre le prestataire et le client à propos des interventions visées.

Les principaux supports (S) envisagés sont les suivants : des biens ou des systèmes techniques, des informations codifiées, l'individu (le client, l'usager) lui-même dans ses caractéristiques physiques, intellectuelles ou de localisation spatiale, des organisations, là encore sous leurs différents aspects (techniques, structures, compétences et savoirs collectifs). La nature des opérations de traitement (réparation, transport, maintenance, transfert, gestion, analyse, etc.) est fonction, bien évidemment, du type de support-cible.

Cette diversité des supports possibles pour les opérations de transformation ou de traitement est particulièrement intéressante pour l'analyse de la productivité. Elle permet, tout d'abord, d'envisager une typologie relativement simple des activités de services, dont les types diffèrent selon le degré de validité du concept de productivité. Elle permet, ensuite, en pénétrant dans la boîte noire de toute activité, d'identifier des fonctions internes, elles aussi différentes au regard de l'application du concept de productivité.

B. Une typologie des services adaptée à l'analyse de la productivité

L'intérêt de la définition précédente (et en particulier de la distinction selon différents supports) est de permettre de mettre en évidence des groupes de services différents auxquels les définitions et les méthodes traditionnelles de mesure de la productivité s'appliquent plus ou moins. Gadrey (1996a) propose ainsi de distinguer quatre groupes de services, qui diffèrent essentiellement par le caractère plus ou moins standardisé, stabilisé et identifiable de leur produit, autrement dit par le degré de validité du concept de productivité traditionnel.

Ces quatre groupes sont les suivants (*cf.* tableau 1) :

1) les services à forte dimension de traitement matériel de supports techniques,

2) les services intellectuels s'appliquant à des savoirs productifs organisés,

3) les services s'appliquant aux savoirs et capacités des individus, dans la consommation finale,

4) les services internes d'organisation et de gestion.

Tableau 1 : Une typologie des services selon le degré de validité du concept de productivité

Groupe de services ou de fonctions*	Sous-catégories et/ou définition	Exemples
1. Les services à forte dimension de traitement matériel de supports techniques	A : Les services (quel que soit le destinataire) s'appliquant principalement à des biens ou systèmes matériels pour en modifier ou restaurer les caractéristiques utiles (techniques, sociales, spatiales) ou pour les mettre à la disposition des usagers pour des usages codifiés.	Transport de biens, réparation de biens, entretien de biens, restauration, hôtellerie et hébergement. Mais aussi : transport et distribution de courrier, réseaux de télécommunication, commerce de gros
	B : Les services (quel que soit le destinataire) *s'appliquant principalement à des biens matériels ou des informations codées* pour en assurer la mise à disposition, la vente, l'échange ou le changement de propriétaire, la transmission, la location, *sans modification notable de leurs caractéristiques utiles.*	Commerce de détail, transactions et locations immobilières et foncières, locations diverses, traitement standardisé d'informations codifiées (ex : la banque et l'assurance pour certaines de leurs fonctions)
	C : Les services destinés aux individus ou ménages, s'appliquant principalement à leur personne physique ou « corporéité » pour en assurer le transport, l'hygiène, corporelle, l'entretien courant (distingué tant que possible des prestations médicales ou paramédicales).	Coiffure, esthétique, transport de personnes
2. Les services intellectuels s'appliquant à des savoirs productifs organisés	Ce sont des services (marchands ou non) destinés aux entreprises et aux administrations, ne s'appliquant pas principalement à des biens, mais conditionnant la production, son organisation, sa gestion.	Ingénierie, conseil et expertises, services financiers, bancaires, juridiques et d'assurance (dans certaines de leurs fonctions) destinés aux entreprises, services de R-D, de production de logiciels et de progiciels, de création publicitaire…

3. Les services s'appliquant aux savoirs et capacités des individus, dans la consommation finale	Services que les ménages consomment, qui concernent non pas leurs supports de propriété ou leur entretien corporel courant, mais des réalités moins tangibles et moins faciles à distinguer ou à isoler de leur propre personnalité : leurs formations et capacités personnelles, leurs savoirs, leur santé et développement physique, leurs loisirs et vie culturelle, mais aussi leurs droits et leurs obligations sociales.	Éducation, santé, loisirs, culture
4. Les services internes d'organisation et de gestion	Activités administratives (activités de bureaux) internes aux entreprises et aux organisations	

* Une même activité peut relever de plusieurs fonctions.
D'après Gadrey, 1996a.

Comme le souligne Gadrey (1996a), la plupart des services du groupe 1 se distinguent peu de la production matérielle classique, dans laquelle les conventions statistiques auraient d'ailleurs pu les classer. C'est ce qui explique que c'est dans ce groupe qu'on rencontre le moins de difficultés à appliquer le concept de productivité traditionnel. En effet, dans la plupart des sous-catégories correspondantes, les opérations de traitement du support sont des actes généralement normalisés et reproductibles (ce qui permet d'évaluer des volumes de produits) et les supports en question sont généralement isolables et bien identifiables (un bien, une personne, une information codée).

Les services (ou les fonctions de services) du groupe 2, qu'on appelle souvent services « immatériels » ou services « purs » car ils ne portent pas, comme les précédents à titre principal sur des biens, se plient plus difficilement aux mesures traditionnelles de la productivité. Ces différents services sont généralement à l'origine d'une productivité indirecte ou induite chez leurs clients (ce sont des déterminants ou leviers de la productivité dans d'autres activités), mais qui ne dit rien sur leur propre productivité. Dans ce groupe, à l'exception de certains cas bien précis (études-types, contrats-types, etc.), la désignation de l'output est difficile, et, davantage encore, sa mesure pertinente. Ainsi, les stratégies qui consistent à appliquer malgré tout les méthodes traditionnelles (valeur ajoutée à prix constants, salaires déflatés, etc.) ne donnent aucune réelle indication quant à l'efficience productive de ces activités et conduisent le plus souvent à des tautologies. Gadrey (1996a) met ainsi en garde contre des méthodes de mesure de la production de l'ingénierie en volume, qui consistent à déflater une valeur ajoutée (constituée à plus de 80 % par les salaires) par un indice de prix correspondant à l'indice des honoraires des ingénieurs-conseil. Elles reviennent en effet à mettre à peu près la même chose au numérateur et au dénominateur, autrement dit à évaluer les ouptuts par les inputs, ce qui ne peut que conduire (par exemple, dans le cas limite où la valeur ajoutée ne comprendrait que les rémunérations des ingénieurs-conseils) à une productivité toujours égale à l'unité, quelle que soit l'évolution de la qualité et de l'efficience productive.

Le groupe 3 (les services s'appliquant aux savoirs et capacités des individus, dans la consommation finale) pose également d'importantes difficultés de désignation et de mesure de l'output, et les mesures traditionnelles de la productivité y sont mises en difficulté. Bien que les frontières entre ce groupe et le précédent ne soient pas toujours aisées à tracer, ces groupes se distinguent de différentes manières. Dans le groupe 3, par exemple, les résultats ne sont pas séparables des personnes. Celles-ci peuvent participer à des degrés divers à la prestation « en actes ». C'est également probablement dans ce groupe que la distinction entre output et outcome s'avère essentielle. En effet, les résultats indirects revêtent autant d'importance sinon plus que les résultats directs.

Le groupe 4 couvre les activités administratives (activités de bureaux) internes aux entreprises et aux organisations. Le niveau analytique est ainsi différent de celui des catégories précédentes. L'output de ces services est essentiellement incorporel. Il est difficilement réductible à des actes reproductibles. Ainsi, les mesures de volumes et de productivité posent les mêmes problèmes que dans le cas des services intellectuels (conseil, ingénierie, expertise). En effet, comme le note Gadrey (1996a, p. 87), « le produit « gestion de l'entreprise » n'est pas un produit normalisé, un résultat donné : il se modifie en même temps que les modes de gestion et les formes d'organisation ». Ainsi, la question de la productivité de la dactylographie des documents dans ses relations à l'informatique est beaucoup plus problématique qu'il n'y paraît. On ne peut pas déduire, du constat du gain de temps dans la réalisation d'un document donné, une amélioration de la productivité. Les difficultés proviennent du fait que le produit n'est plus le même (Gadrey 1996a) : les cadres d'entreprise (auteurs des textes) multiplient les corrections successives (qualité améliorée) ; certains cadres effectuent eux-mêmes une partie du travail de saisie qui était la spécialité de la secrétaire.

Les services administratifs et, en leur sein, les services de pilotage et de conception qui nous intéressent plus particulièrement dans ce travail se trouvent dans les catégories qui posent le plus de problèmes en termes de productivité. En effet, les services administratifs appartiennent à la catégorie 3. Quant aux services internes de pilotage et de conception, ils appartiennent à la catégorie 4, mais ont de nombreux points communs avec les services de la catégorie 2.

C. Décomposition fonctionnelle du service et productivité

La typologie précédente est intéressante à un niveau sectoriel. Elle aborde et définit le secteur par le support dominant de la prestation. En réalité, toute prestation est une combinaison à des degrés divers d'opérations sur les différents supports. Il est important d'en tenir compte au niveau microéconomique, lorsqu'il s'agit de réaliser des gains de productivité. En effet, les gisements de productivité diffèrent selon les fonctions envisagées, et les leviers ne sont pas les mêmes.

Le service (l'output immédiat) peut porter, comme nous l'avons rappelé précédemment, sur des supports divers : des biens matériels, des informations codifiées, des connaissances, ou l'individu lui-même (dans ses différentes dimensions, physiques, esthétiques, émotionnelles, de localisation spatiale, etc.). Une prestation de service peut ainsi être envisagée comme la combinaison de différentes fonctions ou opérations de traitement ou de résolution de problèmes relatifs à chacun de ces supports (*cf.* tableau 2) :

– des opérations ou fonctions « matérielles » [M] qui consistent à « traiter » des objets tangibles, c'est-à-dire à les transporter, transformer, entretenir, réparer, etc. ;

– des opérations ou fonctions « informationnelles » [I] qui consistent à « traiter » de l'information « codifiée », c'est-à-dire à la produire, la saisir, la transporter, etc. ;

– des opérations de service en contact ou relationnelles [R], celles dont le principal support est le client ou l'usager lui-même, et qui consistent en un service direct (en contact) ;

– des opérations ou fonctions « cognitives » ou « méthodologiques » [K] de traitement de la connaissance par des méthodes (des routines codifiées, des techniques immatérielles).

Chaque activité tertiaire combine les quatre fonctions « matérielles », « informationnelles », « méthodologiques » et « relationnelles », dans des proportions diverses, variables dans le temps et dans l'espace. La question de la productivité doit être envisagée sous des angles différents en fonction de la nature des opérations concernées, et en fonction de la composante dominante pour un produit donné. En effet, les composantes matérielles (M) et informationnelles (I) peuvent faire l'objet de méthodes de mesure traditionnelles. Les composantes cognitives ou méthodologiques (K) et relationnelles (R) présentent davantage de difficulté.

Tableau 2 : La décomposition fonctionnelle du service immédiat

Opérations « matérielles » [M]	Opérations de service en contact ou relationnelles [R]
Opérations « informationnelles » [I]	
Opérations « méthodologiques » [K]	

Adapté de Gadrey, 1991.

III. La mesure de la productivité dans les services

Comme pour la question de la mesure de la productivité en général, nous rendrons compte ici à la fois des méthodes indicielles, des méthodes par enveloppement et des méthodes paramétriques. Dans les trois premiers paragraphes, nous mettrons l'accent sur les tentatives d'extension aux services des méthodes traditionnelles envisagées dans le chapitre un. Dans le quatrième paragraphe, en revanche, nous rendrons compte de grilles alternatives plus critiques, qui vont jusqu'à s'interroger sur la pertinence du concept de productivité, dans certains cas.

A. Les méthodes indicielles

Toutes les difficultés générales présentées dans le chapitre I s'appliquent aux services, souvent d'une manière amplifiée. On va ici simplement évoquer les difficultés nouvelles (pour construire des indices adaptés aux services). On peut dire que l'essentiel des problèmes nouveaux sont centrés sur la mesure du numérateur, les difficultés liées aux facteurs de production étant sensiblement identiques à celles rencontrées dans l'industrie.

Comme nous l'avons souligné dans le chapitre I, les méthodes de mesure de la productivité « en volume » (ou à prix constant) exigent de disposer, soit d'indices de prix pertinents pour les unités produites, soit d'indicateurs directs de quantités physiques produites (pondérées). Le problème, dans de nombreux services, est que, compte tenu du caractère flou de l'output, on a des difficultés à décomposer l'évolution d'une *valeur* produite en une évolution en *volume* et une évolution en *prix*. Quand, en effet, la désignation du produit, la fixation de ses frontières sont problématiques, comment identifier ou fixer des prix unitaires ? (des prix unitaires de quoi ?). Le volume est, dans ce cas, une catégorie abstraite à laquelle on éprouve des difficultés à donner un contenu concret. Examinons deux exemples classiques : celui du commerce et celui de la banque. Ainsi, le « service du commerce » ou la « production de services de commerce » continue d'être évalué par le volume de biens vendus. Il n'existe, en effet, à l'heure actuelle, aucun moyen d'isoler des « unités » de service commercial auxquelles on pourrait associer des prix unitaires. Or, le « service du commerce » ne se réduit pas aux volumes de biens vendus. Il comporte, dans certains formats plus que dans d'autres, dans certains pays plus que dans d'autres, un certain nombre de caractéristiques qui interviennent dans la définition du « service commerce » (et qui d'ailleurs expliquent les préférences du consommateur pour un format plutôt que pour un autre). Il s'agit, par exemple, de la qualité des produits, de la gamme des produits offerts, de la qualité du service offert, de l'accessibilité géographique du format, etc. Il est nécessaire de prendre en compte ces caractéristiques si l'on veut établir un volume du service commercial. Les négliger conduit à constater une baisse de la productivité lorsque la formule commerciale « s'enrichit en services », ce qui n'est pas acceptable, puisque ce sont alors des produits différents qu'on compare dans l'espace ou dans le temps. De la même manière, la production des services bancaires continue d'être évaluée à travers un indicateur de « produit net bancaire ». Or, le produit net bancaire ne traduit pas un volume de produit, mais une valeur qui est extrêmement sensible au contexte financier et monétaire. Ainsi, une banque peut être particulièrement efficace en termes d'actes techniques (nombre de transactions, de chèques, de dossiers traités) et réaliser des scores faibles en termes de produit net bancaire.

Les statisticiens ont fait preuve d'énormément d'imagination pour résoudre ces difficultés. Les solutions ou les expédients sont multiples et plus ou moins raffinés, pour tenter de produire des données en volume pour différents types de services. En ce qui concerne le déflateur, par exemple, plusieurs types d'indices sont expérimentés : indice général des prix, indices à la consommation, indices des salaires, indice du prix de vente d'un service annexe, indice du prix d'un bien industriel associé au service en question, etc.

L'OCDE (1995) a élaboré un bilan international des méthodes de mesure de la valeur ajoutée en volume dans les services, qui continue d'être d'actualité. Ce bilan met en évidence une hétérogénéité considérable des pratiques internationales. Nous nous contenterons ici de rappeler quelques solutions générales en ce qui concerne l'évaluation en volume du produit des branches de services. Parmi les solutions mises en œuvre, on compte ainsi (Gadrey, 1996a) :

1) la déflation (de la valeur produite par la branche) par l'indice général des prix de l'économie ;

2) la déflation par un indice des salaires de la branche en question (ou par un indice de salaire jugé voisin) ;

3) l'usage des effectifs de la branche considérée pour estimer le volume de sa production ;

4) la déflation de la valeur produite par le prix d'une activité industrielle liée à cette activité de service ;

5) la déflation par le prix de certains services annexes (actes ou opérations de services élémentaires) plus identifiables et codifiables ;

6) le dénombrement des bénéficiaires d'un service.

Les limites de ces différentes méthodes sont bien connues (Gadrey, 1996a). La déflation par l'indice des prix de l'économie n'est pas en mesure de prendre en compte, dans une branche donnée, les gains de productivité accompagnés d'une baisse du prix unitaire des produits de la branche en question (elle peut même en inverser le signe). La déflation par l'indice des salaires de la branche est problématique lorsque l'essentiel de la valeur ajoutée est constituée de salaires (comme c'est le cas, par exemple, dans le conseil). Elle ne peut qu'aboutir à un ratio de productivité voisin de 1. L'identification des effectifs (ou plus généralement des inputs) d'une branche à son output revient, de la même manière, à fixer, une fois pour toutes, la valeur de la productivité. Numérateur et dénominateur sont identiques. C'est une méthode qui est fréquemment utilisée dans certains services (en particulier publics). La déflation par l'indice des prix d'une activité industrielle proche de l'activité de service considérée repose sur une hypothèse fragile. En déflatant, par exemple, la production des architectes-conseils par l'indice des coûts de la construction, on fait l'hypothèse discutable que le prix unitaire d'un service de ce type est proportionnel au coût de la construction. Le même doute est permis pour la déflation de la valeur d'un service (par exemple, un service bancaire et financier) par l'indice des prix de services annexes (plus facilement identifiables : la location de coffres, la gestion de portefeuille, le placement de titres). Ce doute est d'autant plus sérieux que ces services annexes ne sont pas représentatifs du service considéré. Dans le cas, enfin, de l'identification du nombre des bénéficiaires au volume de la production, il est évident que la variation du volume de service rendu au client n'est pas prise en compte.

Les méthodes de mesure de l'output réel varient, nous l'avons déjà souligné, dans un même pays, selon les branches économiques considérées et, dans une même branche, selon les pays. Ainsi, en 2001, après une réflexion de trois ans sur les différentes pratiques européennes, Eurostat et l'OCDE ont établi un Manuel consacré à la mesure des prix et des volumes en comptabilité nationale. Ce Manuel, qui vise à harmoniser les pratiques de mesure, fournit un certain nombre de recommandations en examinant chaque grande section de la classification des produits CPA (Classification des produits associée aux activités). Les différentes méthodes envisageables en matière de mesure des prix et des volumes sont classées en trois catégories :

1) les méthodes les plus appropriées (méthodes A) ;
2) les méthodes moins appropriées, mais acceptables (méthodes B) ;
3) les méthodes inacceptables, à éviter (méthodes C).

Le tableau 3 fournit, pour un certain nombre d'activités de services, quelques illustrations de méthodes classées selon ces différentes catégories.

Tableau 3 : Méthodes de déflation et de mesure du produit en volume pour différentes activités de service

Activités de services	**Méthodes A**	**Méthodes B**	**Méthodes C**
Commerce de gros et de détail	• Différence entre les ventes déflatées et les achats déflatés	• Volume des ventes avec l'hypothèse que le volume des marges suit le volume des ventes	• Méthode consistant à déflater directement les marges par un indice de prix de vente
Hôtellerie, restauration	• Déflation de l'output par IPP (s'il est adapté) • Déflation par IPC (indice des prix à la consommation) lorsque les prix appliqués aux clients professionnels et aux clients privés évoluent de la même manière et que les structures de consommation sont comparables	• Indicateurs de volume tels que les « nuitées » et les repas servis • Déflation de l'output par un IPP (partiellement représentatif) • Déflation par IPC lorsque les prix appliqués aux clients professionnels et aux clients privés évoluent de manière différente avec des structures de consommation différentes	• Toute méthode fondée sur l'utilisation de données d'inputs ou de données de volume brutes (ex : nombre de clients dans un hôtel ou un bar)

Transport de voyageurs	• Déflation par IPP (indice des prix à la production) approprié	• Utilisation d'un IPC ajusté au prix de base à condition qu'il tienne suffisamment compte des variations de qualité • Indicateurs de volumes fondés sur les kilomètres-voyageurs	• Indicateurs de volumes fondés sur le nombre de voyageurs transportés
Transport de marchandises	• Déflation par IPP approprié	• Indicateurs de volumes fondés sur le nombre de tonnes-kilomètres transportées	• Indicateurs de volumes fondés uniquement sur le nombre de tonnes transportées
Banques	• Pour les SIFIM (services d'intermédiation financière indirectement mesurés) : pas de méthode A. • Autres services financiers : lorsqu'il existe des prix distinctifs pour les services facturés, déflation à l'aide d'un indice des prix à la production d'un ensemble représentatif de ces services	• Pour les SIFIM : - méthodes fondées sur les inputs - indicateurs détaillés de la production qui doivent couvrir l'ensemble des activités générant des SIFIM (nombre de comptes bancaires, nombre de chèques traités, nombre et valeur des crédits, des dépôts…) - appliquer les marges d'intérêt de la période de référence sur les crédits et les dépôts aux encours de crédits et de dépôts réévalués afin d'obtenir des prix correspondant à la période de référence • Autres services financiers : indice des prix à la production non corrigé de la qualité	• Autres services financiers : - prix à la production - indicateurs de volume reflétant une gamme limitée de produits ou de services financiers - méthodes fondées sur les inputs - utilisation d'un indice général des prix

Assurances	• Aucune	• Utilisation d'un indicateur de volume reposant sur des indicateurs détaillés, tels que l'acquisition et la gestion de polices ou la gestion de sinistres • Assurance non-vie : nombre de polices ventilé par produits (habitation, véhicules, responsabilité civile, etc.) et par types d'acquéreurs	• Assurance-vie et fonds de pension : nombre de polices ventilé par produits et par types d'acquéreurs

D'après Eurostat, 2001.

B. Les méthodes par enveloppement

Il existe un nombre considérable de tentatives d'application aux services de la méthode DEA. Il ne s'agit pas évidemment ici de rendre compte, de manière exhaustive, d'une littérature pléthorique et technique. On se contentera d'un certain nombre de commentaires généraux mettant l'accent sur la diversité des objectifs poursuivis par les travaux recensés.

Ces multiples applications de la méthode DEA diffèrent, tout d'abord, par les critères retenus pour comparer les unités de production examinées. Certains travaux privilégient ainsi les comparaisons entre le public et le privé, d'autres entre les entités d'une même organisation, d'autres encore le critère géographique (local, régional, national, international). Certains travaux sont d'ordre strictement méthodologique. Ils ne comportent aucune mesure. D'autres procèdent à une comparaison des résultats issus de la méthode DEA à ceux provenant d'autres méthodes. Bien entendu, ces travaux diffèrent aussi par le type de secteur concerné par l'analyse. Aucun secteur de service n'échappe à ces méthodes, comme semble l'illustrer le tableau 4.

Tableau 4 : L'application de la méthode DEA aux services : quelques exemples

Activité de service (hors services publics)	Références et objectif principal
Assurance	Mahlberg et Url (2003) : les conséquences du marché unique sur la productivité des services d'assurance en Autriche
Maintenance aéronautique	Rouse *et al.* (2002) : la mise au point d'un système intégré de mesure de la performance dans la division services d'ingénierie d'une compagnie aérienne internationale
Services financiers	Worthington (1999) : évolution de la productivité des services financiers australiens ; Drake *et al.* (2003) : efficience des banques japonaises
Restauration	Reynolds et Thompson (2007) : productivité comparée de 62 restaurants d'une chaîne
Commerce	Donthu et Yoo (1998) : productivité des magasins appartenant à une chaîne de restaurants ; Keh et Chu (2002) : productivité comparée dans une chaîne de magasins ; Keh et Chu (2003) : productivité du commerce et économies d'échelle
Hôtels	Barros et Santos (2006) : comparaison d'efficience d'hôtels au Portugal
Conseils, services professionnels	Nachum (1999) : La productivité des conseils en management en Suède Dopuch *et al.* (2003): efficience des services d'audit d'une grande firme comptable (comparaison SFA, DEA)

C. Les méthodes économétriques

Dans le cas des méthodes économétriques, également, de nombreux travaux (et en particulier les analyses de frontière stochastiques) ont cherché à étendre aux services les méthodes développées ailleurs. Certains de ces travaux ont également abordé la question des avantages comparés et de la compatibilité entre les méthodes paramétriques et non-paramétriques. Il s'agit simplement d'en fournir quelques exemples issus de la littérature récente (*cf.* tableau 5). De nouveau ici on constate que ces méthodes peuvent trouver un champ d'application dans n'importe quel secteur des services.

Tableau 5 : L'application des méthodes économétriques à la mesure de la productivité dans les services : quelques exemples

Activité de service (hors services publics)	Références et objet principal
Ensemble des services	Hempell (2005) : la mesure des impacts en termes de productivité des TIC He *et al.* (2007) : la relation entre productivité, satisfaction du consommateur et profit
Assurance	Mahlberg et Url (2003) : les conséquences du marché unique sur la productivité des services d'assurance en Autriche ; Fuentes *et al.* (2001) : la productivité dans l'assurance en Espagne ; Greene et Segal (2004) : l'efficience dans l'assurance aux États-Unis
Commerce	Ratchford (2003) : le paradoxe de la productivité dans le grand commerce
Banques	Shu et Strassman (2005) : TIC, productivité et profit dans la banque ; Fernandez *et al.* (2005) : des mesures d'efficience alternatives pour les production multi-output. Williams and Gardener (2003) : l'efficience des banques régionales européennes
Hotels	Barros (2004): efficience de l'industrie hôtelière portugaise ; Anderson *et al.* (1999) : efficience de l'industrie hôtelière américaine
Agences de voyages	Barros and Matias (2006): modèle économétrique de frontière pour l'évaluation de l'efficience d'agence de voyage (Portugal)
Audit, comptabilité	Dopuch *et al.* (2003): efficience des services d'audit d'une grande firme comptable (comparaison SFA, DEA)

D. Au-delà de la productivité : la performance ? au-delà de la mesure : l'évaluation ?

Le passage d'une économie qu'on peut qualifier d'économie industrielle ou fordiste à une économie post-industrielle, de l'information et du savoir remet en cause le caractère incontournable du concept de productivité. Dès lors qu'il y a controverse sur ce que chacun considère, à un moment donné, comme le produit ou la performance d'une activité donnée, et que donc aucune définition, aucun indicateur ne s'impose techniquement aux autres, il faut, dans une certaine mesure, renoncer à la *mesure* pour lui substituer l'*évaluation.* Ceci est particulièrement vrai pour les activités de services, qui constituent le cœur de la société de l'information et de la connaissance. Autrement dit, la définition du produit, comme la construction des indicateurs de performance doit s'appuyer sur des conventions d'évaluation. C'est ce qui est proposé à travers la grille des mondes de production présentée dans le paragraphe suivant. La prise en compte de la pluralité des mondes et des systèmes de valeur pour la définition et l'évaluation de la performance ne doit pas cependant être considérée comme un exercice strictement intellectuel et académique. En effet, les différents mondes dont il est question sont en interaction (ils peuvent se renforcer ou entrer en conflit), et ces influences sont sources de perturbations concrètes (c'est-à-dire perceptibles dans les unités de travail et problématiques). Pour ne citer que ce seul exemple, fréquemment évoqué, le centrage sur la productivité peut induire de nombreux effets pervers sur la qualité.

1. La distinction entre plusieurs « mondes » de produits

On fait l'hypothèse qu'on peut associer les différentes missions ou « produits » des services à des « mondes » différents (c'est-à-dire à des ensembles de produits ou de conceptions de produits, de critères d'évaluation des produits). En nous inspirant librement des travaux de Boltanski et Thévenot (1991), on considère que les services peuvent être définis et évalués selon des critères de justification différents, qui correspondent aux six mondes suivants :

– le monde industriel et technique dont les modes principaux de qualification et d'évaluation des produits sont les volumes, les trafics et les opérations techniques ;

– le monde marchand et financier qui envisage le « produit » en termes de valeur, d'opérations monétaires et financières ;

– le monde relationnel ou domestique qui valorise les relations interpersonnelles, l'empathie et les liens de confiance consolidés au cours du temps, et qui accorde une importance centrale à la qualité des relations dans l'évaluation du produit ;

– le monde civique : celui des relations sociales fondées sur le souci de l'égalité de traitement, de l'équité et de la justice ;

– le monde de l'innovation (celui de la créativité ou de l'inspiration) ;

– le monde de la réputation (celui de l'image de marque).

Le tableau 6 illustre cette grille qui rend compte de la multiplicité des « produits » des services en croisant l'espace-temps de l'analyse et l'espace symbolique. La prise en compte de la multiplicité de ces

« mondes » revêt une importance toute particulière dans les services et le tertiaire en général, et notamment dans les services administratifs. En effet, plus que dans toute autre activité économique, les registres de la justification des qualités du produit (les mondes de référence) y sont pluriels, concurrents et souvent ambigus.

2. Une grille multicritère d'évaluation de la performance des services

Ce détour par la diversité des produits vise à mettre en lumière ce qui nous intéresse avant tout ici, c'est-à-dire la diversité des performances. En effet, si les « produits génériques » sont différents, et dans la mesure où *la performance est l'amélioration des « positions » ou des « rendements » relatifs aux différents produits*, on peut sans difficulté (au moins en théorie) admettre l'existence d'une pluralité de performances (génériques) associées à des produits (génériques) sous leurs deux facettes (« volume » et qualité).

Comme pour les produits, il est ainsi possible de distinguer plusieurs types de performances, selon les familles de critères de définition et d'évaluation privilégiées : performance industrielle et technique (privilégiant les évaluations de volumes, de trafics), performance marchande et financière (privilégiant les opérations monétaires et financières), performance relationnelle (relative aux liens interpersonnels), performance civique (relative à l'égalité, l'équité, la justice), performance d'innovation (relative à la conception et à l'introduction de projets innovants), performance de réputation (relative à l'image de marque).

Il est également possible d'envisager la question des performances selon l'horizon temporel de l'évaluation (court terme, long terme), ou encore selon le point de vue considéré dans l'évaluation : celui de l'usager ou celui du prestataire.

Contrairement à certains préjugés, les performances civiques, relationnelles, de réputation et d'innovation ne sont pas fermées à toute forme de quantification. Il peut certes sembler paradoxal, par exemple, d'envisager des relations sociales ou civiques (qu'on associe généralement à des attitudes désintéressées ou de don-contre-don) en termes de performance (notion dont la connotation technique et marchande est forte). Il ne s'agit pas, bien entendu, de mesurer des intensités de relation, d'autant plus que la sociologie nous met en garde contre le caractère composite de la relation de service, envisagée comme lieu d'échange verbal d'informations techniques, d'informations marchandes et de signes de civilité et d'estime réciproque (Goffman, 1968). En revanche, rien n'empêche de mesurer la quantité de temps passé dans la relation ni même, après en avoir examiné les contenus, la quantité de relations de chaque type. On considérera ainsi que l'amélioration des indicateurs de satisfaction de la clientèle (interne ou externe), la réduction du turn-over des usagers sont des indicateurs de performance relationnelle ; que l'évolution de la production et de la part des quasi-prestations sociales peut permettre, dans une certaine mesure, de suivre l'évolution de la performance civique ; que le taux d'innovations (incrémentales) introduites et le taux de solutions aux problèmes rencontrés lors de l'expérimentation d'un projet innovant ou encore le taux de ces solutions codifiées (routinisées) et transférées pour une application généralisée constituent des indicateurs de performance d'innovation.

Tableau 6 : Une grille multicritère d'analyse du produit et de la performance des services

	Monde industriel et technique	Monde marchand et financier	Monde relationnel ou domestique	Monde civique	Monde de l'innovation	Monde de la réputation
Produit direct (court terme)						
Performances relatives au produit direct	Performance industrielle directe	Performance marchande directe	Performance relationnelle directe	Performance civique directe	Performance d'innovation directe	Performance de réputation directe
Produit indirect (long terme)						
Performances relatives au produit indirect	Performance industrielle indirecte	Performance marchande indirecte	Performance relationnelle indirecte	Performance civique indirecte	Performance d'innovation indirecte	Performance de réputation directe

Ainsi, le tableau 6 met en évidence douze conceptions différentes de la performance, qui peuvent se renforcer mutuellement ou au contraire être contradictoires ou le devenir à partir d'un certain seuil. Par exemple, une croissance de la performance technique peut induire une croissance de la performance marchande : il est ainsi probable qu'une augmentation du nombre d'ouvertures de comptes par agent dans une banque s'accompagne d'une augmentation du PNB/agent. De même, une amélioration de la performance relationnelle (traduite, par exemple, par une augmentation du taux de fidélisation de la clientèle) peut exercer une influence positive sur la performance marchande. Ces différents types de performances peuvent également être liés négativement, dans la mesure où ils peuvent s'opposer deux à deux. Par exemple, une bonne performance civique (taux élevé de quasi-prestations sociales) peut dégrader un indicateur de productivité (performance technique) ou de compétitivité. De même, une amélioration de la performance technique peut conduire à une dégradation de performance marchande. Le phénomène peut se produire, par exemple, quand des cartes bancaires sont attribuées de manière systématique (effet volume) sans respect de certaines conditions de « sécurité ».

Une telle grille est, comme nous le verrons dans la suite de ce travail, particulièrement suggestive dans le cas des services publics. Mais elle peut s'appliquer sans difficulté aux services marchands. Le tableau suivant (tableau 7), emprunté à Gadrey (1996a), l'illustre parfaitement dans le cas de l'assurance. On y constate en particulier que la productivité technique ne constitue qu'une dimension de la performance et que la performance civique n'est pas l'apanage des services publics. En effet, une compagnie d'assurance privée peut elle aussi poursuivre des objectifs de performance dans ce domaine, lorsque, par exemple, elle s'impose des limites dans la recherche d'informations privées sur les antécédents de ses clients ou lorsqu'elle établit une péréquation tarifaire entre les générations ou les catégories sociales.

Tableau 7 : Une application de la grille multicritère à l'assurance

	Monde industriel et technique	Monde marchand et financier	Monde relationnel ou domestique	Monde civique
Produit direct (court terme)	« Volume » de sinistres, « volumes » de contrats (par groupes homogènes de cas)	Primes, indemnités versées	Qualité des relations directes entre agents et clients (relations commerciales, relations avec les experts...)	Refus d'aller trop loin dans la recherche d'informations privées sur les assurés (santé, antécédents...)
Performances relatives au produit direct	Productivité technique, capacité de traitement plus rapide des opérations techniques, de règlement plus efficace des sinistres, réduction des délais et des taux d'erreurs...	Croissance du montant des primes, amélioration du rapport sinistres/primes, du rendement des placements à court terme...	Amélioration des indicateurs de satisfaction de la clientèle à l'égard de la relation de service	Proportion de contrats où la compagnie accepte de prendre des risques supplémentaires pour des motifs civiques ou de non-discrimination

Produit indirect (long terme)	Concepts peu pertinents sauf peut-être pour évaluer l'incidence de l'assurance sur les performances techniques des entreprises assurées et donc sur la croissance économique, sur l'innovation	Stabilité et sécurité financière (des clients, de la compagnie)	Fidélisation de la clientèle	Péréquation des tarifs, par exemple entre les générations ou catégories sociales (le « modèle rhénan » de Michel Albert)
Performances relatives au produit indirect		Indicateurs de rendements financiers à long terme de la Compagnie. Contribution de l'assurance à la santé financière des clients et à celle de l'économie	Réduction du turnover des clients	Maintien d'une forme de solidarité financière, par la mutualisation intercatégorielle ou inergénérationnelle des risques

Conclusion

Nous avons, dans ce chapitre, soumis le concept de productivité à l'épreuve des services (marchands). Les principaux résultats de cette mise à l'épreuve sont un appel à la prudence et une mise en garde contre les irréversibilités ou verrouillages cognitifs (ou ce que les sciences de gestion appellent la « trappe de compétence »), qui consistent à perpétuer des pratiques ou des idées (inadaptées voire obsolètes) non par nécessité, mais par simple habitude.

Le concept de productivité se heurte, dans le domaine des services, à un certain nombre de difficultés analytiques. Dans certains cas, en particulier lorsqu'on est en mesure d'identifier des unités relativement homogènes et faiblement interactives d'output, ces difficultés peuvent être résolues sur le plan technique, le concept conservant alors sa pertinence. Ainsi, lorsque ses efforts portent sur l'élaboration de produits standardisés, on peut dire que la stratégie de l'entreprise peut venir à la rescousse du concept (*cf.* deuxième partie de cet ouvrage). Dans d'autres cas, le maintien du concept est discutable, soit qu'on qualifie à tort de productivité un indicateur qui, compte tenu des solutions techniques retenues, est étranger à cette notion, soit qu'on s'évertue à faire vivre, par un certain acharnement thérapeutique, un indicateur invalide. Dans tous les cas, en particulier lorsqu'il s'agit de s'appuyer sur les mesures de productivité à des fins stratégiques, la prudence exige des évaluations multicritères de la performance.

Chapitre 3

Les services publics : une nouvelle épreuve

Les services non-marchands constituent une nouvelle épreuve pour le concept de productivité. En effet, aux difficultés posées par la dimension service de l'activité, ils en ajoutent d'autres, liées à ses caractéristiques publiques ou non-marchandes.

La définition des services non-marchands ou publics et de leur périmètre n'est pas non plus une question dont la réponse est immédiate. Nous éviterons néanmoins ce débat ici. Nous nous contenterons, pour simplifier, de distinguer, pour l'essentiel, trois types de services publics : 1) les entreprises de services publics (comme La Poste ou la SNCF) ; 2) les services publics tels que l'éducation ou la santé ; 3) les administrations publiques ou services publics administratifs (les administrations centrales et locales...). Bien que, dans ce travail, notre objet principal soit le second et le troisième groupe, nous ne négligerons pas pour autant le premier. En effet, les préoccupations de productivité ont investi la sphère publique en commençant par les entreprises de services publics, qui ont de nombreux points communs avec les entreprises de services du secteur marchand. Ces entreprises publiques constituent par conséquent un terrain d'expérimentation intéressant de la notion de productivité, à l'intersection entre les problématiques traditionnelles de la productivité dans les services marchands (chapitre précédent) et celles soulevées par la dimension publique. Ces secteurs constituent, par conséquent, une transition intéressante entre les services marchands et les services administratifs pour appréhender la question de la productivité.

De nouveau ici, il s'agira donc d'examiner, dans un premier temps, les conséquences des caractéristiques « publiques » du service sur la productivité, et, ensuite, de rendre compte d'un certain nombre d'outils et d'expériences de mesure.

I. Les spécificités des services publics et leurs conséquences

Les services publics sont des services. Ainsi, toutes les caractéristiques techniques envisagées dans le chapitre précédent (et leurs conséquences sur la définition et la mesure de la productivité) s'appliquent également à eux (*cf.* figure 1). Cependant, la nature publique ou non-marchande de ces services introduit d'autres caractéristiques, dont il s'agit d'examiner les conséquences (sur la définition et la mesure de la productivité). Ces nouvelles caractéristiques sont elles aussi jugées comme techniques et intrinsèques. Il ne s'agit pas, à ce stade, de caractéristiques, que nous examinerons dans la seconde partie de ce travail, qui relèvent plutôt des leviers ou facteurs de la productivité, par exemple, la qualité ou la nature de la main-d'œuvre.

Figure 1 : Les spécificités des services publics et leurs conséquences sur la définition de la productivité

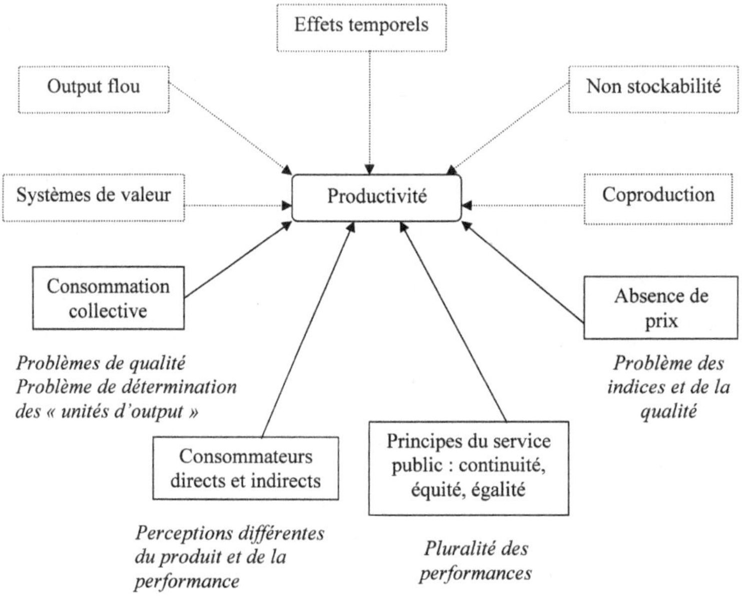

A. Les services publics sont des services

Toutes les spécificités envisagées précédemment à propos des services en général sont valables pour les services publics. La définition illustrée par le triangle des services s'applique sans la moindre difficulté aux services publics. Les spécificités des services publics (que nous développerons davantage dans la section suivante) ne modifient pas fondamentalement cette définition. Tout au plus peuvent-elles contribuer à complexifier quelque peu la représentation. Si on prend le cas de l'hôpital, on peut ainsi introduire le système et les institutions de régulation (R) ou encore la relation salariale entre les agents prestataires directs (P) que sont, par exemple, les médecins, les infirmiers, les aides-soignants… et l'organisation (O) à laquelle ils appartiennent (l'hôpital, la clinique, voire le service ou le département…). On passerait alors du triangle du service au pentagone du service (figure 2).

Figure 2 : Le pentagone des services hospitaliers

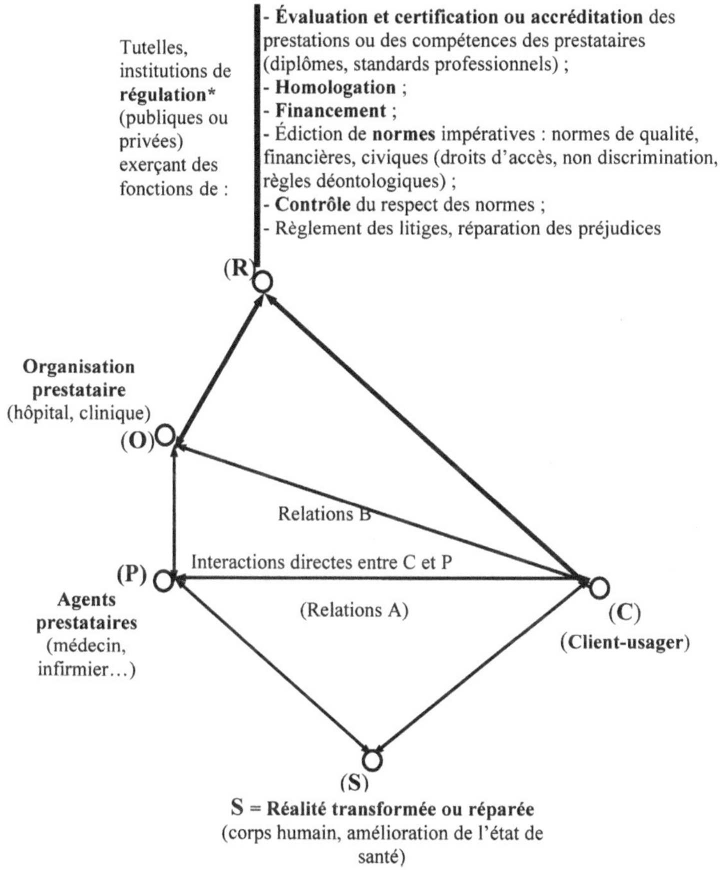

* Conférences de santé, Agences régionales de l'hospitalisation (ARH), Agence nationale d'accréditation et d'évaluation en santé (ANAES), Caisses nationales d'assurance maladie des travailleurs salariés (CNAMTS), Directions régionales des affaires sanitaires et sociales (DRASS), Commissions de conciliation…

D'après Gadrey, 1994.

À l'hôpital, comme dans toute autre activité de service public, l'introduction des tutelles et institutions de régulation est importante au regard de la conception de la performance. En effet, l'organisation prestataire, les prestataires individuels et les tutelles peuvent poursuivre des objectifs de performance différents, voire contradictoires : des objectifs de qualité de soins et d'efficacité (outcome) pour les personnels soignants, des objectifs d'efficience pour l'organisation prestataire et les tutelles.

Il ne s'agit pas ici de réexaminer une à une les différentes caractéristiques des services. Nous nous contenterons de trois d'entre elles, qui revêtent une importance centrale dans les services publics : la définition de l'output, la diversité des systèmes de valeur et la question de l'horizon temporel.

1. L'output est difficile à définir

L'output semble encore plus difficile à définir dans les services publics qu'ailleurs. On constate d'ailleurs que, lorsque les spécialistes des services cherchent à illustrer la difficulté de définition de l'output, c'est souvent dans le domaine des services publics qu'ils puisent leurs exemples, qu'il s'agisse de l'éducation, de l'hôpital ou de la recherche-développement. Ainsi, comme on le verra, le subterfuge qui consiste à évaluer l'output des services publics par leur input ne tient pas seulement à l'absence de prix, mais aussi à cette difficulté de définition de l'output. Cette difficulté est particulièrement évidente dans des services comme la défense nationale (dont le produit peut être envisagé, au moins en temps de paix, comme la dissuasion), la police, ou encore l'administration des affaires étrangères. On constate, mais c'est vrai aussi pour les services marchands, que compte tenu de cette difficulté, ce sont des indicateurs d'*activités* (étapes intermédiaires ou composantes du produit final) qui servent le plus souvent à donner une indication de l'output en tant que service final fourni par le prestataire et consommé par le consommateur (Eurostat, 2001 ; Yu, 2003).

Dans le tableau 1, l'ensemble des indicateurs d'output proposés sont ainsi (faute de mieux) des indicateurs d'activités. Dans le cas de l'hôpital, l'activité décrit des actes, des jours d'hospitalisation, tandis que l'output devrait correspondre au nombre de cancers ou de problèmes cardiaques *soignés* ou plus généralement à la quantité de *soins reçus* par un patient… Dans le cas de la police, le nombre de patrouilles réalisées ou d'arrestations effectuées sont des exemples d'indicateurs d'activités.

Bien que les activités soient une approximation pertinente de l'output, c'est l'output qui *in fine* devrait être mesuré. En effet, le décompte des activités peut induire d'évidentes mésinterprétations. Si, par exemple, à l'hôpital, on introduit une technique qui réduit le nombre de jours d'hospitalisation, l'indicateur d'activités (nombre de jours d'hospitalisation) signalera une chute de la productivité, ce qui ne correspond pas à la réalité. De même, lorsque la criminalité diminue, la productivité de la police ne peut que diminuer, si elle est définie par le nombre d'arrestations. Mais il est vrai que la frontière entre activités et output n'est pas toujours très claire. La définition retenue des activités et des outputs a bien évidemment des conséquences considérables sur l'évaluation de l'output et de la productivité.

2. La question de l'horizon temporel

La question de l'horizon temporel dans la définition de l'output semble encore plus importante dans les services publics qu'ailleurs. Autrement dit, la question de la distinction entre output et outcome ou entre output médiat et output immédiat est fondamentale dans les services publics.

Ces deux conceptions du produit renvoient à des conceptions différentes de la performance. La performance envisagée sous l'angle des outcomes peut être considérée comme beaucoup plus importante que la performance en termes d'output. C'est particulièrement vrai dans certains services publics, comme suffit à en témoigner une rapide comparaison des indicateurs présentés dans le tableau 1.

Tableau 1 : Quelques exemples d'indicateurs d'output et d'outcome dans les services publics

Activité de service public	Indicateur d'output	Indicateur d'outcome
Santé	Nombre d'actes, nombre de jours d'hospitalisation	Années de vie additionnelles (QALY : quality adjusted life years) Espérance de vie
Éducation	Nombre d'étudiants, nombre d'heures d'enseignement	Investissement en capital humain estimé par les revenus au long de la vie Niveau d'éducation de la population
Police	Nombre d'amendes, nombre d'arrestations	Réduction du taux de criminalité
Justice	Nombre de procès	Réduction du taux de criminalité
Prisons	Nombre de prisonniers	Réduction du taux de criminalité
Pompiers	Nombre de feux éteints, nombre de personnes secourues	Réduction des dommages consécutifs aux incendies

Ainsi, sans remettre en question l'intérêt de la notion d'efficience productive (*efficiency*), l'efficacité (*effectiveness*) semble être un enjeu bien plus important dans les services publics que dans les services marchands. Ce qui importe fondamentalement, en effet, ce n'est pas le nombre de jours d'hospitalisation, d'heures d'enseignement, ou d'arrestations effectuées ou encore de jugements rendus, c'est bien la diminution de la mortalité, du taux de chômage, de la criminalité…

3. *La question des systèmes de valeur*

La question des systèmes de valeur est étroitement liée à la précédente, dans la mesure où donner sa préférence à l'outcome ou à l'output suppose aussi de privilégier un système de représentation du monde. Cette question est en réalité généralisable au-delà de cette alternative temporelle, puisque, comme on l'a déjà évoqué, on peut également envisager cette alternative (output ou outcome) selon une grille multicritère d'évaluation des mondes.

L'hypothèse qui est formulée ici est que les services publics sont davantage encore que les autres concernés par la pluralité des systèmes de valeur complémentaires ou contradictoires. Dans le cas des services de santé, par exemple, la question de l'évaluation du produit et des performances oppose partout deux visions peu conciliables : celle des autorités publiques fondée sur la baisse des coûts et celle des personnels médicaux fondée sur la qualité des soins.

B. La dimension publique des services publics

Les services publics ont des caractéristiques spécifiques qui justifient une analyse spécifique. Ces spécificités tiennent à leur dimension publique ou non-marchande. Nous commencerons par rappeler brièvement ce qui, dans la théorie économique, justifie leur caractère public ou non-marchand. Nous verrons que c'est la performance (qu'il s'agisse d'efficience ou d'équité) qui constitue la justification fondamentale. Nous envisagerons ensuite un certain nombre de caractéristiques générales du service public et leurs conséquences sur la question de la productivité.

1. *Services marchands versus services non-marchands : un bref détour par la théorie économique*

La théorie économique (et en particulier l'économie publique), justifie l'existence des services publics par deux arguments de performance (efficience et équité).

a) Le premier argument est celui d'une efficience (*efficiency*) supérieure des services non-marchands par rapport aux services marchands, dans certaines circonstances particulières qu'on appelle les défaillances de marché (« *market failures* »). Ces défaillances de marché favorables aux services non-marchands peuvent se manifester sous les différentes formes suivantes :

1) De fortes *asymétries d'information* entre les producteurs et les consommateurs, qui signifient, en particulier, que le consommateur est incompétent pour formuler son besoin et pour évaluer la qualité des services offerts. Cette situation est fréquente dans les services de santé.

2) L'absence (naturelle) de concurrence, c'est-à-dire *l'existence d'un monopole naturel*, qui signifie qu'une seule entreprise est plus efficace que plusieurs pour fournir un ou plusieurs produits.

3) *L'existence d'externalités* de production ou de consommation, qui se manifestent lorsque la consommation (la production) d'un bien affecte non seulement le consommateur (le producteur) concerné, mais aussi les autres. Par exemple, l'investissement en capital humain d'un travailleur donné augmente non seulement sa propre utilité, mais aussi celle du collectif de travail dans lequel il intervient. Autre exemple : la vaccination, qui protège non seulement le vacciné, mais qui réduit aussi la probabilité de contamination des autres.

4) Le statut de « *bien public pur* » du produit considéré. On dit d'un produit (bien ou service) qu'il est un « bien public pur » lorsqu'il réunit les deux caractéristiques de non rivalité et de non-exclusivisme, ce qui signifie respectivement que 1) la consommation du bien par un individu ne prive personne d'autre (il n'y a pas de limite au nombre de personnes qui peuvent consommer simultanément le bien en question) ; 2) personne ne peut être exclu de la consommation. Il est évident que ce type de biens (défense nationale, système judiciaire, éclairage public, services des pompiers), propices aux comportements opportunistes de type cavalier solitaire (*free riding*), peut difficilement être pris en charge par le marché.

Certains services publics ne sont concernés que par un nombre limité de défaillances de marché, d'autres semblent conjuguer ces différentes défaillances. On considère généralement que le premier groupe (dont certains estiment qu'il pourrait passer en totalité ou en partie sous le giron du marché) pose des problèmes de performance similaires à ceux des services marchands habituels, tandis que le second groupe pose d'autres problèmes et doit être traité différemment. Les services de transport, de télécommunication, d'énergie, les services postaux appartiennent au premier groupe, tandis que les services administratifs appartiendraient au second groupe. Les services de santé et d'éducation constituent un groupe particulier.

b) Le deuxième argument est celui de la recherche de l'équité et de la justice sociale. En effet, le principe d'équité conduit à ne pas exclure d'un certain nombre de services correspondant à des besoins humains fondamentaux (éducation, santé, justice, etc.) ceux qui ne seraient pas en mesure de payer. Les services non-marchands sont donc plus performants que les services marchands sous l'angle de la performance civique. On reviendra sur cette question dans la troisième partie de ce chapitre.

2. *Les caractéristiques spécifiques des services publics et leurs conséquences sur la productivité*

Les caractéristiques qu'on peut considérer comme spécifiques aux services publics peuvent être résumées par les trois propositions suivantes (*cf.* figure 1) :

1) l'output n'a pas de prix ;

2) il est (dans certains cas) consommé collectivement ;

3) il faut en distinguer les consommateurs directs et les consommateurs indirects ;

4) il obéit aux différents principes du service public : égalité, équité, continuité.

Il s'agit d'évaluer les conséquences de ces différentes caractéristiques sur la question de la définition et de la mesure des services publics.

a. L'output n'a pas de prix

La principale caractéristique des services publics est qu'ils sont fournis, pour l'essentiel, gratuitement ou à des prix modiques, qui ne couvrent pas les coûts de production. Cette caractéristique a des conséquences essentielles en ce qui concerne la définition et la mesure de la productivité. On ne dispose pas, en effet, comme dans le cas des biens et des services marchands, d'un prix de marché qui permette, d'une part, de mesurer des volumes de produit, et d'autre part, lorsqu'une organisation publique fournit plusieurs produits, de pondérer les différents outputs pour déterminer un output agrégé.

Indépendamment des problèmes techniques habituels de mesure de la qualité (*cf.* chapitre I), l'absence de prix interdit également la prise en compte de l'évolution de la qualité de l'output dans les services publics. Autrement dit, le problème (essentiel) de la prise en compte de la qualité dans la mesure de la productivité est encore plus délicat dans le cas de ces services.

b. L'output (dans certains cas) est consommé collectivement

Le caractère non-rival de l'output de certains services publics a des conséquences sur la mesure de la productivité. On peut, par exemple, augmenter le nombre d'élèves dans une classe et considérer que la productivité du professeur a augmenté, mais la surcharge peut entraîner des problèmes de qualité, etc.

Bien entendu, tous les services publics ne possèdent pas cette caractéristique. Mais, les services dont l'output est consommé collectivement sont généralement ceux pour lesquels l'évaluation de la productivité est la plus difficile dans la mesure où la détermination des « unités d'output » y est plus problématique. Olson (1972, p. 362, d'après Le Pen, 1986) considère, par exemple, que « les caractéristiques fondamentales d'un bien collectif qui font de lui un bien dont on ne peut exclure personne de la consommation, font également de lui un bien dont l'output ne se présente pas sous la forme d'unités divisibles qui peuvent être facilement comptées ». Pour la raison inverse, les services publics qui sont consommés individuellement posent moins de difficulté d'identification de l'output (et donc de mesure de la productivité).

Pour mettre en évidence les différents niveaux de difficulté dans la définition et la désignation de l'output, on peut ainsi distinguer trois types d'output (Caplan, 1998 ; OCDE, 1999) :

– les services consommés par les individus, comme la santé, l'éducation, et certains services sociaux destinés aux personnes. Il s'agit de services pour lesquels il existe une offre marchande réduite en comparaison de l'offre non-marchande, mais significative (et dont on peut s'inspirer pour mesurer les outputs, en particulier, en ce qui concerne l'indice des prix) ;

– les services administratifs de l'État (dont on considère qu'ils produisent des outputs consommés par le gouvernement). Tel est le cas, par exemple, de la gestion du système fiscal, de l'administration centrale des affaires sanitaires et sociales et de la fourniture de conseils aux ministres. Dans certains cas, lorsqu'on peut identifier des actes élémentaires, la définition de l'output ne pose pas de problèmes (par exemple le nombre de déclarations d'impôts traitées par l'administration fiscale, le nombre de bénéficiaires de telle aide sociale). Dans d'autres cas, il est plus difficile d'identifier des unités d'outputs (tel est le cas, par exemple, des activités de conseil au ministre et des fonctions de pilotage et de conception qu'on trouve dans la plupart des administrations centrales). Quoi qu'il en soit, le problème ne semble pas différent de celui qu'on rencontre dans certains services marchands comme le conseil (dont on peut s'inspirer) ;

– les biens publics et les services collectifs (la défense nationale, les affaires étrangères, la protection de l'environnement). Les services, qui font l'objet d'une consommation collective, sont les plus problématiques en termes de mesure du produit et de la productivité. Le cas d'école en la matière est probablement la défense nationale où on est en peine pour établir une unité de produit. Ce sont ici probablement les mesures d'outcome qui sont les plus pertinentes.

c. Consommateur direct et consommateur indirect

Dans le domaine des services publics, on distingue souvent deux types de consommateurs (Greiner, 1996) : le consommateur *direct* (celui qui bénéficie directement de la prestation de service, l'usager) et le consommateur *indirect* (c'est-à-dire le grand public, le contribuable, le citoyen). Bien qu'il s'agisse finalement du même groupe d'individus, on peut dire que leurs perceptions du produit et de la performance sont différentes. En effet, le consommateur direct privilégie la nature et la qualité du service rendu et de son mode de livraison, tandis que le consommateur indirect est davantage sensible aux arguments économiques et financiers (en tant que contribuable) et aux effets socioéconomiques de long terme (en tant que citoyen).

Cette distinction, il faut le noter, n'est pas la simple traduction, au niveau de la consommation, de la distinction, évoquée précédemment, entre output direct et indirect. En effet, le consommateur direct peut être tout aussi sensible à l'output direct qu'indirect. En revanche, cette distinction renforce l'idée de la pluralité et de l'éventuelle contradiction des systèmes de valeur. Ainsi, selon la perspective privilégiée (le consommateur en situation de consommation ou en tant qu'entité abstraite), les critères de définition du produit ou de la performance diffèrent.

d. L'output obéit aux principes du service public

Les principes en question sont la continuité du service, l'égalité de traitement et la régularité financière. Ces principes sont le plus souvent envisagés négativement sous l'angle des leviers de la productivité. En effet, que ce soit dans le domaine des ressources humaines ou dans celui de l'investissement, ils sont à l'origine de règles très précises et d'une forte centralisation, qui peuvent contribuer à alourdir les procédures, là où la recherche de productivité exige des réponses rapides et flexibles. Nous réexaminerons cette question dans le chapitre 7. Mais, sous l'angle de la définition du produit et des performances, qui nous intéresse ici, ces principes de service public peuvent, au contraire, être interprétés de manière positive. En effet, cette dimension publique (inscrite dans les principes de continuité, d'équité...) se traduit par la production d'une *valeur ajoutée*, qu'on pourrait qualifier de *sociale ou civique*, qui échappe le plus souvent aux mesures, et qui est souvent (en particulier, et de plus en plus, dans les entreprises de services publics) assimilée à un coût ou à un surcoût. C'est tout l'intérêt de la grille des « mondes » des produits et des performances, que nous avons évoquée à plusieurs reprises, que de rendre compte aussi de cette valeur ajoutée sociale ou civique et de la performance correspondante.

II. Les mesures de la productivité dans les services publics

Comparativement aux autres activités, on peut dire que les expériences de mesure de la productivité dans les services publics (qu'elles émanent d'institutions statistiques nationales ou internationales ou de la recherche académique) sont plus rares. On est ainsi, en la matière, dans une phase pré-paradigmatique où des expérimentations sont mises en œuvre, sans qu'une méthodologie s'impose aux autres. Ceci signifie aussi que les comparaisons dans l'espace ou dans le temps de la productivité des services publics sont souvent relativement hasardeuses. On notera également que tous les services publics ne sont pas traités de la même manière. Il existe, en effet, une tradition déjà relativement ancienne de travaux sur la productivité des services de santé ou des services d'éducation. Il en va tout autrement pour les autres services publics, en particulier de type administratif.

Quoi qu'il en soit, pour rendre compte des principales méthodes ou expériences de mesure de la productivité dans les services publics, on distinguera ici, de la même manière que précédemment, des approches non-paramétriques (méthodes indicielles, méthodes DEA) et des approches paramétriques (économétriques).

A. Les approches indicielles

Dans le domaine des services administratifs, les indices utilisés (qui consistent à mesurer l'output par l'input) sont particulièrement contestables. Ils continuent néanmoins d'être largement utilisés. Un certain nombre de stratégies ont été mises en œuvre afin de leur substituer une mesure de l'output par les activités à défaut de trouver des indicateurs plus directs du produit.

1. Mesurer l'output par l'input

Confrontés à l'absence de prix de marché et à l'incapacité d'élaborer des indicateurs de volume (et confortés par l'hypothèse théorique selon laquelle les services se réduisent à la mise en œuvre de moyens humains), les statisticiens ont pendant longtemps (jusqu'à une date récente et encore aujourd'hui pour certains services) mesuré l'output des services par l'input. On a ainsi évalué l'output des administrations publiques par la somme de leurs coûts de production à prix courant (coûts de la main-d'œuvre, des consommations intermédiaires et de l'amortissement du capital). Pour obtenir une estimation de la production à prix constant (en volume), on déflate ces différents coûts. Il est évident qu'une telle évaluation de l'output n'est pas satisfaisante : elle fait figurer la même valeur au numérateur et au dénominateur du ratio de productivité. Il n'est pas étonnant qu'une telle évaluation n'indique aucune variation de productivité, puisque telle est l'hypothèse implicite de la méthode en question. On a commencé à renoncer à cette approche qu'on appelle approche « input ».

2. *Mesurer l'output par les activités*

Désormais, un certain débat s'est établi autour de l'idée qu'il est nécessaire de renoncer à des indicateurs de produits qui s'appuient sur les inputs pour privilégier des indicateurs de produits plus directs. On privilégie ainsi l'uniformisation des méthodes de mesure du produit et de la productivité en faisant l'hypothèse qu'en dehors des services à consommation collective, les services publics diffèrent peu des services marchands. Cette nouvelle orientation est notamment portée par les institutions (statistiques) internationales : en particulier, par l'OCDE (1999) dont la Direction Statistique et la Direction Management Public (PUMA) proposent des solutions pour améliorer la mesure de l'output et de la productivité dans les services publics ; Eurostat (2001, chapitre 4) qui, en se centrant sur les services de santé, d'éducation et d'administration publique générale propose des améliorations des mesures de prix et de volume pour les outputs non-marchands. La Commission européenne, par l'intermédiaire de l'ESA (European System of Accounts) 95 a également recommandé aux comptabilités nationales de privilégier les indicateurs d'output en ce qui concerne les services publics.

Malgré ces orientations générales, on peut dire que les expériences nationales en matière de mesure de la productivité dans les services publics sont encore rares et hétéroclites. L'OCDE (1999) ainsi que Handler *et al.* (2005) en fournissent un premier bilan. Ce qu'on peut retenir de tels bilans ce sont les résultats suivants. L'introduction d'indicateurs d'output dans les comptabilités nationales est très récente dans la plupart des pays et toujours absente dans certains d'entre eux. Certains pays comme la Grande-Bretagne font exception à la règle puisque des indicateurs d'output y ont été introduits dès 1986. La plupart des mesures portent sur un nombre réduit d'activités de services publics, parmi lesquelles on retrouve très souvent la santé et l'éducation. Certains pays, comme la Finlande, par exemple, ont déjà couvert la quasi-totalité des services publics (y compris les services collectifs). Partout, des stratégies sont en cours pour introduire progressivement de nouveaux secteurs. Les services administratifs sont souvent parmi les derniers des listes. Ce sont donc ceux pour qui les indicateurs d'output sont, pour l'instant, les moins nombreux, et les moins unanimes. Ce n'est, par exemple, qu'en 1998, que la Grande-Bretagne, pourtant en avance dans ce domaine, a renoncé à la mesure de l'output par l'input dans la plupart des services administratifs (Ashaye, 2001). Lorsqu'on ne parvient pas (ou pas encore) à établir un volume d'output (comme c'est le cas, par exemple, pour certains services collectifs, tels que la défense nationale), on continue d'appliquer l'ancienne méthode qui consiste à identifier l'output au volume d'inputs.

Pour résumer, dans le cadre de cette stratégie générale pour mettre en œuvre des méthodes fondées sur des indicateurs d'output, on peut dire que les efforts, dans les différents pays (en particulier, en Grande-Bretagne, aux Pays-Bas, en Australie et aux États-Unis), ont consisté (Fisk et Forte, 1997 ; Baxter, 2000 ; Ashaye, 2001 ; Northwood *et al.*, 2001 ; Pritchard, 2003) 1) à établir une liste des principales activités dans les différents types de services publics retenus ; 2) à trouver une mesure en volume pour chaque type d'activité (par exemple, le nombre d'incidents ou de cas pour une période donnée) ; 3) à trouver une unité de pondération pour pouvoir agréger l'ensemble des volumes d'activité. En l'absence de prix, on utilise généralement les coûts relatifs de production de chaque type d'activité, pour une année de référence, en considérant que les pondérations doivent être proportionnelles aux coûts de production de chaque activité. Ainsi, une solution fréquemment retenue pour opérer cette pondération consiste à obtenir, pour l'année de référence, le coût d'un cas et de le multiplier par le nombre de cas de l'année. Ce processus général est décrit en Grande-Bretagne comme celui de la construction d'un catalogue d'activités pondérées par les coûts (Cost-Weighted Activity Index : CWAI) pour chaque domaine de services publics. Le tableau 2 propose (sans prétendre à l'exhaustivité) quelques illustrations d'indicateurs d'output utilisés très récemment pour différents types de services publics en Grande-Bretagne.

Tableau 2 : Exemples d'indicateurs d'output utilisés pour les services publics

Type de service public	Indicateurs d'output utilisés
Services de santé (Caplan, 1998 ; Pritchard, 2002, 2003)	Identification de 14 types d'activités : nombre de traitements fournis aux patients pour chaque type d'activité Pondération : coût relatif des différentes activités
Éducation (Caplan, 1998 ; Pritchard, 2002, 2003)	L'unité d'output de base est la leçon donnée à un élève. Ainsi une classe de 30 correspond à un output double d'une classe de 15 (à qualité supposée inchangée)
Services sanitaires et sociaux locaux (Caplan, 1998 ; Ashaye, 2001)	Trois activités : 1) maisons de retraite ; 2) assistance à domicile pour personnes âgées ; 3) services à l'enfance Nombre d'activités réalisées pour les clients Pondération : coût pour chaque activité
Aide sociale (Pritchard, 2002)	En ce qui concerne le paiement des allocations : nombre de demandes de chaque type traitées et de paiements effectués Pondération : coût relatif par type de demande

Police (Pritchard, 2003)	Nombre de crimes élucidés par type (plus ou moins lourds)
Prison (Baxter, 2000, Pritchard, 2003)	L'unité d'output de base est la garde d'un prisonnier durant une journée. Il est envisagé par la suite de distinguer différentes catégories de prisonniers
Justice (Baxter, 2000 ; Pritchard, 2003)	Tribunaux : nombre de cas traités par types de tribunaux Assistance judiciaire : identification de 10 types. Nombre de cas par types
Pompiers (Ashaye, 2001; Pritchard, 2003)	Trois activités : 1) lutte contre les incendies, 2) préventions des incendies, 3) services spéciaux (non liés au feu) • Lutte contre les incendies : nombre de feux (de différents types) et de fausses alertes • Prévention : nombre d'heures passées en activités diverses de prévention (inspections, formations, etc.) • Services spéciaux : nombre d'accidents de la route et d'opérations de sauvetage… Pondération : nombre d'heures moyen de travail pour chaque type d'incident

Adapté de Handler *et al.*, 2005.

Même si elles présentent de nombreux défauts, ces expérimentations, qui ont consisté à identifier les produits des services publics, constituent des avancées importantes vers une méthode de mesure de la productivité, en particulier, lorsqu'on les compare aux méthodes s'appuyant sur les inputs.

Cependant, les indicateurs retenus sont des indicateurs de l'*activité* des services publics et non pas de leur *production*. Par ailleurs, une autre difficulté de taille doit être résolue, comme le suggère le rapport Atkinson (Pritchard, 2004). Il s'agit de l'identification de l'équivalent d'une valeur ajoutée, comme dans d'autres activités (*cf.* chapitre I). Une telle notion de valeur ajoutée ne transparaît nullement dans les indicateurs de produit retenus, qu'il s'agisse des effectifs des élèves qui ont reçu un enseignement ou du nombre de malades traités dans un hôpital. Cette notion est pourtant centrale. Il s'agit d'un chantier de recherche important pour l'avenir.

3. *Le casse-tête de la variation de la qualité*

Les principales méthodes de prise en compte des variations de la qualité s'appuient sur le prix en faisant l'hypothèse que (en concurrence parfaite) les différences de prix entre produits reflètent des différences de qualité (c'est-à-dire des différences dans les caractéristiques des produits). En d'autres termes, un prix supérieur signifie une qualité supérieure. Dans le domaine des biens matériels et des services marchands, cet exercice est toujours difficile, comme nous l'avons déjà évoqué. Ainsi, par exemple, en ce qui concerne l'informatique, il est fréquent qu'un système de qualité nettement supérieure à un système antérieur soit vendu à un prix nettement plus faible.

Dans le domaine des services non-marchands, la difficulté est démultipliée par l'absence de prix de marché. Compte tenu de ces difficultés, le Manuel de la mesure des prix et des volumes d'Eurostat (2001) identifie trois méthodes d'ajustement en fonction de la qualité :

1) *La mesure directe de la qualité de la production elle-même.* Il s'agit de la réalisation d'enquêtes régulières sur la qualité des services publics. Ces enquêtes (par exemple, les rapports d'inspection des écoles dans l'Éducation nationale) donnent une certaine idée de la variation de la qualité dans le temps. Leur principale limite est que les informations recueillies ont tendance à rendre compte de la qualité du processus plutôt que de la qualité de la production, qu'elles sont souvent subjectives et non nécessairement cohérentes dans le temps et entre les entités étudiées.

2) *La mesure de la qualité des inputs.* L'hypothèse qui fonde cette méthode est que « la variation de la qualité des inputs entraîne automatiquement une variation de qualité de la production ». C'est bien entendu, l'input travail qui fait l'objet des principales mesures dans ce cas de figure. Ainsi, les différences de rémunérations des salariés sont considérées comme la traduction de différences de qualité, qui doivent être intégrées dans les volumes.

3) *La prise en compte des résultats (outcomes).* L'hypothèse sous-jacente à ce type de méthode est que la qualité de la production réside dans les résultats obtenus (les outcomes, l'output indirect). Si l'on souhaite procéder à un ajustement en fonction de la qualité, il faut donc s'intéresser à l'évolution des indicateurs d'outcome. Ainsi, toutes choses égales par ailleurs, la qualité de la production policière se traduit par la baisse de la criminalité, la qualité de la production universitaire par l'augmentation du nombre de diplômés (pour un nombre total d'étudiants inchangé). Les difficultés d'une telle méthode d'ajustement de la qualité sont évidentes. Nous les avons déjà évoquées. Elles tiennent, d'une part, à la difficulté de « neutraliser » les facteurs exogènes (on ne peut prétendre à l'amélioration de la qualité des résultats universitaires si les niveaux d'exigence ont baissé), et d'autre part, au décalage temporel entre la variation de la qualité de la production et ses résultats. Par exemple, l'amélioration de la qualité de la production policière n'a pas une influence instantanée sur la baisse de la criminalité.

B. Les approches par les techniques de l'enveloppe (DEA)

L'application des méthodes non-paramétriques (en particulier la méthode DEA) a connu un grand succès dans le domaine des services publics. Les principales raisons de ce succès ont déjà été évoquées, de manière générale, dans le chapitre I. Nous rappelons brièvement ici celles qui concernent en particulier les services publics. Il s'agit de méthodes particulièrement adaptées à des activités multi-outputs et multi-inputs, qui ne nécessitent pas d'informations sur les prix. Elles se satisfont d'informations sur les quantités d'inputs utilisées et les quantités d'outputs produites dans les différentes organisations envisagées (quantités d'outputs dont on suppose qu'elles peuvent être mesurées directement). Nous nous contenterons ici encore de fournir un certain nombre d'illustrations dans le cas de comparaisons inter ou intra-organisationnelles, au niveau national, puis international (où les références sont beaucoup plus rares pour l'instant).

1. Exemples de comparaisons au niveau national

Sans réaliser d'études bibliométriques, on peut dire, en toute certitude (mais c'est également vrai quelle que soit la méthode de mesure de la productivité utilisée), que les secteurs de la santé, tout d'abord, puis ceux de l'éducation sont largement dominants en tant que champ d'application de la méthode DEA. Mais cette méthode peut être appliquée à toute activité de service public (et à des degrés d'agrégation divers), comme en témoigne le tableau 3.

Tableau 3 : Quelques illustrations de l'application de la méthode DEA pour les services publics

Type de service public	Référence et perspective adoptée
Santé	- Hollingsworth *et al.* (1999) : survey des méthodes non paramétriques et de leurs applications - Maniadakis *et al.* (1999) : impact du marché interne sur l'efficacité, la productivité et la qualité de service à l'hôpital - Ouellette et Vierstraete (2004) : changement technique et efficacité en présence d'inputs quasi-fixes : application à l'hôpital
Universités	- Worthington et Lee (2004) : efficience, technologie et productivité dans les universités australiennes - Johnes et Johnes (1993) : comparaison des performances de laboratoires de recherche en économie en Grand-Bretagne
Justice	- Lewin, Morey et Cook (1982) : comparaison de l'efficience des tribunaux
Bureaux de poste	- Tulkens (1986) : définitions et méthodes de mesure de la performance productive : application à La Poste belge
Entreprises publiques dans leur ensemble	- Young-Yong *et al.* (2000) : les conséquences de la concurrence sur l'efficience des entreprises publiques
Services de contrôle technique automobile	- Odeck (2000) : la croissance de la productivité et de l'efficience des agences de contrôle technique en Norvège

Aéroports	Sarkis (2000) : l'efficience et la productivité comparée des principaux aéroports américains
Banque centrale	- Gilbert *et al.* (2004) : évolution de la productivité de la Réserve Fédérale américaine
Police	- Drake et Simper (2003) : la productivité des forces de police en comparant plusieurs méthodes de mesure (paramétriques et non paramétriques)
Administrations locales	Stevens (2005 a et b) : comparaison DEA et SFA
Bibliothèques publiques	Hammond (2002) : efficience du système de bibliothèques publiques en GB
Administrations publiques en général	Yaisawarng (2002) : mise au point de plans stratégiques de développement de la performance

2. Exemples de comparaisons internationales

Compte tenu de l'hétérogénéité des données et des méthodes de calcul utilisées, il existe très peu de comparaisons internationales de la productivité des services publics. Nous rendons compte ici de deux exceptions récentes, qui s'appuient précisément sur des techniques de frontières (DEA et FDH : *Free Disposable Hull*[1]) non-paramétriques. Il s'agit des travaux d'Afonso, Schuknecht et Tanzi (2005) et de Afonso et St Aubyn (2005).

a) L'analyse d'Afonso *et al.* (2005) introduit une distinction entre la performance du service public (*public sector performance* : PSP) et son efficience (*public sector efficiency* : PSE)). La performance (PSP) rend compte de l'outcome des services publics. Elle est mesurée par une série de 7 indicateurs socioéconomiques agrégés (avec la même pondération), sélectionnés dans les domaines de l'administration publique, l'éducation, la santé, les infrastructures, la distribution des revenus, la stabilité économique, et la performance économique. L'efficience (PSE) quant à elle rend compte de la relation entre les outcomes et les inputs engagés estimés par les dépenses publiques. Afonso *et al.* calculent donc des indicateurs de performance et des indicateurs d'efficience pour 23 pays de l'OCDE en 2000.

Leur analyse aboutit à deux résultats intéressants. 1) Elle constate peu de différences entre les pays en ce qui concerne la performance. 2) En revanche, les différences sont beaucoup plus nettes en termes d'efficience. Le constat est ainsi que les pays qui sont caractérisés par des secteurs publics relativement petits sont significativement plus

[1] La FDH (analyse de l'enveloppement de libre disposition) est une autre méthode des frontières déterministes courante. Elle consiste à construire une « enveloppe » linéaire par morceaux. La méthode FDH renonce à l'hypothèse de convexité de la frontière de production postulée par la méthode DEA.

efficients que ceux qui ont des secteurs publics plus grands. Les scores de PSE les plus élevés sont ceux du Japon, de la Suisse et de l'Australie, tandis que les plus faibles sont ceux de l'Italie, de la Suède, de la France et de la Belgique.

L'analyse précédente est de type indiciel. Elle est complétée par une analyse FDH visant à mesurer le degré de gaspillage des dépenses publiques selon les pays ou l'efficience des dépenses publiques en termes d'input et d'output. Pour réaliser cet objectif, l'output du secteur public est mesuré par les indicateurs PSP et l'input par le rapport dépense publique sur PIB en 2000. L'analyse suggère que les pays les plus efficients, c'est-à-dire ceux qui se situent sur la frontière des possibilités de production sont les États-Unis, le Japon et le Luxembourg (suivis par l'Australie, l'Irlande et la Suisse). La plupart des pays de l'Union européenne pourrait dégager plus de résultats en utilisant moins d'inputs. Ils se situent, en effet, bien à l'intérieur de la frontière des possibilités de production. Ainsi, le coefficient moyen d'efficience des inputs pour l'Union des 15 est estimé à 0,73. Ceci signifie que le même niveau d'output pourrait être produit en économisant 27 % des inputs.

b) Une autre étude comparative internationale utilisant les méthodes FDH et DEA est réalisée par Afonso et St Aubyn (2005). Elle ne concerne pas cette fois l'ensemble du secteur public, mais simplement l'éducation et la santé, dans un certain nombre de pays de l'OCDE.

Pour le secteur de la santé, les indicateurs d'output retenus sont : soit le taux de mortalité infantile, soit l'espérance de vie, et les indicateurs d'input : soit les dépenses de santé (en PPP) par tête, soit le nombre de médecins, d'infirmières et de lits. Pour le secteur de l'éducation, l'output est évalué par les données fournies par l'enquête PISA (*Programme for International Student Assessment*) de l'OCDE concernant la performance des plus de 15 ans. Quant aux indicateurs d'input, il s'agit, d'une part, d'inputs physiques (tels que le nombre d'heures d'enseignement par année et par école en 2000 ou le nombre d'enseignants par 100 étudiants), et, d'autre part, d'inputs financiers : dépenses annuelles (en PPP) pour l'éducation secondaire par étudiant en 1999.

Dans le secteur de l'éducation, pour l'ensemble des pays de l'échantillon, on constate qu'en moyenne le même niveau d'output pourrait être obtenu en économisant entre 11 et 48 % d'input. En effet, les coefficients moyens d'efficience des inputs[2] (en termes d'outputs)

---

[2] Les coefficients ou scores d'input (*input efficiency scores*) indiquent le pourcentage de réduction d'input possible pour obtenir un même niveau d'output, tandis que les coefficients ou scores d'output (*output efficiency scores*) indiquent le pourcentage d'augmentation possible de l'output pour le même volume d'input.

varient de 0,52 à 0,89 (en fonction des méthodes d'estimation). Pour chaque pays, les résultats diffèrent selon que l'input est défini en termes financiers ou en termes physiques. Ainsi, la Hongrie est inefficiente si les inputs sont mesurés en termes physiques, mais efficiente s'ils le sont en termes financiers. C'est exactement le contraire pour la Suède et la Finlande. Ces différences reflètent les prix relatifs des ressources selon les pays.

Les résultats sont sensiblement similaires pour le secteur de la santé. En moyenne, le même niveau d'output pourrait être obtenu en économisant entre 4 % et 26 % d'inputs, puisque le score d'efficience des inputs (en termes d'outputs) varie de 0,74 à 0,96 selon les pays. Pour les mêmes raisons de différences de prix relatifs des ressources selon les pays, on constate que la Tchéquie et la Pologne ne sont efficientes qu'en termes financiers et non en termes techniques, mais que, de nouveau, la Suède n'est efficiente que lorsque les inputs sont mesurés physiquement et qu'elle s'éloigne de la frontière d'efficience lorsqu'ils le sont en termes financiers.

C. Les approches économétriques

Dans un article publié il y a plus de deux décennies, Le Pen (1986) signalait l'apparition d'une voie nouvelle et prometteuse pour la mesure de la productivité dans les services publics non-marchands, à savoir l'analyse économétrique. Il rendait ainsi compte des travaux de Scicluna *et al.* (1980) consacrés à la productivité des services de police au Canada. L'exercice réalisé par ces auteurs consistait, sur la base d'un échantillon de 99 communes, à estimer une fonction de production multiproduits des polices municipales, liant les facteurs de production utilisés à des indicateurs de résultats (« taux d'infraction ou de criminalité pour divers niveaux de gravité allant des crimes de sang aux infractions au code de la route »). Comme le note Le Pen (1986), l'intérêt de l'exercice économétrique est double. Tout d'abord, il s'intéresse aux résultats et non pas à l'activité, comme c'est souvent le cas lorsqu'il s'agit de productivité dans les services publics. Ensuite, il est en mesure de déterminer la part de l'évolution des taux de criminalité qui peut être attribuée aux facteurs de production de la police (personnels, équipements, etc.) et celle qui peut être attribuée aux facteurs d'environnement. On peut le considérer comme une mesure relativement satisfaisante de la productivité.

Désormais, l'analyse économétrique de la productivité s'est répandue dans toutes les activités de services publics. Compte tenu de l'ampleur de cette expansion, ici aussi on ne peut que se contenter de fournir des illustrations en mettant en évidence les services couverts et éventuellement les types de questionnements abordés.

Tableau 4 : Quelques illustrations de l'application des méthodes économétriques dans le domaine des services publics

Type de service public	Référence et perspective adoptée
Transports urbains	Karlaftis et McCarthy (1999) : effet de la privatisation sur la productivité et le coût des transports urbains ; Farsi *et al.* (2006): efficience des compagnies de bus régionales ; Roy et Yvrande-Billon (2007) : conséquences des structures de propriété et des choix contractuels sur l'efficience du transport urbain en France
Santé	Menon et Lee (2000) : les conséquences des TI et des changements réglementaires sur la productivité ; Rosko et Mutter (2008) : analyse de 20 études SFA consacrées à l'inefficience des hôpitaux aux États-Unis
Pompiers	Jaldell (2005) : productivité et performance des services de pompiers
Police	Drake et Simper (2003) : la productivité des forces de police en comparant les résultats de plusieurs méthodes de mesure (paramétriques et non paramétriques)
Aéroports	Oum *et al.* (2003) : comparaison de la productivité des principaux aéroports internationaux dans une perspective de *benchmarking*
Administrations locales	Stevens (2005 a et b) : comparaison DEA et SFA
Centre des impôts	Barros (2005) : méthode SFA pour réaliser une étude de *benchmarking* des centres fiscaux
Télécoms	Nemoto et Asai (2002) : économie d'échelle, changement technique et croissance de la productivité dans les services locaux de télécomunication au Japon
Électricité	Coelli (2002) : comparaison de différentes méthodes de mesure de la productivité (DEA, SFA)

On notera que, dans les travaux économétriques, l'accent est moins souvent mis sur les mesures de la productivité que sur les analyses de la relation entre la productivité (mesurée par exemple par un ratio du type productivité totale des facteurs (PTF)) et des variables explicatives. Cette deuxième perspective relève davantage de la seconde partie de notre travail (les déterminants de la productivité).

III. Au-delà de la productivité

Compte tenu à la fois des difficultés de mesure, parfois insurmontables, examinées précédemment et de la nature particulière des services publics, l'évaluation pluraliste de la performance apparaît encore plus fondamentale dans les services publics qu'ailleurs. La notion de performance est (ou doit être), ici plus qu'ailleurs, une construction sociale, une convention soumise au débat contradictoire. Cette évaluation pluraliste ne doit pas être envisagée simplement comme un choix épistémologique. Elle est, comme nous l'avons constaté à plusieurs reprises, techniquement nécessaire, compte tenu, dans certains cas, de la perte de signification du concept de productivité.

De nouveau ici, la grille inspirée de Boltanski et Thévenot fournit une heuristique intéressante pour rendre compte de la performance dans les services publics. Nous en proposons une illustration dans trois cas, qui ont fait l'objet de nos propres investigations ou de celles de membres de notre équipe : 1) La Poste dans sa dimension financière et courrier ; 2) l'ANPE ; 3) les ruches d'entreprises qui sont souvent des dispositifs de service mis en œuvre par les administrations locales. Nous aborderons également la question de la mesure de la performance dans les caisses d'allocation familiales, en nous appuyant sur une autre grille multicritère d'inspiration conventionnaliste : celle de Salais et Storper (1993).

A. La productivité et la performance de La Poste

La grille heuristique sur laquelle nous nous appuyons distingue, rappelons-le, « plusieurs familles de caractéristiques ou de critères d'évaluation de l'activité, de ses produits et performances » : le monde industriel, le monde marchand, le monde relationnel ou domestique, le monde civique. Les deux premiers mondes peuvent être qualifiés de *mondes de la computation* : il s'agit de compter des volumes ou des valeurs ; les deux derniers peuvent être réunis sous le terme de *mondes de la relation* : *il s'agit non plus de compter, mais de « compter sur »*.

Le tableau 5 est consacré à la désignation et à l'évaluation des « produits » de La Poste dans ses deux métiers (financier et courrier). Il est construit en croisant les quatre mondes (familles de caractéristiques ou critères ou « grandeurs ») retenus et deux horizons temporels (le court terme et le long terme). Au total, huit types différents de produits sont mis en évidence et illustrés.

Tableau 5 : Les mondes de « production » ou « familles de critères » de définition des produits de La Poste

(Indicateur de)	Monde industriel	Monde marchand	Monde relationnel ou domestique	Monde civique
Produit direct (court terme, « output »)	- Indicateurs relatifs à la logistique du courrier, aux volumes distribués, collectés, triés, par catégorie de courrier - Indicateurs industriels de qualité (erreurs, dysfonctionnements)	- Recettes de La Poste (courrier), recettes selon les opérations - Valeur ajoutée comptable et marges éventuelles - Compétitivité selon les segments	- Production de liens personnels dans le domaine de l'activité courrier (surtout distribution) - Individualisation du service du courrier - Arrangements interpersonnels	- Traitement équitable des usagers (guichets, tournées) - Accessibilité équitable - Non-discrimination (jeunes, étrangers) dans les contacts - Assistance aux populations marginales - Tarifs sociaux
	- À peu près les mêmes indicateurs que pour les banques : transactions effectuées, comptes gérés (par types), indicateurs industriels de qualité (erreurs, dysfonctionnements)	- Produit net bancaire et notions associées - Dépôts (montants) - Compétitivité selon les activités	- *Idem* pour l'activité financière	- Services de « banque sociale » : acceptation d'ouverture de comptes pour les faibles revenus, sanctions « humanisées », conseils aux personnes en difficulté
Produit indirect (long terme, « outcome »)	Contribution de La Poste (fonction courrier) à la production économique nationale ou locale, à la VPC et à d'autres activités économiques semblables, aux délais de production et de distribution, à l'efficience d'autres activités	- Degré d'autofinancement du développement de l'activité courrier - Contribution de l'activité courrier à la rentabilité de long terme des entreprises clientes et autres effets externes mesurables en unités monétaires	- Production de comportements de fidélité (à l'entreprise et/ou à certains agents) et de confiance réciproque	- Contribution à la solidarité nationale ou locale à l'égard des plus démunis - Contribution à l'aménagement du territoire et au développement local (zones rurales, quartiers urbains)
	- Création et circulation monétaire par La Poste (indicateurs techniques)	- *Idem* pour l'activité financière	- *Idem*	- *Idem*

Gadrey, 1996a.

B. Les produits et les performances de l'ANPE

Dans une réflexion sur la productivité et la performance de l'ANPE, Delfini (1999) utilise cette grille multicritère. Le produit de l'Agence, en effet, ne va pas de soi. De nombreuses possibilités peuvent être envisagées, sans qu'aucune ne s'impose aux autres de manière incontestable. Il peut ainsi s'agir (Delfini, 1999) : du nombre d'usagers bénéficiaires d'une prestation de services, du nombre de prestations de service individuelles ou collectives fournies par les agents, du nombre de demandeurs d'emplois placés ou d'offres d'emplois satisfaites, de la contribution de l'ANPE à la cohésion sociale, à la lutte contre l'exclusion, etc.

Le tableau 6 fournit quelques illustrations des indicateurs de produit et de performance pour différentes conceptions justifiables (mondes). La productivité est une évaluation de la performance centrée sur le produit direct et le monde industriel.

Tableau 6 : Les mondes de production de l'ANPE

(Indicateur de)	Monde industriel	Monde marchand	Monde domestique	Monde civique
	• Accroissement de l'employabilité par l'accès à l'information sur le marché du travail, les offres d'emplois, les formations : - en libre-service (affichage, minitel, serveurs vocaux, bornes interactives) - par les entretiens, prestations • Satisfaire les offres d'emplois déposées (dont les mesures pour l'emploi)	• Gratuité des prestations pour les usagers (photocopies, Minitel, dépôt d'offres...) • Prise en charge des coûts d'adaptation au poste dans les contrats aidés.	• Qualité de la relation de service (adaptation à la demande de l'usager) - réponse personnalisée - suivi, accompagnement éventuel dans l'emploi	• Traitement égal et équitable des demandeurs d'emploi (principe de discrimination positive) : accompagnement individualisé des demandeurs d'emploi en difficulté

Performance (en termes d'efficience)	Indicateurs de productivité, indicateurs de qualité industrielle (délai de satisfaction, délai d'attente, réduction des dysfonctionnements)	Augmentation du coût en volume	Indicateurs de satisfaction des usagers Volume d'interactions directes	Volume et part de demandeurs d'emplois en difficulté dans les prestations d'accompagnement, dans les dispositifs spécifiques
Produit indirect	Contribution à la fluidité du marché du travail	Contribution au développement de certaines formes particulières d'emploi, à la réduction des coûts salariaux	Contribution au maintien du lien social	Contribution à la lutte contre l'exclusion
Performances (en termes d'efficacité)	Micro : par la réinsertion des demandeurs d'emplois dans l'emploi Macro : réduction du chômage frictionnel		Proximité des services en zones rurales ou défavorisées	Micro : taux de retour à l'emploi de publics en difficulté (CLD, RMI, TH, BNQ) Macro : baisse du chômage de très longue durée et de sa part relative

Delfini, 1999.

C. Les produits et les performances des ruches d'entreprise

Les ruches ou pépinières sont des dispositifs, le plus souvent locaux, d'incitation et de soutien à la création d'entreprises. Ils constituent maintenant depuis plus de 20 ans un outil important des politiques orientées vers la régénération et la consolidation des tissus économiques locaux. Ces dispositifs sont des prestataires de services dans la mesure où ils consistent à mettre à la disposition de leurs « clients » (les candidats à la création d'entreprises »), selon différentes modalités, un certain nombre de moyens matériels et humains.

Ces dispositifs ne sont pas statiques et homogènes. Ils ont évolué au cours de leur histoire. Ils diffèrent ainsi, aujourd'hui, par l'identité de leurs promoteurs, leur mode d'organisation, leur mode de financement, la nature des prestations offertes, le type de « clientèle » ou projets privilégiés, etc. Si l'on se contente de ces deux derniers critères, on peut dire que les ruches fournissent à la fois des services simples et des services de haut niveau, c'est-à-dire à la fois des services de traitement de la matière (services immobiliers, services de restauration, reprographie, par exemple) et des services de traitement de la connaissance (différents types de conseil, formation, etc.). On peut également distinguer des ruches généralistes et des ruches spécialisées (par exemple, par secteur d'activité, par catégorie d'individus ou par étapes du processus de création d'entreprise). Lorsqu'elles favorisent l'entrepreneuriat au sens schumpeterien du terme (c'est-à-dire la création d'une entreprise à l'occasion de l'introduction d'une innovation), elles constituent des acteurs importants des systèmes locaux d'innovation ou de ce qu'on appelle le modèle d'innovation interactionnelle, c'est-à-dire assisté par un prestataire de service (Gallouj, 2002).

Comme pour la plupart des autres activités de services, le produit des ruches est difficile à définir et à mesurer. Ce produit doit en effet être envisagé selon différents horizons temporels et selon différents mondes de production. Il est une construction sociale inscrite dans l'espace physique, mais aussi symbolique et dans le temps. Le produit est ainsi une construction conventionnelle.

Le tableau 7 propose une grille qui rend compte de la multiplicité des « produits » des ruches d'entreprises en croisant l'espace-temps de l'analyse et l'espace symbolique. En ce qui concerne la dimension temporelle, on peut faire l'hypothèse que le court terme (celui du produit direct) est celui de la présence de l'entreprise dans la ruche, et le long terme (produit indirect), celui qui débute à la sortie de la ruche.

Tableau 7 (1re partie) : Une grille multicritère d'analyse du produit et de la performance des ruches

	Monde industriel et technique	Monde marchand et financier	Monde relationnel ou domestique
Produit direct (court terme) durant la présence dans la ruche	- Hébergement - Services de base - Conseil, assistance, formation - Visibilité sur le marché ?	- Services à moindre coût - Accès à des moyens de financement - Chiffre d'affaires généré durant la présence dans la ruche	- Réponses individualisées - Arrangements interpersonnels - Confiance - Conseils personnalisés - Rupture de l'isolement - Insertion dans réseau interne - Insertion dans réseaux externes (consultants) - Guichet unique
Performances relative au produit direct	*- Gains de productivité* *- Économies d'échelles* *- Amélioration de la qualité industrielle* *- Taux de remplissage des ruches* *- Taux d'échec*	*- Amélioration des indicateurs de « santé financière »* *- Compétitivité par rapport à des dispositifs concurrents (coût de la création d'un emploi par rapport à d'autres dispositifs)*	*- Amélioration des qualités relationnelles du dispositif (relations de service, insertion dans des réseaux)*

Produit indirect (long terme) à la sortie de la ruche	- Création d'entreprises - Création d'emplois directs et indirects	- Création de chiffre d'affaires (directs et indirects) - Création de revenus (directs et indirects) - Créations de taxes locales	- Production de comportements de fidélité aux territoires
Performances relatives au produit indirect	*- Amélioration de la contribution à la croissance économique (locale, nationale)* *- Evolution du nombre de créations d'entreprises* *- Evolution du nombre de créations d'emplois* *- Evolution de la qualité de ces emplois* *- Taux d'entreprises en vie à x années*	*- Amélioration dans la création des différents types de revenus*	*- Consolidation d'un système local ou réseau de services (insertion durable dans ce système)*

Tableau 7 (suite) : Une grille multicritère d'analyse du produit et de la performance des ruches

	Monde civique	Monde de l'innovation	Monde de la réputation
Produit direct (court terme) durant la présence dans la ruche	- Soutien à des populations particulières ou à des industries particulières	- Adjonction de nouvelles prestations (innovantes) - Support à des projets innovants	- Image à court terme de la localité, du département, de la région
Performances relatives au produit direct	*Amélioration des qualités civiques*	*Amélioration des qualités d'innovation*	*Amélioration de la réputation et de l'image*
Produit indirect (long terme) à la sortie de la ruche	- Régénération de zones défavorisées - Reconversion	Création d'un système local d'innovation création d'une culture de l'entrepreneuriat	- Image à long terme de la localité, du département, de la région
Performances relatives au produit indirect	*- Amélioration des qualités civiques à long terme*	*Consolidation du système local d'innovation et insertion durable dans ce système*	*Amélioration de la réputation et de l'image à long terme*

Sous l'angle des critères industriels et techniques, la ruche produit un certain nombre de produits directs qui sont, par exemple, l'hébergement, le conseil, la formation... Ces produits directs visent à générer des produits indirects, de long terme, qui sont la création d'entreprises et d'emplois.

Sous l'angle des critères marchands et financiers, on peut dire que les ruches permettent l'accès à des services à moindre coût (coûts partagés) et à des moyens de financement. À long terme, des revenus financiers sont anticipés par les différents acteurs : les entreprises (chiffre d'affaires, profit), les employés (revenus salariés), les collectivités locales (taxes locales).

En ce qui concerne le monde relationnel ou domestique, la ruche peut être considérée comme un lieu qui favorise l'établissement de relations formelles et informelles, qui se consolident dans le temps (relations de confiance, empathie, insertion dans des réseaux internes et externes). Ce type de relations concourt à la production de comportements de fidélité aux territoires.

Du point de vue des critères civiques, les ruches fournissent un soutien à des populations ou à des zones géographiques particulières (socioéconomiquement défavorisées). Elles contribuent aussi à des produits civiques de long terme, qu'on peut qualifier de cohésion sociale, d'aménagement territorial, etc.

Le monde de l'innovation rend compte de différents produits, comme l'adjonction de nouvelles prestations au sein des ruches, le support à des projets innovants. La création d'une culture de l'entrepreneuriat et de l'innovation, et la consolidation de systèmes locaux d'innovation sont des exemples de produits indirects de ce monde.

Du point de vue du monde de la réputation, enfin, les ruches génèrent un produit qui est l'image de la localité, du département, de la région, que ce soit à court terme ou à long terme.

À ces différents « mondes » de produits correspondent des « mondes » de performance. Le tableau 7 met également en évidence et illustre douze conceptions différentes de la performance, qui peuvent se renforcer mutuellement ou au contraire être contradictoires ou le devenir à partir d'un certain seuil.

D. La productivité et les performances des caisses d'allocation familiales

Pour rendre compte et illustrer cette question de la productivité et des performances des caisses d'allocations familiales, nous ne nous appuierons pas sur la grille des mondes de Boltanski et Thévenot (1991), mais sur la grille de Salais et Storper (1993). Ces deux constructions sont voisines et reposent sur certaines hypothèses semblables. Ce qui les distingue c'est, notamment, que la première relève de la philosophie politique et vise à caractériser des systèmes de valeur, alors que la seconde s'intéresse à des caractéristiques plus économiques de la production, des marchés et du travail.

Tout comme la construction de Boltanski et Thévenot, celle de Salais et Storper met en évidence une pluralité des mondes possibles. Cependant, contrairement à elle, elle n'a pas l'ambition de s'appliquer à l'ensemble des activités humaines et sociales, mais simplement celle de rendre compte de la pluralité des systèmes productifs. Elle se centre, par conséquent, sur des conventions relatives au produit ou plus exactement à la qualité du produit (conventions qui dissimulent en réalité également des conventions sur la qualité du travail).

La difficulté essentielle de toute activité de production et de consommation est, en effet, celle de l'incertitude sur la qualité du produit. Cette incertitude peut être levée par deux mécanismes fort bien décrits par Knight (1921) : la *consolidation* (c'est-à-dire le regroupement, dans une même classe, d'objets ayant des caractéristiques similaires), la *spécialisation* (c'est-à-dire le recours à un travail de professionnels, d'experts). C'est sur ces deux mécanismes de réduction de l'incertitude que s'appuient Salais et Storper pour mettre en évidence les divers types de qualités de produits possibles et la pluralité des mondes de production correspondants. La qualité d'un produit peut, en effet, selon ces auteurs, se mesurer par deux échelles (conventions) différentes : d'une part, le degré de consolidation de la demande ou degré de dédicace ; d'autre part, le degré de spécialisation de l'action productive.

Ces deux échelles permettent de distinguer :

– des produits dédiés (c'est-à-dire pour lesquels la consolidation de la demande est faible ; il s'agit de produits spécifiques au besoin d'un client ou d'un groupe de clients donné) ;

– des produits génériques (c'est-à-dire indépendants des utilisateurs, « anonymes quant à leur destination ») ;

– des produits spécialisés (fruits du travail de « spécialistes ») ;

– des produits standard (fruits du travail de non spécialistes).

Le croisement des degrés de dédicace du produit et de spécialisation professionnelle du travail permet de mettre en évidence quatre mondes de production « purs » (*cf.* tableau 8) :

– le monde de production marchand qui est à l'origine de produits de qualité standard-dédiée, c'est-à-dire issus d'un travail standardisé, mais destinés à une clientèle ciblée, bien identifiée (production flexible) ;

– le monde de production industriel qui correspond à l'élaboration de produits de qualité standard-générique, c'est-à-dire des produits de masse, destinés à une clientèle indifférenciée, issus d'un travail standardisé de type fordien ;

– le monde de production interpersonnel qui fournit des produits de qualité spécialisée-dédiée, c'est-à-dire des produits sur mesure (destinés à un client bien identifié et satisfaisant les attentes particulières de celui-ci), mis au point par des professionnels possédant des expertises idiosyncrasiques (artisanat, équipement spécialisé) ;

– le monde de production immatériel au sein duquel sont produits et consommés des produits de qualité spécialisée-générique, c'est-à-dire des produits anonymes (ici en fait des connaissances, « biens publics ») issus d'un travail d'experts de haut niveau (activité de recherche).

Tableau 8 : Les mondes de production

	Produits (issus d'un travail) spécialisé(s)	Produits (issus d'un travail) standardisé(s)
Produits dédiés (destinés à des consommateurs identifiés)	Monde de production interpersonnel	Monde de production marchand
Produits génériques (destinés à des consommateurs anonymes)	Monde de production immatériel	Monde de production industriel

D'après Salais et Storper, 1993.

En s'inspirant de la grille de Salais et Storper, et en la modifiant, Adjerad (1997, 1999) met en évidence quatre mondes de production au sein des CAF, qui se distinguent par le degré de flexibilité du produit et le degré de coproduction par l'allocataire. Il s'agit du monde bureaucratico-taylorien, du monde néo-bureaucratico-taylorien, du monde de la bureaucratie relationnelle et de celui de l'adhocratie au sein d'une administration.

Le monde bureaucratico-taylorien est celui de la production de masse de produits standardisés. Le travail y est fortement standardisé et routinier (forte division du travail et application automatique de procédures prédéfinies) et l'intervention de l'allocataire y est très réduite. C'est le « dossier-type » qui constitue la référence fondamentale du produit. La productivité (qui repose sur une gestion chronométrée des temps) et le souci d'une application rigoureuse de la législation constituent ici les principaux indicateurs de performance.

Le monde néo-bureaucratico-taylorien est celui de la production flexible et de la qualité industrielle. Ce modèle fournit une gamme diversifiée de services standardisés. L'intervention de l'allocataire y est plus forte, et elle se traduit par la mise en œuvre de gammes de cas-types pour prendre en compte les exigences des allocataires, sans pour autant renoncer au mode de production industriel traditionnel. Autrement dit, la prise en compte des attentes du client ne se traduit pas par des services sur mesure. L'évaluation de la performance repose sur des ratios de productivité et des ratios de qualité de type industriels (accessibilité de l'accueil, régularité des paiements).

Le monde de la bureaucratie relationnelle est une des voies empruntées par la modernisation de certaines bureaucraties mécanistes ou tayloriennes (l'autre voie étant celle de la bureaucratie néotaylorienne). La relation de service occupe une place centrale dans ce monde, qui renonce progressivement à la production de masse, pour se consacrer à la production de services personnalisés ou sur mesure. Les agents de l'organisation ne sont plus de simples exécutants de procédures, mais des professionnels jouissant d'une certaine autonomie. Adjerad constate qu'il n'existe pas, au sein des CAF, d'indicateurs permettant d'évaluer la dimension relationnelle, qui est une composante essentielle du produit de ce monde. Son explication est qu'il est difficile de mesurer le degré de confiance entre un agent et un usager, le degré de dévouement d'un agent. Les analyses consacrées à La Poste, aux ruches d'entreprises, etc. (*cf.* paragraphes précédents) en donnent néanmoins un certain nombre de pistes théoriques qui pourraient enrichir le cas des CAF dans ce domaine particulier des performances relationnelles.

Le monde de l'adhocratie au sein de l'administration, enfin, quant à lui, est réduit par Adjerad aux seuls travailleurs sociaux de l'action sociale. L'accent n'est pas mis dans ce monde sur la relation de service, mais sur la création de service. Adjerad montre ainsi qu'en ce qui concerne l'action sociale « à chaque nouveau problème, on tente d'innover, d'apporter des solutions originales. Ainsi la grandeur fondamentale qui structure ce monde est la création. Les projets peuvent concerner un individu, une famille, ou une collectivité (un quartier, par exemple). Ils peuvent concerner des problèmes familiaux, sociaux ou de logement. La difficulté réside notamment dans le fait qu'il s'agit très souvent de cas uniques ». Ce monde semble encore moins bien outillé que le précédent pour évaluer la performance, et le concept de productivité semble y être peu pertinent.

Tableau 9 : Les mondes de production des CAF (Adjerad, 1999)

DEGRÉ DE FLEXIBILITÉ DU PRODUIT DEGRÉ DE CO-PRODUCTION PAR L'ALLOCATAIRE	SERVICES NON STANDARDISÉS	SERVICES STANDARDISÉS
FORTE **Principales caractéristiques**	**Monde de la bureaucratie professionnelle et para-professionnelle ouverte ou de la bureaucratie relationnelle** Accent mis sur la relation de service	**Monde néo-bureaucratico-taylorien ou de la bureaucratie consensuelle** Accent mis sur la qualité de type industriel : délai, exactitude des paiements...
Travail et règles de travail	Reconnaissance d'une certaine autonomie des agents de base de la gestion administrative avec début d'une reconnaissance institutionnelle des savoirs professionnels. Professionnalisme des acteurs de l'action sociale. Qualité professionnelle et du métier	Reconnaissance d'une certaine autonomie des agents de base (mais pas de reconnaissance institutionnelle des savoirs professionnels)
Conception du service public	Conception du service public : faciliter la mise en œuvre des politiques publiques. Interpréter les règles afin de satisfaire l'usager. Organiser la « voice » des usagers permettant une remontée des informations	Conception du service public : oscillation entre un traitement indifférencié des usagers et un traitement différencié par grandes catégories d'allocataires (allocataires usagers, exclus, citoyens et abonnés)
Conception du produit et de la performance	Produit : services personnalisés, produits sur mesure Indicateurs de performance : inexistants à l'heure actuelle	Produit : gammes diversifiées de services ou quasi-produits Indicateurs de performance : productivité et indicateurs de qualité industrielle (accessibilité de l'accueil, régularité des paiements, etc.)

Tableau 9 : Les mondes de production des CAF (suite)

DEGRÉ DE FLEXIBILITÉ DU PRODUIT DEGRÉ DE CO-PRODUCTION PAR L'ALLOCATAIRE	SERVICES NON STANDARDISÉS	SERVICES STANDARDISÉS
FAIBLE **Principales caractéristiques**	**Monde de l'adhocratie au sein d'une administration** Accent mis sur la création	**Monde bureaucratico-taylorien** Accent mis sur les routines
Travail et règles de travail	Mode privilégié de l'action sociale non administrative. Liberté dans la création originale. Travail non prescrit	Travail standardisé. Codage administratif. Application stricte de la réglementation. Peu d'autonomie des agents. Travail prescrit
Conception du service public	Trouver des réponses individuelles ou collectives aux différents problèmes	Traitement indifférencié des administrés, continuité, égalité
Conception du produit et de la performance	Produit : créations, actions spécifiques Indicateurs de performance : le degré de nouveauté, originalité des réponses	Produit : masse, standardisé Indicateurs de performance : productivité, exactitude réglementaire de la législation

Conclusion

Dans le chapitre précédent, après avoir soumis le concept de productivité à l'épreuve des services, nous avons appelé à la prudence dans la définition, la mesure et l'utilisation de ce concept. Dans le domaine des services publics, il convient de redoubler de prudence, dans la mesure où aux difficultés générales des services s'ajoutent, dans ce cas, les difficultés associées aux caractéristiques des services publics.

Ainsi, en l'absence de prix de marché, les comptables nationaux et les statisticiens n'ont pas hésité à mesurer l'output par l'input, confortés par certaines hypothèses théoriques selon lesquelles l'output des services est réductible au travail. Faute de mieux, ils continuent, tout en reconnaissant la vacuité de cette méthode, de procéder de cette manière pour un certain nombre de services administratifs. Compte tenu de la nature et des objets de la relation de service public, non seulement la productivité est difficile à mesurer, mais elle est en conflit avec d'autres conceptions de la performance. Dans ce domaine, plus qu'ailleurs, la distinction entre l'output et l'outcome ou selon les termes de Claude Rochet (2002) entre « bien faire les choses » et « faire les bonnes choses » semble fondamentale. C'est probablement dans ce domaine que les grilles d'évaluation multicritère fondées sur une définition du produit comme construction sociale s'avèrent les plus prometteuses.

Chapitre 4

Les services internes (de pilotage) des administrations publiques : l'ultime épreuve

Ce chapitre opère une rupture analytique dans l'organisation générale de ce travail. En effet, jusqu'à présent, nous avons envisagé la question de la productivité, tout d'abord, de manière générale (indépendamment du secteur d'activité). Ensuite, nous l'avons déclinée aux services marchands, puis aux services non-marchands (en particulier, les services administratifs) en privilégiant les dimensions institutionnelles (l'entreprise, l'organisation) ou les branches d'activité. Nous proposons maintenant d'entrer dans la « boîte noire » de l'organisation, en particulier des services administratifs. Ainsi, ce chapitre concerne, comme le précédent, les services publics administratifs, mais nous privilégions désormais la dimension intra-organisationnelle. On peut considérer ce chapitre comme une extension (une section supplémentaire) du précédent.

Le niveau intra-organisationnel intéresse particulièrement les décideurs des entreprises et des administrations, en particulier lorsqu'il s'agit de comparer les performances en vue, par exemple, de l'allocation des ressources. Ce niveau d'analyse soulève, comme les autres, des problèmes d'identification du produit et du résultat pertinent. Il pose également la question difficile des liens entre ressources engagées et produits. Le produit dont il est question ici est un produit intermédiaire et non plus le produit final.

On peut dire, tout d'abord (l'analyse de ce constat constituant l'objet de ce chapitre), qu'en se diffusant dans les administrations publiques, la question de la productivité est confrontée à des difficultés variables selon le type d'activité. En effet, certaines fonctions posent moins de difficulté (de définition du produit et de mesure) que d'autres. On retrouve ici « en négatif », pour les fonctions internes réalisées (nettoyage, sécurité, conseil), une grande partie du débat concernant les équivalents externes de ces fonctions.

Mais, on peut également dire que la mise en œuvre concrète des stratégies de productivité (comme on le verra dans le chapitre 7) semble suivre, dans la plupart des administrations publiques françaises, une trajectoire de centrage sur les fonctions de pilotage et de conception et d'abandon (selon différentes modalités et dans des proportions variables) des autres activités. Ainsi, l'usage (la définition, la pertinence) du concept de productivité (au sens strict), est affecté par une loi des rendements décroissants. Les stratégies de productivité sont de plus en plus difficiles à mettre en œuvre. Elles perdent progressivement en pertinence, compte tenu des missions et des enjeux.

Nous nous proposons, dans ce chapitre, d'examiner les niveaux intra-organisationnels utiles pour appréhender différents degrés d'application du concept de productivité, de les illustrer et d'analyser les difficultés qu'ils soulèvent.

I. Les différents niveaux intra-organisationnels possibles

Les niveaux intra-organisationnels envisageables pour aborder la question de la productivité sont multiples. On propose de s'appuyer ici sur la représentation bien connue de Mintzberg (1982), pour en rendre compte de manière simplifiée. On illustrera cette représentation dans le cas de l'administration sanitaire et sociale.

A. La représentation de Mintzberg

La représentation de Mintzberg fournit une heuristique intéressante pour envisager, de manière simplifiée, la question de la productivité à différents niveaux organisationnels. En effet, dans sa formulation canonique bien connue (*cf.* figure 1), la représentation de Mintzberg décompose l'organisation en cinq entités.

Figure 1 : La forme canonique de la représentation de l'organisation

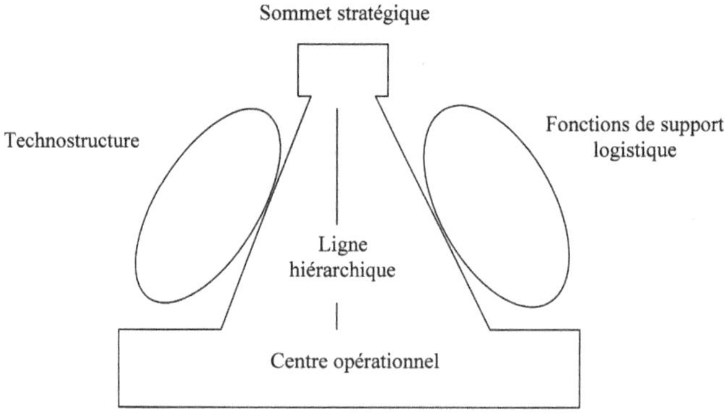

Selon Mintzberg, 1982.

La première entité est le *centre opérationnel* (la base de la configuration). Elle est composée des agents de base (les opérateurs) dont l'activité est « directement liée à la production des biens et des services ». Ainsi, c'est le centre opérationnel qui réalise la mission principale de l'organisation (son produit). C'est son activité qui définit le produit final. Sans lui, l'organisation dans son ensemble n'a pas de raison d'être. Mintzberg note que c'est dans le centre opérationnel que la standardisation est la plus poussée, bien que ce soit à des degrés divers, compte tenu de la diversité des types d'opérateurs (mécaniciens de l'automobile, professeurs d'université, etc.).

La deuxième entité est le *sommet stratégique* (qui réunit les cadres dirigeants) qui est le centre principal de décision. Sa fonction est de diriger l'organisation (de « donner une direction d'ensemble ») pour qu'elle s'acquitte efficacement de ses missions (la production de biens ou services). Le travail du sommet stratégique est abstrait, peu répétitif et standardisable, caractérisé par un grand degré de liberté, inscrit dans le long terme.

La troisième entité est la *ligne hiérarchique* qui relie le sommet stratégique au centre opérationnel, de manière ininterrompue (bien que non nécessairement scalaire). Plus on descend dans la hiérarchie, moins le travail est abstrait, plus il est standardisable, plus l'horizon temporel est court.

La quatrième entité est la *technostructure*. Elle réunit les experts qui organisent, contrôlent et pilotent le travail des autres agents. La technostructure est chargée de modifier le travail des autres et de le rendre plus efficace, sans y participer directement. Elle est l'agent fondamental de la standardisation de l'organisation. La technostructure comprend trois groupes d'experts, qui correspondent à trois types différents de standardisation (standardisation du travail, des produits, des qualifications) :

1) les analystes du travail (exemple : les spécialistes des méthodes), experts de la standardisation du travail ;

2) les analystes de la planification et du contrôle (planification à long terme, budget, comptabilité), experts de la standardisation des résultats ;

3) les analystes du personnel (recrutement, formation, etc.), experts de la standardisation des qualifications.

Les analystes de la technostructure n'exercent pas leur activité uniquement en direction de la base opérationnelle. Leur travail de standardisation peut concerner différents niveaux hiérarchiques. Ainsi, dans une entreprise industrielle (*cf.* figure 2), au niveau inférieur, les analystes standardisent les flux de travail (ordonnancement de la production, méthodes, contrôle qualité) ; au niveau intermédiaire, ils contribuent à standardiser le niveau intellectuel de l'organisation (formation des cadres moyens, par exemple) et réalisent des études de recherche opérationnelle. Au niveau supérieur, ces analystes élaborent une planification stratégique et des systèmes de contrôle de gestion.

Mintzberg note deux paradoxes intéressants. Le premier est que les spécialistes de la standardisation du travail des autres ne coordonnent pas leur propre travail par la standardisation (à l'exception peut-être d'une certaine standardisation par les qualifications, dans la mesure où les experts de la technostructure sont fortement diplômés), mais par l'ajustement mutuel, la communication informelle. Le deuxième paradoxe est formulé dans une courte note de bas de page (Mintzberg, 1982, p. 47). La raison d'être de la technostructure est le changement. « La volonté de changement et d'amélioration continuelle est inhérente à la technostructure. L'obsession de l'organisation moderne pour le changement vient au moins en partie de l'existence d'une technostructure importante et ambitieuse qui cherche à assurer sa propre survie. L'organisation parfaitement stable n'a pas besoin de technostructure ». Nous reviendrons sur ce paradoxe dans le chapitre 7, lorsque nous examinerons les stratégies de productivité des administrations publiques.

La cinquième entité est celle des *fonctions de support logistique*. Elle réunit l'ensemble des fonctions qui interviennent indirectement dans l'activité (sans relation avec les flux de travail). Ces fonctions de support logistique sont très diverses. Elles vont du conseil juridique à la restauration d'entreprise, en passant par les services de courrier, de nettoyage et de recherche-développement (*cf.* figure 2). Ainsi, les fonctions de support logistique ne s'opposent pas aux fonctions de technostructure par leur intensité en informations et connaissances. On trouve, en effet, dans les fonctions de support logistique, à la fois des fonctions intellectuelles (conseil juridique, R-D, relations publiques) et des fonctions plus opérationnelles (restauration, nettoyage, réception), qui se distinguent par leur capacité de standardisation. Les fonctions de support logistique peuvent se situer à différents niveaux hiérarchiques, en fonction de leurs « clients » principaux. Ainsi, dans la mesure où les clients principaux du conseil juridique et des relations publiques sont les sommets stratégiques, ces fonctions se trouvent au sommet de la hiérarchie. Leurs activités sont plus difficilement standardisables. On trouve, en revanche, plus bas dans la hiérarchie, les activités dont « le travail est plus standardisé (cantine, courrier, réception, paie) » (*cf.* figure 2).

Figure 2 : Quelques membres et quelques unités des différentes parties d'une entreprise industrielle

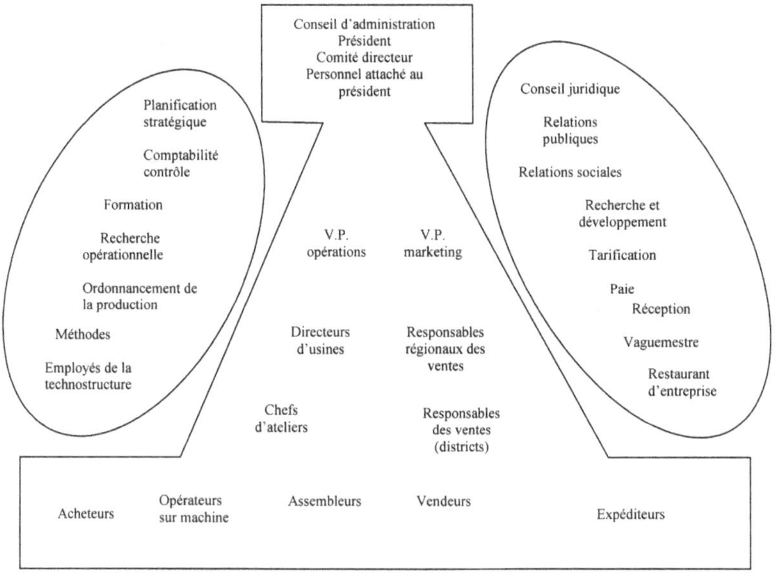

Mintzberg, 1982, p. 49.

B. Une représentation de l'Administration des affaires sanitaires et sociales

On se propose ici de tenter de rendre compte de l'organisation générale actuelle de l'Administration des affaires sanitaires et sociales en utilisant librement la représentation canonique de Mintzberg[1]. Pour réaliser cet exercice, on s'appuie en particulier sur un document interne (DAGPB, 2003) qui présente les missions et les structures de cette administration.

Cette administration a la particularité d'associer des missions qui, dans d'autres pays, sont parfois séparées : d'une part, les missions sanitaires et, d'autre part, les missions sociales[2].

1 On ne se prononce pas ici sur la forme exacte de la configuration (bureaucratie mécaniste, professionnelle, etc.).

2 On notera, plus généralement, que la France (davantage que d'autres pays) semble caractérisée par une évolution du nombre et de la frontière des ministères au gré des élections et non pas nécessairement en fonction des objectifs de politique publique.

Au sommet hiérarchique, on placera le ministre et les directeurs de cabinet et leurs proches collaborateurs. La ligne hiérarchique débute par tous les directeurs des administrations centrales et se termine au niveau des opérateurs de base, c'est-à-dire les agents des services déconcentrés dans les Directions départementales et régionales des affaires sanitaires et sociales (DDASS, DRASS), etc.

La technostructure est constituée des différentes directions, d'une part, du secteur de la santé : Direction générale de la santé (DGS), Direction de l'hospitalisation et de l'organisation des soins (DHOS), Direction générale de la sûreté nucléaire et de la radioprotection (DGSNR) et, d'autre part, du secteur social : Direction de la sécurité sociale (DSS), Direction générale de l'action sociale (DGAS), Direction de la population et des migrations (DPM), Service des droits des femmes et de l'égalité (SDFE). Les principales missions de ces directions sont de produire des stratégies, des politiques à suivre pour assurer un bon état sanitaire et social à la population. La Direction de l'administration générale, du personnel et du budget (DAGPB) occupe une place particulière dans cette organisation, dans la mesure où son activité peut être répartie entre la technostructure et les fonctions de support logistique, qu'elles soient intellectuelles ou opérationnelles. En effet, la DAGPB exerce à la fois des fonctions de conception et de pilotage et des fonctions de support ou de soutien. Ces dernières recouvrent les six domaines suivants : les ressources humaines, les ressources immobilières, les ressources de fonctionnement courant, le système d'information, les ressources documentaires et les ressources d'expertise juridique.

Les fonctions de support logistique qui sont présentées dans le document sur lequel nous nous appuyons sont les fonctions intellectuelles : il s'agit de la Direction de la recherche, des études, de l'évaluation et des statistiques (DREES) et du Service de l'information et de la communication (SICOM). Mais, bien entendu, il existe dans cette administration, comme dans toute administration de cette taille des fonctions de restauration, de nettoyage, d'accueil, de sécurité, etc. Elles sont en partie prises en charge par la DAGPB dans sa composante « missions de support ».

La figure 3 distingue deux composantes de l'Administration sanitaire et sociale : 1) l'administration centrale (qui fait l'objet de nos investigations), qui réunit le sommet stratégique, la technostructure, les fonctions de support logistique et qui représente environ 2 500 agents ; 2) la base

---

Cette instabilité de la cartographie ministérielle peut avoir des incidences sur la mesure de la performance et sur ses stratégies d'amélioration.

opérationnelle, qui correspond aux services déconcentrés, qui réunissent près de 12 500 agents.

Figure 3 : Une représentation de l'Administration sanitaire et sociale

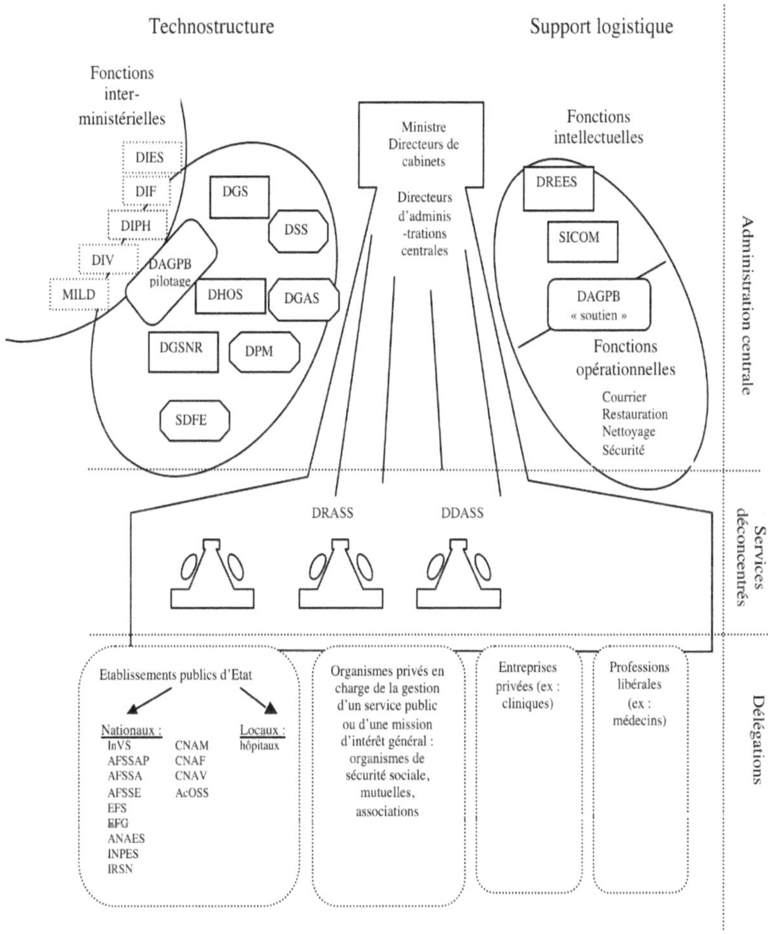

La figure 3 fait apparaître un troisième niveau important, qui se situe en dehors du « périmètre » de l'administration sanitaire et sociale en tant que telle. Il s'agit de l'ensemble des entités auxquelles l'Administration a délégué tout ou partie de la gestion de ses politiques :

1) les établissements publics de l'État, qu'il s'agisse d'établissements nationaux : l'Institut de veille sanitaire (InVS), l'Agence française de sécurité sanitaire des produits de santé (AFSSAPS), l'Agence française de sécurité sanitaire des aliments (AFSSA), l'Agence nationale d'accréditation et d'évaluation en santé (ANAES), etc., ou d'établissements locaux (hôpitaux) ;

2) les organismes privés auxquels sont confiés la gestion d'un service public ou une mission d'intérêt général : exemple : les organismes de sécurité sociale, les associations, les mutuelles, etc. ;

3) les entreprises privées (exemple : les cliniques) ;

4) les professions libérales (exemple : les médecins).

L'ensemble de ces services correspond à près de 80 000 établissements et services, 1 000 organismes de sécurité sociale. Il représente environ 2,4 millions d'emplois.

La configuration canonique de Mintzberg est intéressante, pour notre objet, mais elle ne doit pas cacher un certain nombre de difficultés. La première de ces difficultés est que de nombreuses directions d'administration centrale et de nombreux services déconcentrés (en particulier, au-delà d'une certaine taille) peuvent eux-mêmes être abordés à travers cette représentation canonique, dans la mesure où ils comportent eux aussi un sommet stratégique, une technostructure, une ligne hiérarchique et des agents opérationnels. Ainsi, par exemple, les DDASS et DRASS exercent-elles aussi une importante activité de conception et de pilotage local, qui n'est pas sans conséquence, comme on le verra par la suite, sur la difficulté de mesure de la productivité et de mise en œuvre des stratégies correspondantes.

Une telle organisation, lorsqu'elle se manifeste au niveau de la base opérationnelle (ici les services déconcentrés), n'a pas échappé à Mintzberg, qui évoque, dans ce cas, la possibilité d'une structure multidivisionnalisée. Mais elle semble également pouvoir être identifiée dans un certain nombre de directions que nous avons placées dans la technostructure. Ce constat (dont nous examinerons plus en détail les conséquences dans la seconde partie de ce travail) peut avoir des incidences sur la question de la productivité des services de « technostructure ». En effet, les « services fonctionnels » présents dans la technostructure sont souvent en première ligne, quand il s'agit de réaliser des gains de productivité. Il est souvent plus facile de confier ces services fonctionnels à d'autres prestataires « plus ou moins extérieurs » à l'administration centrale (sous-traitance), dans la mesure où ils sont éloignés du cœur du métier.

II. La question de la productivité au niveau intra-organisationnel

De manière simplificatrice, on peut tirer de l'analyse de la représentation de Mintzberg plusieurs enseignements en ce qui concerne la question de la productivité envisagée au niveau intra-organisationnel.

A. La question de la productivité selon les différents niveaux de Mintzberg

La question de la productivité se pose en des termes différents selon la composante intra-organisationnelle envisagée (*cf.* figure 4). Jusqu'à une période récente, dans les services administratifs, les efforts de productivité et les discours sur la productivité ont concerné, pour l'essentiel, les agents du centre opérationnel (le bas de la représentation de Mintzberg). Ces agents sont, en effet, de loin les plus importants en termes d'effectifs et en termes de possibilité de standardisation des activités, des qualifications voire des produits. Ils constituent les principaux gisements de productivité des administrations publiques, et les difficultés de définition et de mesure ou de légitimation de cette productivité sont celles que nous avons largement évoquées dans le chapitre précédent. En effet, rappelons-le, c'est l'activité ou le produit de cette base opérationnelle qui, en définitive, définit le produit final de l'administration considérée. Le produit des centres opérationnels est tout simplement le produit de l'organisation dans son ensemble.

La question de la productivité semble plus problématique dans les activités de la technostructure que dans celles des fonctions de support. En effet, toutes les fonctions de la technostructure sont des fonctions intellectuelles et immatérielles, difficilement standardisables. Les tâches y sont multiples et non répétitives. Cependant, un examen plus attentif des fonctions de support conduit à les diviser en deux groupes totalement différents. Le premier groupe est constitué de fonctions de support intellectuelles, qui présentent les mêmes caractéristiques d'immatérialité et de non standardisation que les fonctions de la technostructure (relations publiques, R-D, etc.). La question de la productivité y est tout aussi problématique que dans le cas des fonctions de technostructure. Le second groupe est constitué de fonctions de support opérationnelles dont le contenu intellectuel est moindre, dont le contenu matériel est plus important, qui sont plus facilement standardisables, et plus sensibles à la productivité.

Figure 4 : La configuration de Mintzberg et la topographie des difficultés de mesure de la productivité

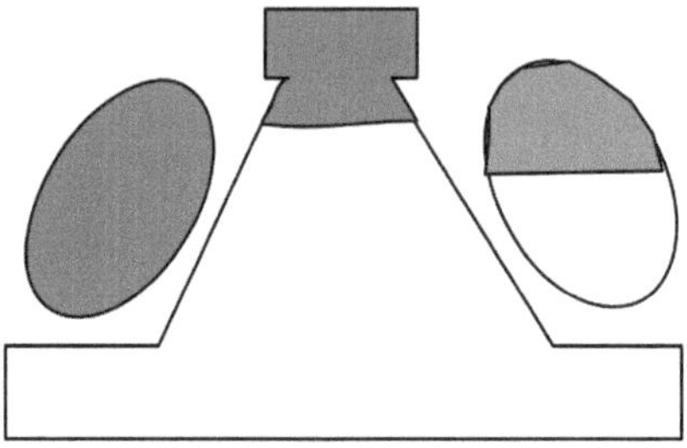

En grisé les composantes pour lesquelles la question de la productivité est la plus problématique

La question de la productivité est également problématique, bien évidemment, au niveau du sommet stratégique et de la partie haute de la ligne hiérarchique. Il s'agit là encore de fonctions éminemment intellectuelles, non standardisables et inscrites dans le long terme.

B. La question de la productivité pour un niveau donné

Pour une composante (intra-organisationnelle) donnée, la question de la productivité est d'autant plus problématique qu'on effectue un mouvement vers le haut de la représentation (*cf.* figure 5). Le concept de productivité semble perdre en pertinence, quand on effectue un mouvement vertical de la base vers le sommet, qu'on soit sur la ligne hiérarchique, à l'intérieur de la technostructure ou à l'intérieur des fonctions de support logistique.

On peut dire que, plus les activités réalisées sont destinées à des clients en position hiérarchique élevée, plus la question de leur productivité est problématique. Les exemples que propose Mintzberg, dans le cas d'une firme industrielle, dans la figure 2 sont très explicites. Ainsi, du côté de la technostructure, la planification stratégique ou le contrôle budgétaire posent plus de difficultés que l'ordonnancement de la production. De même (mais, nous avons déjà évoqué cette situation), du côté des fonctions de support, le conseil juridique ou les relations publiques, qui servent la partie haute de la ligne hiérarchique, sont plus problématiques que le nettoyage ou la restauration.

Figure 5 : La configuration de Mintzberg et la topographie des difficultés de mesure de la productivité (en dynamique)

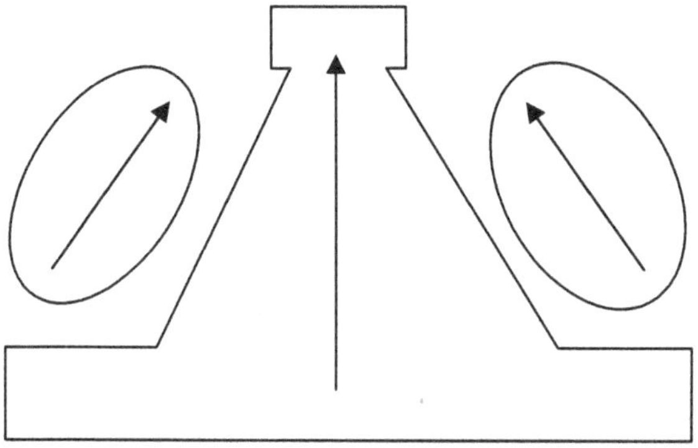

Les mouvements vers le haut traduisent la difficulté du problème de productivité.

C. L'application à l'Administration sanitaire et sociale

La transposition de cette représentation à l'Administration sanitaire et sociale nous conduit à nuancer certains des constats précédents, tout en conservant l'argumentation générale.

En effet, la transposition de l'argumentation générale consiste à dire que la définition et la mesure de la productivité sont plus aisées dans les services déconcentrés (DDASS, DRASS, ...) que dans la technostructure, les fonctions de support ou le sommet stratégique. Elle consiste également à dire que la difficulté est plus élevée dans les parties « hautes » de la technostructure et des fonctions de support (la DREES, le SICOM, c'est-à-dire les fonctions de support intellectuelles, par opposition aux fonctions de support opérationnelles). Elle consiste, enfin, à dire que, lorsqu'on chemine sur la ligne hiérarchique, la question de la productivité perd en pertinence, plus on s'approche du niveau ministériel.

Il faut néanmoins nuancer cette argumentation générale.

En effet, comme nous l'avons d'ores et déjà souligné, s'il y a bien une élévation des difficultés de mesure de la productivité lorsqu'on passe des services déconcentrés aux services centraux, il ne faut pas néanmoins perdre de vue que les DDASS et les DRASS évoluent, elles aussi, de plus en plus, vers des fonctions de pilotage et de conception. Ainsi la question de la définition et de la mesure de la productivité y rencontre également de plus en plus de difficultés.

Certaines entités de la technostructure, qui appartiennent sans conteste à cette composante, peuvent néanmoins comporter un certain nombre d'activités relevant plutôt des fonctions de support logistique (intellectuelles). Cela ne remet pas en question la difficulté de définition et de mesure de la productivité, mais cela peut entraîner des conséquences sur les stratégies de productivité (dans la mesure, par exemple, où les fonctions de support peuvent être plus facilement externalisables).

En ce qui concerne les fonctions de support logistique, la règle de l'élévation du niveau de difficulté de mesure de la productivité, lorsqu'on effectue un mouvement de bas en haut dans la représentation de Mintzberg, semble confirmée. En effet, les fonctions de support logistique sont clairement dissociables en fonctions intellectuelles (rebelles aux mesures de productivité) et en fonctions opérationnelles (plus adaptées à de telles mesures). On notera que la DAGPB, dans sa composante « missions de soutien » est à cheval sur ces deux fonctions. En revanche, la règle de l'élévation « verticale » du niveau de difficulté semble moins opérante dans le cas de la technostructure, à moins d'être en mesure (ce qui est peu probable) de hiérarchiser, en fonction de leur contenu conceptuel et stratégique, les différentes directions de conception et de pilotage de l'administration centrale. Ainsi, dans la technostructure de l'administration sanitaire et sociale, il est probablement plus utile de distinguer les entités qui servent à la fois les structures déconcentrées et les autres entités de la technostructure (par exemple, la DAGPB), et celles qui ne servent que les entités déconcentrées, plutôt que de classer les entités selon qu'elles servent le haut ou le bas de la configuration. Ainsi, la composante de la DAGPB qui figure dans la technostructure (la DAGPB « conception-pilotage ») est chargée de piloter certains aspects de l'activité des structures déconcentrées, mais aussi et surtout de fournir un support et d'aider au pilotage des autres entités de la technostructure (l'ensemble des directions de l'administration).

On notera que certaines entités ou fonctions sont des entités interministérielles. Dans la figure 3, on représente ainsi aussi une partie des technostructures d'autres ministères. Mais cette question des entités partagées peut être envisagée désormais à tous les niveaux de l'organisation (fonctions de support logistique, etc.).

III. La définition et la mesure de la productivité à ces différents niveaux

Que signifie la productivité à ces différents niveaux intra-organisationnels et comment la mesurer ? Pour répondre à cette question, l'un des enseignements qui doit être tiré de la discussion générale précédente sur les structures est qu'il faut distinguer deux groupes d'unités d'analyse différents :

1) les fonctions de support matérielles ou opérationnelles,

2) les fonctions intellectuelles au sens large, en regroupant ici, d'une part, les fonctions de conception et de pilotage stratégique (assurées par les différentes entités de la technostructure, le sommet stratégique et la partie haute de la ligne hiérarchique), et, d'autre part, les fonctions de support intellectuelles.

Le premier groupe, que nous ne ferons qu'évoquer ici, est l'équivalent interne des prestataires externes de services opérationnels (restauration, services du courrier, gestion des bâtiments et du parc automobile, entretien des matériels, nettoyage, sécurité, etc.). La dimension de traitement matériel, qui domine et définit ces activités, y rend la question de la productivité moins problématique qu'ailleurs, comme nous l'avons déjà souligné à plusieurs reprises. Ces activités sont particulièrement sujettes à l'externalisation et au recours aux systèmes techniques.

Le second groupe de fonctions (auquel nous consacrons l'essentiel de l'analyse qui suit) est l'équivalent interne des prestations de services intellectuelles externes (d'étude, d'audit et de conseil). Gadrey *et al.* (1992) considèrent que la définition des activités de conseil met en évidence l'articulation de deux fonctions associées à deux types de compétences : « (a) une fonction intellectuelle d'analyse, d'étude et d'expertise, appuyée à la fois sur des *savoirs spécialisés* de haut niveau et sur l'*expérience* de résolution de problèmes dans un certain champ de connaissance ; (b) une fonction intellectuelle, caractéristique du conseil, qui porte sur l'identification et la formulation de problèmes et de projets, sur l'adaptation et la transmission de savoirs à d'autres agents (appartenant en l'occurrence à une entreprise ou à une organisation), sur l'aide à la décision, et, de plus en plus souvent, sur l'aide à la mise en œuvre de tout ou partie de ces décisions ». Gadrey *et al.* notent également que l'activité de conseil (au sens étroit) est davantage centrée sur les compétences de type (b), même si les compétences de type (a) sont indispensables. Ce sont en effet les compétences de type (b) qui distinguent le conseil au sens strict des activités d'étude ou de recherche. Gadrey *et al.* distinguent, par ailleurs, le conseil de l'audit, qui consiste à vérifier, pour toute fonction (juridique, organisationnelle, informatique, commerciale….), et non pas seulement pour les fonctions comptables et financières, qu'elle est remplie « avec efficience et efficacité, et en conformité avec certaines normes de qualité » (fonctions de contrôle (c)).

Les fonctions intellectuelles de l'ASS, qui nous intéressent ici, sont cohérentes avec ces différentes définitions. Ainsi, la technostructure (centrée sur la conception et le pilotage) mobilise à la fois des fonctions de type (a), (b) et (c), les deux dernières (les fonctions d'identification, de formulation des problèmes et de transmission des solutions, d'une part, et les fonctions de vérification et de contrôle, d'autre part) y étant probablement les plus importantes. Au sein des fonctions de support, la DREES, quant à elle, par exemple, relève essentiellement des fonctions d'étude et d'expertise de type (a).

On peut ainsi faire l'hypothèse que la définition et la mesure de la productivité dans ces fonctions intellectuelles peuvent être envisagées ici dans les mêmes termes (et avec les mêmes difficultés) que pour ces services externes (d'étude, d'audit et de conseil). L'analogie pourra également être utilisée pour envisager les stratégies d'amélioration de la productivité et de la performance des fonctions de conception et de pilotage (*cf.* chapitre sept).

A. Les fonctions intellectuelles (d'expertise, de conception et de pilotage stratégique) : des services (internes) intensifs en connaissances

Les fonctions intellectuelles de l'ASS sont des « services intensifs en connaissances » (SIC) internes. Les SIC sont des services d'étude, de conseil et d'ingénierie, qui couvrent toute la gamme des fonctions décrivant les activités des entreprises et correspondant à la prise en charge de la dynamique de différents environnements : économique, juridique, social, scientifique et technologique, etc. Malgré leur hétérogénéité, ils sont souvent considérés comme les archétypes des services, et désignés comme les services « purs », qui illustrent au mieux les caractéristiques d'immatérialité, d'interactivité et d'immédiateté souvent utilisées pour définir les services. C'est donc pour ce type d'activité que la grille générale des spécificités des services et de leurs conséquences sur la définition et la mesure de la productivité (*cf.* chapitre 2, figure 1) s'applique le mieux. Ces activités de services particulières présentent néanmoins une autre caractéristique essentielle, qui complique davantage encore la problématique de la définition et de la mesure de la productivité. Il s'agit de leur dimension cognitive. Ainsi, les activités de SIC (qu'elles soient internes ou externes) conjuguent deux champs problématiques de la théorie économique (en particulier sous l'angle de la mesure) : l'économie des *services* et l'économie de la *connaissance*.

Nous ne reviendrons pas ici sur les conséquences des spécificités des consultants en tant qu'activités de service, puisque, comme nous l'avons souligné précédemment, elles traduisent et illustrent de manière idéal-typique l'analyse effectuée dans le chapitre 2. En revanche, mais ces deux aspects sont étroitement liés, nous proposons de mettre davantage l'accent ici sur les conséquences des activités de SIC, envisagées sous l'angle de leur dimension informationnelle et cognitive. En effet, les

SIC (externes ou internes) peuvent être définis comme des « machines » à traiter et à produire de l'information et de la connaissance pour le compte d'un « client ». Ainsi, la connaissance est à la fois leur input et leur output principal. Par ailleurs, cet output cognitif constitue une consommation intermédiaire dans les processus de production de leurs clients (Gallouj, 2002 ; Nachum, 1999 ; Toivonen, 2004).

B. Les SIC : des « machines » à traiter et à produire de la connaissance

En privilégiant une perspective cognitive, on peut considérer que toute transaction de SIC fait intervenir trois éléments (figure 6) :

1) la source (S) de la connaissance-input,

2) le récepteur (R) de la connaissance-output,

3) le processeur (P) de la connaissance-input et le (co)producteur de la connaissance-output.

Figure 6 : La prestation de SIC comme processus de traitement de la connaissance

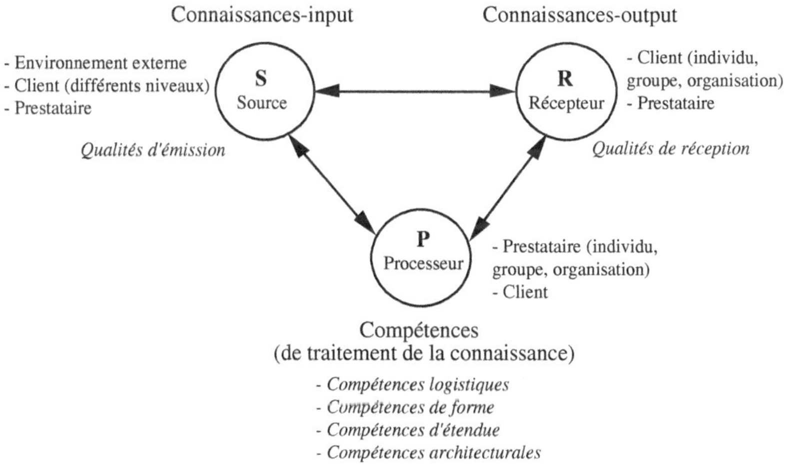

Cette représentation simplificatrice recouvre de nombreuses configurations relativement plus complexes. Ainsi, le récepteur de la connaissance (R) peut désigner le client individuel, un groupe au sein de l'organisation ou l'organisation cliente dans son ensemble. Le prestataire lui-même est également un récepteur, dans la mesure où il s'efforce de stocker, dans sa mémoire organisationnelle, les connaissances issues de chaque transaction nouvelle, afin de les utiliser ultérieurement comme connaissances-input. La source de la connaissance (S) est également une catégorie hétérogène, qui peut comprendre a) le client lui-même (le récepteur) sous ses différentes acceptions, b) l'environnement externe de celui-ci, c) mais également le processeur, envisagé comme une base de données de connaissances accumulées au fil de la répétition des prestations. S'il est possible qu'une seule de ces composantes de la source intervienne dans une prestation de SIC, le plus souvent, c'est l'ensemble qui est mobilisé. Le processeur (P) est le prestataire de service qui peut également être envisagé en tant qu'individu, groupe de projet ou organisation. Le client lui aussi est un processeur de connaissances, en particulier lorsqu'il y a coproduction de la prestation et non pas seulement simple sous-traitance.

Si l'on applique cette représentation à l'ASS, on peut dire que les processeurs de connaissances sont les différentes directions de l'administration centrale (celles que nous avons fait figurer dans la technostructure de la configuration de Mintzberg, par exemple, la DGS, la DHOS, la DSS), mais aussi les services intellectuels des fonctions de support (par exemple, la DREES). Leurs principales missions sont de produire des solutions intellectuelles à des problèmes de différente nature (suscités par la dynamique de l'environnement) et à en assurer et contrôler la mise en œuvre (implémentation). Le tableau 1 figurant en fin de ce chapitre fournit un certain nombre d'illustrations générales des missions de ces entités. Les principaux récepteurs de la connaissance sont ceux qu'on peut appeler les « clients » internes de l'ASS, à savoir les différentes composantes des services déconcentrés (DDASS, DRASS) et des services délégués (différentes agences). Quant aux sources de la connaissance, pour une direction donnée, il peut s'agir de l'environnement externe, d'autres directions, des clients internes, etc.

L'activité principale du prestataire de SIC interne ou externe (en tant que processeur de connaissances) consiste à transférer, dans les meilleures conditions possibles, un ensemble de connaissances cristallisées dans une solution, d'une source vers un récepteur. Ce transfert désigne une circulation à la fois physique (un déplacement), et, dans le cas des services marchands, économique (avec toute la difficulté de transfert de droit de propriété inhérente à cette marchandise particulière dans le cas des SIC externes). Les modalités de ce transfert, qu'il s'agit de décrire (avant d'en examiner, sur un plan strictement analytique, les conséquences sur la problématique de la productivité), correspondent à des interventions du SIC sur différentes dimensions de la connaissance : sa circulation (physique), sa forme, son étendue, sa structure.

1. Des modalités qui portent sur la circulation de la connaissance

La circulation de la connaissance peut revêtir une forme élémentaire très simple que nous qualifions de *transfert linéaire de la connaissance ou compétence logistique élémentaire*. La connaissance est ici réduite à son statut d'information. Le prestataire est envisagé comme un simple processeur d'informations, un simple intermédiaire qui se contente de déplacer (« physiquement ») l'information de la source où elle se trouve vers le récepteur. Dans ce cas, en passant de S à R, la connaissance n'est pas modifiée : la connaissance input est identique à la connaissance-output. On peut décrire en ces termes un certain nombre de prestations d'étude de marché, le recours aux bases de données en ligne, certains aspects du conseil en recrutement ou du transfert de systèmes techniques par les conseils en informatique, et, dans le cas des services administratifs, le transfert d'une circulaire réglementaire...

2. Des modalités qui portent sur la forme de la connaissance

Ce couple de modalités décrit la capacité à modifier la forme (codifiée ou tacite) que peut revêtir la connaissance. Il recouvre pour l'essentiel (en les débordant) les mécanismes de conversion que Nonaka (1994) intitule externalisation et internalisation. L'*externalisation* est synonyme de formalisation, codification. Elle désigne la transformation de connaissances tacites (à la source) en connaissances codifiées (à la réception). Cette transformation de la connaissance facilite sa manipulation et lui confère une certaine stabilité. La production par un prestataire de SIC d'un logiciel spécifique à un client donné peut, par exemple, être interprétée comme la mise en œuvre (en particulier) de compétences d'externalisation. Il s'agit en effet de traduire en codes informatiques un certain nombre de routines organisationnelles ou de process. *L'internalisation* est la transformation de connaissances codifiées (à la source) en connaissances tacites (à l'arrivée). Le prestataire constitue ici un soutien à l'apprentissage du client (un pédagogue). L'internalisation ne peut pas se réaliser sans une interaction étroite entre le client et le prestataire. Elle permet au client de s'approprier plus aisément la connaissance.

3. Des modalités qui portent sur l'étendue des connaissances

Le second couple de modalités traduit l'évolution de l'étendue de la connaissance. Il oppose les compétences de généralisation à celles de localisation. *La généralisation* est la transformation de connaissances spécifiques à la source (qu'elles soient tacites ou codifiées) en connaissances générales tacites ou codifiées (à l'arrivée). Cette compétence permet d'augmenter le spectre d'application d'une connaissance ou son audience. *La localisation* (ou différenciation ou spécification) est la transformation de connaissances générales (à la source) en connaissances adaptées au contexte local (à l'arrivée). Comme précédemment, cette connaissance peut être à la fois tacite et codifiée. La localisation augmente le degré d'appropriation de la connaissance par le client.

4. Des modalités qui portent sur la structure ou la morphologie de la connaissance

Au cours d'une transaction, le prestataire de SIC peut également modifier l'architecture, de la connaissance, et cela de deux manières différentes : l'association et la dissociation. *L'association* consiste à fournir au récepteur en les combinant des connaissances indépendantes initialement. Bien qu'il s'agisse d'un principe essentiel de production de la nouveauté dans la conception schumpeterienne de l'innovation, nous envisageons ici l'association de manière plus générale et plus mécanique, comme un des mécanismes élémentaires de traitement de la connaissance, qui ne produit pas nécessairement de l'innovation. Ainsi, des activités différentes peuvent être décrites à travers ce mécanisme élémentaire : la R-D qui consiste en la production de connaissances nouvelles (tacites ou codifiées) par combinaison de connaissances anciennes (tacites ou codifiées), mais aussi l'association d'organisations (collaborations, alliances)… *La dissociation* consiste à l'inverse à séparer un groupe de connaissances (quelle que soit leur forme) pour produire et fournir au client des connaissances différentes. De même que précédemment, les connaissances peuvent être incorporées dans des individus, dans des systèmes techniques, des organisations, et la dissociation peut porter sur la connaissance elle-même ou sur ses supports.

C. Les conséquences de la nature cognitive de la prestation sur la problématique de la productivité

En privilégiant une telle définition des SIC (et en particulier des conseils), comme activité de traitement de la connaissance, la littérature est confrontée, selon des perspectives nouvelles, à la difficulté de définir et de mesurer la productivité. Les méthodes de mesure de la productivité d'origine industrielle (c'est-à-dire appuyées sur l'idée d'unités d'outputs et d'inputs standardisées et sur la possibilité de prise en compte de la variation de la qualité) sont mises en difficulté, dans des activités où l'output est éminemment hétérogène et où la définition de la qualité (autant que sa mesure) est problématique.

Les solutions fournies par les SIC sont, en effet, généralement spécifiques, sur-mesure, compte tenu de la diversité des clients et des environnements internes et externes. Certaines de ces solutions sont des innovations particulières, qu'on qualifie parfois d'innovations *ad hoc*

(Gallouj, 2002). L'innovation *ad hoc* est définie comme une solution permettant d'éclairer, avec un certain degré de nouveauté, le problème (juridique, organisationnel, stratégique, technique…) d'une firme sans qu'il soit nécessairement possible de la transférer (totalement) à d'autres. Il s'agit en quelque sorte d'une innovation incrémentale de produit dans laquelle le produit n'est pas une entité tangible, mais une solution intellectuelle à un problème d'entreprise.

La prise en compte de la variation de la qualité n'est pas seulement ici un problème de mesure. C'est un problème conceptuel fondamental. Il est, en effet, particulièrement problématique de chercher à évaluer la variation qualitative d'une solution cognitive. En ce qui concerne la qualité du produit, on peut distinguer deux cas de figures problématiques :

1) celui (dont les NTIC constituent l'illustration emblématique) où la qualité évolue bien trop rapidement pour être prise en compte ;

2) celui où la qualité est nécessairement différente d'une transaction à l'autre, compte tenu de la dimension sur mesure de la prestation. C'est le cas des SIC. Par exemple, lorsqu'un conseil en stratégie élabore les stratégies de deux entreprises différentes, on ne peut véritablement dire qu'il s'agit du même produit.

Dans le domaine du conseil, les inputs sont essentiellement le facteur travail. Dans ce type d'activité, la dimension fondamentale du travail est sa capacité de créativité et d'innovation dans le traitement de la connaissance. La dimension qualitative de l'input importe plus que sa dimension quantitative. Cette qualité n'est pas fixe, pour un facteur donné, dans la mesure où elle peut varier fortement d'une mission à l'autre, en fonction de différents éléments (la santé de l'individu, son affinité avec le client, son expérience différente d'une mission à l'autre, etc.).

Quelle que soit l'activité de service, la qualité de l'input est fortement liée à la productivité et plus généralement à la performance. Cette relation est encore plus fondamentale dans le domaine des SIC. Elle est, par ailleurs, dans ce domaine particulier, sujette à de fortes asymétries d'informations, fort bien décrites dans la littérature (Gallouj, 1997 ; Karpik, 1989). Il est en effet difficile d'évaluer la qualité du travail d'experts de haut niveau, et d'établir la relation entre le travail effectué et les résultats obtenus.

Le client et ses connaissances relatives à son environnement et à ses problèmes constituent souvent, en particulier lorsque la prestation est stratégique, un input de la prestation, dont la qualité peut influer fortement sur la qualité et la productivité du prestataire de SIC. Ainsi, la productivité et plus généralement la performance de la prestation dépendent des qualités du *récepteur*. Ces *qualités de réception* désignent les aptitudes cognitives, les conditions « techniques », mais aussi les attitudes (les comportements, les stratégies) favorables à l'acquisition de connaissances. Elles traduisent les caractères d'additivité et de complémentarité des connaissances. La qualité de l'intervention d'un prestataire de SIC dépend de la qualité de réception du récepteur. Celle-ci autorise ou facilite la communication et réduit les asymétries informationnelles dans la réalisation de la prestation. Les qualités de réception sont ainsi affaiblies lorsqu'une organisation-cliente ne possède pas de département interne constitué d'experts spécialistes d'une fonction donnée (par exemple un département juridique dans le cas d'une prestation de service juridique). Ces qualités de réception peuvent également être affectées par des conflits internes, des comportements individuels ou collectifs défavorables (refus d'apprendre), en particulier lorsque le récepteur se sent menacé par la nouvelle connaissance.

La source de la connaissance peut elle aussi avoir un certain nombre de caractéristiques qui facilitent plus ou moins le flux de connaissances. Les *qualités d'émission* définissent la propension d'une source à livrer ses connaissances. Elles désignent elles aussi les aptitudes cognitives, les conditions techniques et les attitudes d'une source, plus ou moins favorables à la cession ou inversement à la rétention de connaissances. Ces capacités d'émission sont ainsi dépendantes de la nature de la connaissance, des caractéristiques cognitives (aptitudes) des composantes de la source, mais aussi des attitudes de celles-ci vis-à-vis du partage de la connaissance. Les qualités d'émission de la source sont généralement accrues lorsque les connaissances sont codifiées. Elles se réduisent lorsque ces connaissances sont considérées comme stratégiques par la source (ou ses composantes) ou lorsque la finalité de la connaissance est susceptible de remettre en cause (d'une manière ou d'une autre) la source elle-même. Une telle défiance n'est pas rare dans les prestations d'audit et plus généralement dans les prestations de SIC de type thérapeutique, c'est-à-dire visant à apporter des réponses à ce que Kubr (1988) appelle des problèmes curatifs (« *corrective problems* »).

On peut également aborder la question des conséquences des caractéristiques cognitives de l'activité des SIC à travers les conséquences des mécanismes élémentaires de traitement de la connaissance, évoqués précédemment. En effet, certains de ces mécanismes élémentaires semblent plus favorables à la productivité que d'autres. Ainsi, les mécanismes de transferts logistiques, d'externalisation et de généralisation, dans la mesure où ils concernent (sous les différents angles évoqués précédemment) des connaissances codifiées, semblent favorables à la problématique de la mesure et aux stratégies de productivité. En revanche, les mécanismes d'internalisation, de localisation et d'association-dissociation sont défavorables à la productivité (les premiers parce qu'ils contribuent à rendre unique et personnalisée la solution cognitive, les autres parce qu'ils comportent une dimension de création et de nouveauté). Ces mécanismes en appellent à d'autres systèmes d'évaluation de la performance. Bien entendu, à l'exception de certains cas limites, la réflexion précédente (strictement analytique) n'est pas en mesure de permettre d'interpréter directement une transaction de SIC donnée, dans la mesure où les activités de SIC (internes ou externes) combinent souvent ces différents principes élémentaires.

D. La mesure de la productivité dans ces activités

Bien que la mesure de la productivité soit globalement brouillée par la dimension cognitive, on constate des différences importantes selon les types de SIC. Les difficultés sont ainsi moindres pour la comptabilité que pour la publicité ou le conseil en stratégie. Comme pour les autres services (*cf.* chapitre deux), la productivité des SIC a été, pour l'essentiel, mesurée en rapportant leur chiffre d'affaires au nombre d'heures travaillées ou au coût du travail. De telles mesures présentent d'évidentes limites, qui concernent à la fois l'input et l'output.

1. L'output

La mesure de l'output par le chiffre d'affaires pose de nombreux problèmes (Nachum, 1999). Comme nous l'avons souligné précédemment, compte tenu de sa dimension à la fois *servicielle* et *cognitive*, l'output des SIC est particulièrement difficile à définir. Il couvre à la fois la production de solutions (toujours différentes et parfois innovantes) à des problèmes de diverses natures, la mise en œuvre de ces solutions (ce que la littérature anglo-saxonne appelle l'*implémentation*), mais aussi (et peut-être surtout) les effets (objectifs ou subjectifs) des dimensions précédentes de l'output sur le client. On peut néanmoins identifier, dans certains cas, des indicateurs de « produits » homogènes, qui ne sont jamais totalement satisfaisants, mais qui peuvent permettre de se rapprocher de certaines techniques habituelles : contrats-types, dans le domaine du conseil juridique, progiciels, dans le domaine des services informatiques, brevets, dans le domaine de la R-D. Les prix ne traduisent pas nécessairement l'output reçu par le client, en raison de la grande hétérogénéité de cet output. Par ailleurs, dans certaines activités de SIC, les prix sont des commissions qui ne sont pas liées à l'output produit (exemples : architectes, agences publicitaires). Ensuite, le chiffre d'affaires est sensible à de nombreux facteurs extérieurs : la conjoncture économique, l'évolution de la demande et de la concurrence... Enfin, le prix fixé par certains prestataires de SIC ne dépend pas du produit mais de la réputation du prestataire. L'output induit chez le client, c'est-à-dire l'amélioration de la situation de celui-ci du fait du travail du prestataire, est une dimension essentielle de l'output des SIC. Cette amélioration peut être mesurée par des variations de production, de chiffre d'affaires du client ou par des indicateurs plus subjectifs de satisfaction. Bien qu'elle soit essentielle, cette dimension présente des difficultés considérables d'évaluation, dans la mesure où ces effets sont difficilement dissociables de nombreux autres facteurs d'environnement.

2. *L'input*

Compte tenu de la nature particulière des SIC, il faut également prendre en compte à la fois l'input des prestataires de SIC et celui de leur client. Le facteur travail occupe, bien évidemment, d'un côté comme de l'autre, une place centrale. Cependant, l'évaluation traditionnelle (y compris au sein des cabinets de consultants) du travail par le nombre d'heures de travail (le « temps passé ») est problématique. Elle ne tient pas compte de la qualité du travail, qui est, comme nous l'avons déjà souligné, un facteur de productivité essentiel dans les SIC. On remplace alors souvent le nombre d'heures travaillées par le salaire, en faisant l'hypothèse que les différentiels de salaires, au sein des cabinets, traduisent des différentiels de qualité de main-d'œuvre : les mieux payés étant supposés être les plus expérimentés et les plus compétents. Cependant, la limite d'un tel exercice est évidente (et nous l'avons déjà soulignée) : comme l'essentiel de la valeur ajoutée ou du chiffre d'affaires des SIC correspond à la rémunération des salariés, le ratio de productivité élaboré revient à mettre la même quantité au numérateur et au dénominateur.

E. Produit et productivité des fonctions de conception et de pilotage de l'ASS

Il existe, à notre connaissance, très peu de travaux consacrés à la productivité (à proprement parler) des fonctions intellectuelles internes. Mais ce n'est pas le cas de l'évaluation de la performance au sens large. Malleret (1993) en fournit une intéressante synthèse, dans laquelle les méthodes axées sur la recherche de la fonction de coût occupent une place centrale...

Nous avons, dans ce qui précède, formulé l'hypothèse selon laquelle les fonctions intellectuelles externes peuvent fournir une source d'inspiration, pour appréhender la question de la productivité dans les fonctions internes. Il existe néanmoins entre les deux types de fonctions des différences importantes, qui peuvent modifier leur relation à la question de la productivité.

Une première différence importante est la nature de la clientèle. En effet, la clientèle des fonctions internes est une clientèle captive. Il s'agit des structures déconcentrées et déléguées, qui ne sont pas toujours liées aux fonctions centrales de conception et de pilotage par des relations horizontales de coproduction, mais plutôt par des relations verticales de nature plus ou moins hiérarchiques. Leur capacité d' « *exit* », c'est-à-dire de dénonciation de la relation de service est nulle. Leur capacité de « *voice* », c'est-à-dire de prise de parole peut être entravée par la nature verticale de la relation. L'« apathie » ou démobilisation (défavorable à la performance) peut, dans certains cas, constituer leur seul mode d'expression. La diversité de cette clientèle, bien qu'en croissance constante, sous l'effet des phénomènes de décentralisation, déconcentration et délégation, est néanmoins réduite par rapport à celle des consultants externes.

Il faut, par ailleurs, distinguer des clientèles directes et des clientèles indirectes à différents niveaux. La performance des fonctions de conception et de pilotage doit souvent être envisagée non seulement au niveau du client direct, mais aussi et surtout au niveau de la clientèle indirecte (et, en particulier, du client ultime qu'est l'usager).

La structure de l'input travail a peu de points communs avec celle des fonctions externes. Par exemple, dans les SIC externes, on trouve souvent des formes d'association (*partnership*), qui définissent des structures salariales et des règles de mobilité (par exemple, stratégies du « *up or out* » dans certains cabinets de consultants) qui n'ont rien de commun avec l'univers des fonctionnaires des services administratifs dans lequel l'évolution des salaires et les promotions obéissent à d'autres critères.

Une autre différence importante entre les SIC externes et les SIC internes est l'existence, chez ces derniers, de relations de services horizontales. En effet, les processus de production des différentes directions de l'administration centrale ne sont pas indépendants, puisque ces différentes directions sont amenées à coopérer entre elles. Ainsi, la performance d'une direction donnée, dans sa relation verticale avec un service déconcentré, peut dépendre de la performance d'une relation horizontale avec une autre direction centrale. Le principe de « maîtrise » qui détermine l'évaluation des centres de responsabilité n'est pas toujours respecté (Malleret, 1998).

En ce qui concerne les fonctions de pilotage (en particulier stratégique), il n'est pas sûr, au regard d'autres enjeux, que l'objectif essentiel et prioritaire soit ou doive être celui de la productivité. On constate d'ailleurs, souvent, pour ces fonctions intellectuelles, comme d'ailleurs pour les fonctions opérationnelles, une confusion entre les gains de productivité et les économies de coûts. Or, ces deux catégories ne coïncident pas nécessairement, comme nous l'avons déjà dit, et si par recherche de productivité, on entend « économie de coûts », autant renoncer à ce concept qui perd alors l'essentiel de son intérêt analytique. Il est donc souvent nécessaire de mettre l'accent sur d'autres dimensions de la performance, en particulier l'outcome.

Nous renonçons ici à poser la question de la productivité du sommet stratégique (le ministre dans les administrations publiques). Mais, quelle que soit sa difficulté, la question peut être posée pour les autres entités de l'administration, en particulier la technostructure (ne serait-ce que, comme le note Malleret (1993), parce que les autres entités de l'organisation et les usagers comprendraient mal qu'une entité échappe à la mesure et à l'évaluation qui s'imposent à toutes les autres et qu'elle demande aux autres). La réponse à cette question est étroitement liée (et se confond pour l'essentiel) avec la question de la nature des missions (c'est-à-dire des produits) de ces différentes entités. Le tableau 1 (établi à partir d'un document interne de la DAGPB, 2003) dresse la liste des différentes missions des principales entités de l'administration sanitaire et sociale.

Tableau 1 : Les différentes entités des fonctions intellectuelles (technostructure et fonctions de support) de l'administration sanitaire et sociale et leurs produits ou missions explicites (à l'exception des organismes interministériels rattachés à l'ASS)

Entités	Principales missions
Santé	
Direction générale de la santé (DGS)	• Concevoir, mettre en œuvre, coordonner et évaluer la politique nationale de santé • Analyser les besoins en santé de la population • Fixer les objectifs et les priorités de la politique de santé, coordonner et évaluer les programmes, concevoir la politique de prévention et de promotion de la santé, déterminer les stratégies d'intervention • Favoriser la recherche et l'expertise en santé publique • Définir les indicateurs de santé nécessaires à l'élaboration de la programmation sanitaire • Traiter les questions relatives à la démographie des professions de santé, à la déontologie, définir leurs besoins de formation • Définir des normes et systèmes de référence garantissant la qualité et la sécurité des pratiques professionnelles • Promouvoir la qualité et la sécurité des soins • Participer à la définition de la politique du médicament • Définir les actions de préventions, de surveillance et de gestion des risques sanitaires • Réfléchir sur les questions d'éthique • Veiller au respect du droit des usagers et à la démocratie sanitaire • Animer et coordonner l'action des services déconcentrés et des autres acteurs territoriaux • Suivre les affaires européennes et internationales • Assurer la tutelle des établissements publics de santé

Direction de l'hospitalisation et de l'organisation des soins (DHOS)	• Organiser l'offre de soins • Rechercher une meilleure réponse aux besoins de la population par une optimisation des moyens • Assurer la qualité, la sécurité, la continuité et la proximité du système de soins • Concevoir, mettre en œuvre et assurer le suivi de la politique de tarification et de régulation financière • Organiser l'exercice et la gestion des carrières des professionnels de santé • Orienter et animer les politiques de RH • Élaborer les règles relatives à la fonction publique hospitalière et aux praticiens et veiller à leur application • Exercer ses attributions en matière de régimes d'autorisation des officines de pharmacie et des laboratoires d'analyses.
Direction générale de la sûreté nucléaire et de la radioprotection (DGSNR)	• Élaborer et contrôler l'application de la réglementation technique générale relative à la sûreté des installations nucléaires de base • Élaborer et mettre en œuvre les mesures de prévention des risques sanitaires liés à l'exposition aux rayonnements • Autorisations relatives aux INB • Organiser et animer la surveillance des installations • Assurer le suivi des sources de rayonnement • Assurer le contrôle du transport des matières radioactives à usage civil • Organiser la surveillance radiologique de l'environnement sur l'ensemble du territoire • Préparer et mettre en œuvre la réglementation • Préparer la mise en place d'une organisation d'urgence en cas d'incidents • Organiser l'information du public et des médias sur ces sujets • Participer aux activités des organismes internationaux
Protection sociale	
Direction de la sécurité sociale (DSS)	• Concevoir, mettre en œuvre et évaluer les politiques relatives à la sécurité sociale • Préparer les lois de financements de la sécurité sociale et suivre leur exécution • Concevoir les politiques de régulation du système d'assurance maladie et en assurer la mise en œuvre • Elaborer et mettre en œuvre les politiques relatives aux ressources fiscales et sociales des régimes de sécurité sociale • Concevoir et mettre en œuvre la politique relative à la mise en œuvre des NTIC dans le domaine de la sécurité sociale • Assurer la tutelle des organismes de sécurité sociale et mettre en œuvre les conventions d'objectif et de gestion • Négocier et suivre les engagements internationaux de la France en matière de sécurité sociale
Affaires socials et solidarité	
Direction générale de l'action sociale (DGAS)	• Préparer la définition et piloter la mise en œuvre des politiques d'action sociale • Coordonner les interventions des ministères sociaux en matière de minima sociaux, élaborer et veiller à l'application de la réglementation relative à son domaine • Assurer le suivi financier de ces prestations et leur évaluation • Exercer la responsabilité de la formation des professionnels, des conditions d'exercice et des règles déontologiques • Élaborer la législation relative à la création et au fonctionnement des établissements et services • Veiller au respect du droit des usagers et des salariés de ces établissements

Direction de la population et des migrations (DPM)	*Définir des politiques* : • Participer à la détermination de la politique en matière d'immigration et d'intégration • Mettre en œuvre, suivre et évaluer une politique de lutte contre la discrimination • Participer à l'élaboration de la politique démographique, des migrations internationales et d'une politique de co-développement *Organiser l'accueil* : • Traiter les demandes d'autorisation de travail et de regroupement familial • Organiser l'accueil et l'hébergement des demandeurs d'asile et des réfugiés • Contrats d'intégration *Favoriser l'intégration* : • Définir et impulser des actions d'intégration • Gérer les demandes d'acquisition de la nationalité française
Service des droits des femmes et des égalités (SDFE)	• Mettre en œuvre la politique gouvernementale en faveur de l'égalité entre hommes et femmes • Assurer l'animation et la coordination et l'évaluation du réseau déconcentré • Appuyer la dynamique associative
Structures communes	
Direction de l'administration générale, du personnel et du budget (DAGPB)	• Élaborer et mettre en œuvre les politiques de gestion des personnels de développement professionnel, de formation, de recrutement d'action sociale, de dialogue social • Mettre en œuvre politique de suivi de carrières des cadres supérieurs • Coordonner la mise en œuvre de la loi relative aux lois de finance • Préparer et exécuter le budget, animer et coordonner les procédures de répartition des ressources • Définir et mettre en œuvre la politique de l'administration sanitaire et sociale dans le domaine des systèmes d'information, des NTIC • Définir la politique logistique et immobilière et la politique documentaire • Exercer une fonction de conseil et d'assistance juridique, assurer la défense de l'administration et la protection juridique des agents • Animer la réflexion sur l'évolution de l'administration et piloter les actions de déconcentrations et de modernisation de son organisation, des méthodes et outils de gestion • Faciliter le travail avec les services déconcentrés
Direction de la recherche, des études, de l'évaluation et des statistiques (DREES)	• Concevoir une partie de l'appareil statistique, assurer collecte, exploitation, diffusion des grandes enquêtes • Contribuer à orienter la politique de la recherche, concourir au développement des travaux de chercheurs et valoriser les résultats • Effectuer travaux de synthèse et d'aide à la décision, réaliser études et projections socio-démographiques, économiques, financières • Participer à la conception, validation et mise en œuvre des méthodes d'évaluation des politiques sociales
Services de l'information et de la communication (SICOM)	• Communication institutionnelle de l'administration sanitaire et sociale • Campagnes d'information et de communication ministérielles • Politique éditoriale (publications institutionnelles, éditions) • Politique événementielle (organisation colloques, séminaires, etc.)

Source : document DAGPB, 2003.

L'examen des missions des différentes entités de la composante centrale de l'administration sanitaire et sociale (tableau 1) illustre bien qu'il s'agit, pour l'essentiel, de missions : 1) d'expertise, 2) de pilotage stratégique, 3) de réglementation, 4) de contrôle et d'évaluation. On verra, dans le chapitre 7, que l'évolution générale de l'administration sanitaire et sociale est fondamentalement caractérisée par une tendance (qui n'est pas achevée) au centrage sur ces fonctions de pilotage et de conception.

Mesurer la productivité de ces différentes entités signifie élaborer un indicateur d'output acceptable. Or, on voit bien que c'est une mission quasi-impossible, compte tenu de la diversité des missions, de leur caractère évolutif et non standardisable, etc., de l'impossibilité de les agréger et d'établir un volume d'activité. Par ailleurs, l'amélioration constante de la qualité de ces activités, depuis quelques années, est difficilement intégrable dans un indice d'output. Enfin, l'enjeu de la productivité à proprement parler de ces entités peut être jugé moins important que celui de la performance induite chez les autres, qu'il s'agisse des services déconcentrés ou des services délégués ou d'autres services centraux, etc.

Conclusion

La question de la productivité des services internes des organisations marque une rupture de la perspective analytique adoptée dans les chapitres précédents. Mais, paradoxalement, en pénétrant dans la boîte noire de l'organisation, c'est-à-dire en s'intéressant aux services internes des organisations de services administratifs, on retrouve tout le spectre des difficultés déjà évoquées, et peut-être aussi certaines solutions. En effet, on retrouve, à l'intérieur des organisations, des activités de services semblables à celles dont nous avons déjà examiné les difficultés en ce qui concerne l'usage du concept de productivité. Les organisations sont ainsi constituées de fonctions de SIC (conseil juridique, comptabilité, gestion des ressources humaines, conception et pilotage stratégique…) et de fonctions de services opérationnels (restauration, nettoyage, gardiennage, …). On constate que la productivité est un concept plus facile à définir et à mesurer pour les services opérationnels que pour les SIC, car les produits y ont un contenu matériel et y sont plus standardisés. On constate également que les SIC ne sont pas homogènes, dans la mesure où ils comportent des activités plus codifiables que d'autres (le conseil juridique et la comptabilité, par opposition à la conception et au pilotage stratégique). On constate enfin que les organisations de services administratifs ont tendance à se centrer sur les composantes de l'activité les plus difficiles à mesurer et qu'elles ont tendance à externaliser les services opérationnels. Ainsi, les difficultés de mesure y sont croissantes, et la performance y est mieux traduite par les effets induits que par l'output.

Plus généralement, dans la première partie de ce travail, nous nous sommes intéressés à l'évaluation de la performance des organisations (à différents niveaux d'analyse), et en mettant la question de la productivité au cœur de la réflexion. Mais, il convient également de s'interroger sur la finalité de l'évaluation. Ainsi, le Conseil scientifique de l'évaluation (1996), en s'intéressant aux politiques publiques, retient trois finalités :

- une finalité informative : il s'agit de rendre compte aux citoyens du résultat des actions entreprises, dans une logique de transparence et de démocratie ;

- une finalité gestionnaire qui vise, sur la base de l'évaluation, à allouer les ressources de manière rationnelle ;

- une finalité d'apprentissage et de mobilisation : il s'agit d'inciter les agents publics à identifier les objectifs et leviers de la performance et à se les approprier (formation, motivation, etc.).

Autrement dit, l'évaluation a un objectif certes d'audit, mais aussi d'action (les finalités gestionnaires et d'apprentissage et de mobilisation). C'est à ce second objectif qu'est consacrée la seconde partie de ce travail.

Partie II

Les déterminants et les stratégies de la productivité

Chapitre 5

Les facteurs traditionnels de la productivité

La littérature économique et gestionnaire a consacré d'intenses efforts à chercher à déterminer l'origine des gains de productivité. Elle est ainsi parvenue non seulement à identifier, à énumérer et à classifier, de manière plus ou moins fine, les leviers de la productivité, mais aussi à en proposer un certain nombre de modèles théoriques. Nous avons d'ores et déjà abordé certains de ces modèles dans notre chapitre un, en nous intéressant aux enjeux qui placent la question de la productivité au cœur de la théorie économique.

En excluant les effets de réallocations sectorielles des facteurs (mobilité du travail, migrations, etc.), on s'accorde généralement à distinguer six facteurs génériques de productivité (*cf.* figure 1), qui ne sont pas, bien entendu, indépendants (CBO, 1981 ; Harris, 1999 ; Gamache, 2005) :

1) Les facteurs techniques,

2) Les facteurs humains,

3) Les facteurs organisationnels,

4) Les facteurs économiques,

5) Les facteurs politiques et institutionnels,

6) Les facteurs sociaux.

Parmi ces six facteurs génériques, les trois derniers (les facteurs économiques, politiques et sociaux) sont des facteurs macroéconomiques et macrosociaux. Ce sont des facteurs d'environnement généraux, qui sont particulièrement « inertes » à court terme, voire à moyen terme. Une entreprise ou une organisation donnée ne peut pas les modifier, mais ils exercent des influences fondamentales au niveau microéconomique. Deux d'entre eux (les facteurs politiques et sociaux) sont confrontés à des difficultés de quantification, tout au moins pour certaines de leurs composantes.

Les trois premiers facteurs génériques (les facteurs techniques, humains et organisationnels) peuvent être envisagés à la fois au niveau macroéconomique et microéconomique. C'est sur ces facteurs que l'entreprise ou l'organisation peut intervenir directement pour tenter d'améliorer sa productivité.

L'objet de ce chapitre est de rendre compte, de manière générale et théorique, et indépendamment du secteur considéré, de chacun de ces facteurs. Nous mettrons l'accent sur les facteurs les plus « flexibles » à savoir les facteurs techniques, humains et organisationnels. Ces trois facteurs sont envisagés séparément, mais ils entretiennent d'évidentes relations, et en particulier le facteur organisationnel peut difficilement être isolé des facteurs techniques et humains.

Figure 1 : Les facteurs de productivité

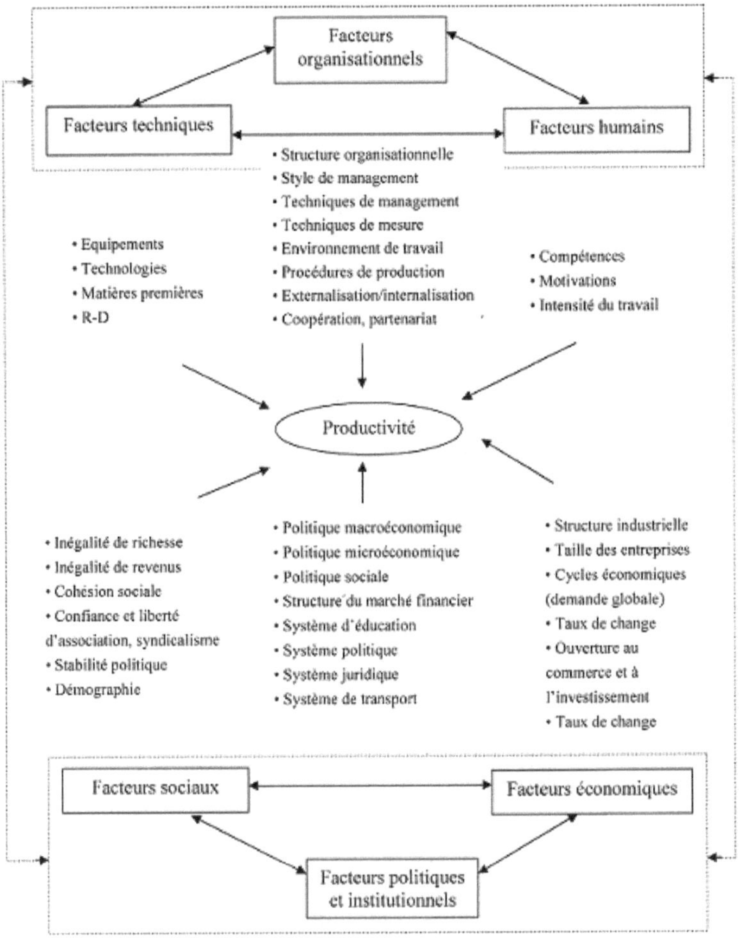

I. Les facteurs techniques

Trois facteurs techniques semblent exercer une influence sur la productivité :

1) l'investissement en équipement (matériels et outillages),

2) l'innovation technologique,

3) la recherche-développement.

L'investissement en équipement et l'innovation technologique de processus ont très explicitement pour objectif la réalisation de gains de productivité par la substitution de machines aux hommes. L'histoire économique fournit de nombreux exemples de révoltes de travailleurs confrontés à la concurrence des machines, qu'il s'agisse de la révolte des canuts en France ou de celle des luddites en Angleterre, au XIXe siècle. La question de la productivité se pose également pour d'autres formes d'innovations technologiques (en particulier, l'innovation de produit). On considère généralement que ces formes d'innovation jouent plutôt sur le numérateur du ratio de productivité. Les technologies de l'information et des communications (TIC) tiennent, bien entendu, désormais une place centrale dans cette innovation technologique. De très nombreux travaux sont ainsi consacrés aux liens entre les technologies de l'information et la productivité (Gordon, 2000, 2002 ; Schreyer 2000 ; Bassanini, Scarpeta et Visco, 2000), qu'il s'agisse 1) de la contribution des fabricants de TIC à la croissance de la productivité au niveau macroéconomique, 2) des gains de productivité associés à la diffusion et à l'usage des TIC dans les autres branches économiques, ou encore 3) des gains de productivité (sans investissements supplémentaires pour un membre du réseau) associés aux effets de club ou externalités de réseaux.

L'innovation technologique ne s'appuie pas nécessairement sur une activité de R-D. Mais cette activité, elle aussi, comme l'ont montré de nombreux *travaux empiriques* (Mansfield, 1961 ; Griliches, 1964), est à l'origine de gains de productivité.

Tableau 1 : Estimations de l'élasticité de la production par rapport à la R-D (d'après Cameron (1998) compilant différentes synthèses)

Référence	Elasticité	Référence	Elasticité
États-Unis		**France**	
Griliches (1980a)	0.06 f	Cunéo-Mairesse (1984)	0.22-0.33 f
Griliches (1980b)	0.00-0.07 i	Mairesse-Cunéo (1985)	0.09-0.26 f
Nadiri-Bitros (1980)	0.26 f	Patel-Soete (1988)	0.13 t
Nadiri (1980a)	0.06-0.10 p	Mairesse-Hall (1996)	0.00-0.17 f
Nadiri (1980b)	0.08-0.19 m	**Allemagne**	
Griliches (1986)	0.09-0.11 f	Patel-Soete (1988)	0.21 t
Patel-Soete (1988)	0.06 t	**Grande-Bretagne**	
Nadiri-Prucha (1990)	0.24 i	Patel-Soete (1988)	0.07 t
Verspagen (1995)	0.24-0.26 i	**Pays-bas**	
Srinivasan (1996)		Bartelsman *et al.* (1996)	0.04-0.12 f
		G5	
		Englander-Mittelstädt	0.00-0.50 i
Japon	0.42 i	(1988)	
Mansfield (1988)	0.37 t	**G7**	0.23 t
Patel-Soete (1988)	0.14-0.16 f	Coe et Helpman (1995)	
Sassenou (1988)	0.27 i	**Pays de la base Sum-**	
Nadir-Prucha (1990)		**mers-Heston**	0.07 t
		Lichtenberg (1992)	

Les estimations sont calculées à différents niveaux : f : firme ; i : branche ; t : l'ensemble de l'économie ; m : ensemble du secteur industriel ; p : secteur privé.

Le tableau 1 fournit, pour différents pays (ou groupes de pays), et pour différents niveaux d'analyse (l'entreprise, la branche, l'ensemble de l'économie, etc.) un certain nombre d'estimations de l'élasticité de la production par rapport à la R-D. En France, les travaux de Cunéo, Mairesse et Mohnen (Cunéo, 1984 ; Mairesse et Cunéo, 1985 ; Mairesse et Mohnen, 1990) font autorité dans ce domaine. En introduisant dans une fonction de production un nouveau facteur (qui vient s'ajouter au capital et au travail) à savoir le capital technologique (investissements cumulés en R-D), ces auteurs calculent des élasticités productivité-recherche. Il existe également de nombreux travaux qui tentent de mesurer la relation entre les dépôts de brevets et la croissance de la productivité. En ce qui concerne les *modèles théoriques*, les théories de la croissance endogène, que nous avons évoquées dans le chapitre un, ont construit plusieurs modèles intégrant la recherche comme facteur de croissance.

Les facteurs techniques, dans leurs relations à la productivité, sont à l'origine d'un certain nombre de paradoxes de la productivité. Le paradoxe le plus connu est celui de Solow, qui identifie une stagnation de la productivité simultanée à une croissance de l'investissement en informatique. La littérature a proposé plusieurs interprétations pour expliquer ce paradoxe. La première explication est celle que nous avons longuement développée dans la première partie de ce travail. Il s'agit de la difficulté à définir et à mesurer la productivité dans une économie post-industrielle ou post-fordiste, caractérisée par des outputs immatériels, sujets à des changements qualitatifs et à des cycles d'innovation extrêmement rapides. La seconde explication est celle du détour de production ou de l'hystérésis. En effet, l'impact du facteur technique sur la productivité n'est pas instantané. On constate un décalage qui peut s'expliquer par les délais d'absorption par l'organisation (délais de réorganisation). Au niveau macroéconomique, cette question du décalage peut également s'exprimer d'une autre manière : celle du temps de la mise en cohérence des composants des systèmes techniques, qui peut prendre plusieurs décennies, avant de porter ses fruits en termes de productivité. Il suffirait en quelque sorte de faire preuve de patience, pour que les effets de l'informatique sur la productivité se manifestent, que ce soit au niveau microéconomique ou macroéconomique. Si l'on envisage l'explication précédente (celle du détour de production) sous un angle strictement mécanique, c'est-à-dire si l'on considère la résorption du délai comme un mécanisme automatique, on peut envisager une troisième explication (qui n'est qu'une modalité particulière de la précédente si on lui donne un sens plus large). Il s'agit de facteurs sociologiques qui renvoient au refus du changement, au refus de la reconfiguration des circuits d'information et de communication, etc. Enfin, une dernière interprétation du paradoxe consiste à contester l'hypothèse du lien entre TIC et productivité. On aurait ainsi tendance à exagérer les conséquences des TIC et à se méprendre sur leurs avantages. En effet, dans de nombreux services, seule une petite partie des processus de production est modifiée par les TIC. Par ailleurs, les coûts de fonctionnement des systèmes informatiques sont largement sous-estimés. Or, ils grèvent les bénéfices en termes de productivité (CENV, 1998). On pourrait compléter cet argument selon une autre perspective, en constatant, par exemple, que les finalités de l'administration électronique ne sont pas réductibles à la recherche de gains de productivité, mais qu'elles concernent de nombreux autres éléments : qualité, guichet unique, nouveaux services, etc.

On peut identifier un autre paradoxe de la productivité. En effet, si compte tenu de l'inadaptation des définitions, l'investissement en R-D dans les services s'avère beaucoup plus important qu'il ne l'est à l'heure actuelle (Djellal *et al.*, 2003), alors on peut mettre en évidence un nouveau paradoxe qui constate une élévation des efforts de R-D dans les services, qui ne se traduit pas par des gains significatifs de productivité.

En donnant, il est vrai, un contenu plus large à la technique ou à la technologie (c'est-à-dire en associant les éléments précédents et certains éléments relevant des facteurs humains et organisationnels), on rappellera, pour conclure ce point, qu'on utilise souvent la croissance de la productivité pour rendre compte de l'évolution technique.

II. Les facteurs humains

Le capital humain joue un rôle essentiel dans la productivité. De nombreux modèles théoriques ont mis en évidence la relation entre différentes dimensions du capital humain et la productivité. En excluant l'aspect quantitatif, on peut, pour simplifier, distinguer deux dimensions génériques du capital humain : 1) les compétences, 2) l'effort.

A. L'amélioration des compétences : formation, apprentissage et productivité

La qualité du capital humain (les compétences) joue un rôle essentiel dans les gains de productivité. Elle intervient sur la productivité en particulier par deux canaux : une aptitude améliorée à l'innovation et à son introduction dans l'organisation et une capacité accrue à transmettre ces compétences aux collectifs de travail. Cette question peut tout aussi bien être envisagée au niveau microéconomique que macroéconomique.

De nombreuses caractéristiques du capital humain peuvent induire des différences de productivité : l'âge, la santé, le niveau d'instruction, le genre, etc. Nous nous intéresserons ici à deux caractéristiques particulières. La qualité du capital humain peut être, en particulier, augmentée 1) par l'éducation et la formation et 2) par les phénomènes d'apprentissage.

1. L'éducation et la formation

Les principaux modèles économiques associant l'éducation et la formation à la croissance et à la productivité peuvent être classés en deux groupes :

– un groupe qui lie le taux de croissance du produit par tête au *taux de croissance* du niveau d'instruction ;

– et un groupe qui lie la croissance au *stock* de capital humain (et non à son taux de croissance).

Le modèle de Lucas (1988), qui est considéré, avec celui de Romer (1986), comme le précurseur des modèles de croissance endogène appartient au premier groupe. Dans le modèle de Lucas, la population arbitre, à chaque période, entre production et formation. La formation (acquisition de capital humain), qui dans le modèle est clairement dissociée des phénomènes d'apprentissage par la pratique, est envisagée comme un détour de production, qui a pour objectif d'augmenter la productivité dans les périodes suivantes.

2. *Les phénomènes d'apprentissage*

On associe souvent ce concept d'apprentissage aux constats effectués dans l'industrie aéronautique américaine, durant l'entre-deux guerres. On y constate, en effet, une baisse constante des temps de montage (et donc des coûts de production unitaires), lorsque la production augmente ; cette baisse n'étant pas due aux rendements d'échelle, mais aux effets d'apprentissage (à la répétition des gestes, etc.).

Par la suite, ce concept est théorisé par K. Arrow (1962) qui relie la productivité globale des facteurs à l'investissement brut cumulé. Cet investissement cumulé est considéré comme un bon indice d'expérience, car l'introduction d'un nouvel équipement crée un nouveau climat de production, qui stimule l'apprentissage et la connaissance. Barro et Sala-i-Martin (1995) utilisent l'expression « apprentissage par l'investissement » pour décrire cet impact positif de l'expérience sur la productivité.

Cependant, l'apprentissage par la pratique n'est pas la seule forme d'apprentissage. L'économie (en particulier évolutionniste) contemporaine s'est efforcée de mettre en évidence de nombreuses autres formes d'apprentissage (Malerba, 1992) : 1) le *learning by using* (Von Hippel, 1976 ; Rosenberg, 1982), *by trying* (Fleck, 1994), qui traduisent finalement la répétition de ses propres actions, à l'occasion de l'interaction avec un objet technique donné ; 2) le *learning by interacting* (Lundvall, 1988 ; Von Hippel, 1988), *by consulting*, qui traduisent la répétition des actions, à l'occasion d'une relation avec d'autres ; 3) le *learning by searching* (Cohen et Levinthal, 1989). Toutes ces formes d'innovation ont également un impact sur la productivité, et l'on pourrait dire que bon nombre d'entre elles sont plus appropriées pour les services que le *learning by doing* (qui a une connotation industrialiste de répétition de la fabrication d'un bien standardisé et homogène).

La théorie évolutionniste considère que ces différentes formes d'apprentissage sont à l'origine d'innovations incrémentales qui sont des sources de gains de productivité, qui, lorsqu'on les cumule, sont bien plus importantes que celles générées par les innovations radicales (en particulier, celles issues de la recherche et développement). Par ailleurs, l'apprentissage individuel s'intègre dans un apprentissage dit collectif ou organisationnel, qui suppose que l'entreprise ou l'organisation est en mesure d'apprendre plus (ou moins) que la somme de ses membres. Les capacités d'apprentissage organisationnel influencent également la productivité.

B. L'effort et l'intensité du travail

L'effort et l'intensité du travail sont des facteurs humains de productivité. Mais, la production de cet effort et de cette intensité est souvent déterminée par la mobilisation des autres facteurs, humains (exemple, la qualification, l'apprentissage), techniques, organisationnels, sociaux. C'est cette diversité et ce caractère indéterminé des sources qui a suggéré à Leibenstein la terminologie X-efficiency (*cf.* encadré 1). Ainsi, cette question de l'intensité du travail peut être abordée à différentes occasions et sous différents angles, lorsqu'il s'agit de rendre compte des facteurs génériques de productivité. Autrement dit, les chemins vers la productivité par l'intensification du travail sont extrêmement nombreux, directs et indirects (Burchell, 2002 ; Gollac et Volkoff, 1996 ; Green 2001 ; Valeyre, 2002). La figure 2 en donne quelques illustrations, sans prétendre être exhaustive.

Figure 2 : L'intensification du travail et la productivité

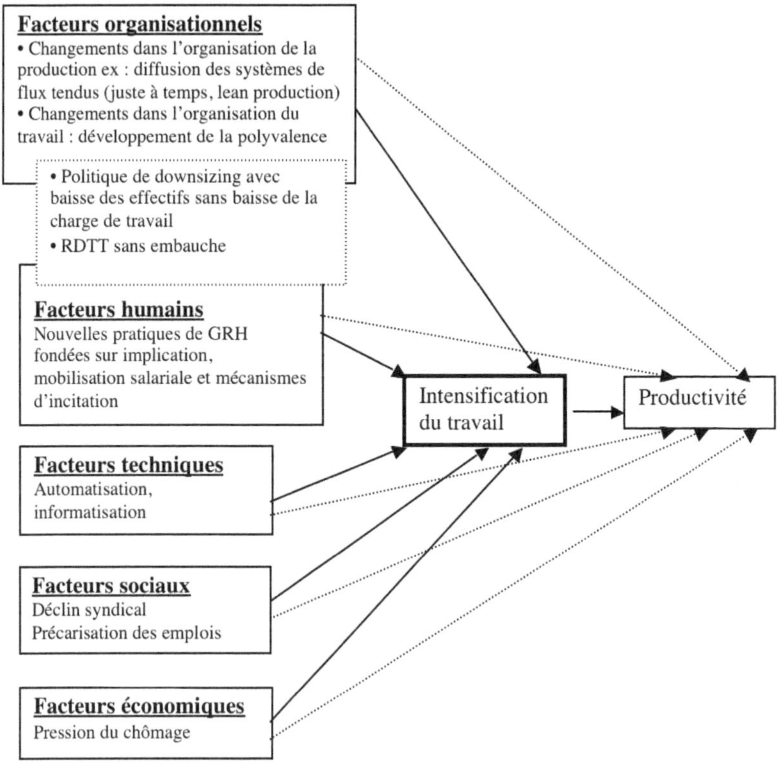

La littérature récente met en évidence une intensification du travail, dans les économies développées contemporaines, mais aussi une modification de la forme de cette intensification (Green, 2001 ; Valeyre, 2002). Les formes d'intensification taylorienne (fondées sur l'accélération des cadences et la chasse aux temps morts) sont toujours à l'œuvre, souvent sous une forme assouplie. Mais, de nouvelles formes d'intensification du travail ont vu le jour : il s'agit des formes *marchandes* (qui traduisent les stratégies d'adaptation rapide, à tout moment du processus de production d'une entreprise, aux pressions de la demande, aux transformations des marchés et de la concurrence) et des formes *événementielles* (qui traduisent l'extrême urgence du traitement de tout dysfonctionnement : pannes, etc.). Ainsi, dans son enquête sur les conditions de travail, la DARES distingue six formes d'intensification du travail (contraintes de rythme) :

1) les contraintes automatiques imposées par les machines, les flux ou le travail à la chaîne ;

2) les contraintes événementielles relatives à l'urgence dans le traitement des dysfonctionnements ;

3) les contraintes de normes de production et de délais (lorsque celles-ci doivent être respectées en moins d'une journée) ;

4) les contraintes hiérarchiques exercées sur les cadences par les contrôles de l'encadrement ;

5) les contraintes horizontales imposées par le collectif de travail ;

6) les contraintes marchandes exercées par les demandes des clients.

Dans ce domaine de l'effort et de l'intensité de travail, les sciences de gestion ont construit un corpus théorique intitulé « les pratiques de mobilisation », qu'elles envisagent dans sa relation à la performance (Barraud-Didier, 1999 ; Lawler, 1986). En effet, la *mobilisation* est définie comme un *effort*, un *engagement* (« *commitment* ») orienté vers un objectif de *performance via* un accroissement de la *motivation* au travail.

Les pratiques de mobilisation, en gestion, s'opposent aux pratiques de contrôle. Elles s'appuient sur le partage entre tous les membres de l'organisation des différents facteurs du succès de l'organisation, à savoir : les récompenses, le savoir, le pouvoir et l'information (Lawler, 1986).

Encadré 1 : La théorie de l'efficience-X

Harvey Leibenstein publie en 1966, dans l'*American Economic Review*, un article intitulé « Allocative efficiency vs X-efficency ». Il y développe une idée très suggestive et simple. Selon lui, la théorie microéconomique traditionnelle met l'accent sur l'efficience allocative (c'est-à-dire l'efficience dans l'allocation des ressources) au détriment d'autres sources d'efficience, qu'il juge beaucoup plus importantes et dans lesquelles la motivation et l'incitation tiennent une place centrale.

L'efficience-X renvoie à *la qualité (bonne ou mauvaise) des managers*. Les cadres, en effet, déterminent non seulement leur propre productivité, mais aussi celle des unités de production dont ils ont la charge, dans la mesure où *l'effort*, qui est une variable donnée *a priori*, dans la théorie néoclassique, devient une variable *discrétionnaire* dans la théorie de l'efficience-X.

Leibenstein fournit une série d'exemples qui tendent à prouver l'existence de l'efficience-X. Ainsi, une entreprise qui est confrontée depuis de nombreuses années à des problèmes de productivité voit celle-ci augmenter à la suite du changement de direction (sans autre modification).

De même les effets d'Hawthorne suggèrent que le simple intérêt du management pour le travail d'un groupe de travailleurs peut accroître leur production.

Les facteurs psychologiques (liés à la motivation) ont une grande influence sur la productivité. Il semblerait, par exemple, que :

1) les petites unités de production soient plus productives que les grandes,

2) les unités constituées d'amis soient plus productives que les autres,

3) les unités qui sont supervisées de manière globale soient plus efficaces que celles supervisées de manière trop étroite,

4) les unités qui connaissent l'importance de leur travail sont plus efficaces que celles qui sont laissées dans l'ignorance.

Il est également explicitement question des *services de conseil* dans leur rôle d'accroissement de l'efficience du management. Autrement dit, certaines activités de service jouent un rôle important dans l'efficience-X. On trouve même chez Leibenstein une justification économique du recours au conseil, puisqu'il montre que dans les cas étudiés le retour sur investissement en conseil est élevé : le gain de productivité généré grâce au conseil est nettement supérieur au coût de ce dernier.

III. Les facteurs organisationnels

Les facteurs organisationnels ne sont, bien entendu, indépendants ni des facteurs humains, ni des facteurs techniques. Ils sont souvent déterminés (induits) par les seconds et ils influencent les premiers.

Il s'agit ici des facteurs organisationnels intra et inter-firmes et non pas des facteurs structurels d'organisation des marchés (qui relèvent des facteurs économiques). Les facteurs organisationnels rendent compte de l'organisation interne de l'entreprise : son mode de gouvernance, le type de division du travail ou de méthode de production mise en œuvre, les techniques de recrutement, de rémunération utilisées. Ils couvrent également ses types de relations avec l'extérieur, qu'il s'agisse des fournisseurs de biens et de services, des consultants, des clients, des concurrents, de l'administration, etc.

On peut également inclure dans ces facteurs organisationnels des aspects tangibles ou intangibles liés à l'organisation des espaces et au confort des employés. Ces facteurs recouvrent les éléments ergonomiques et architecturaux (qui peuvent assurer un confort physique, sonore, visuel, esthétique...), mais aussi la fourniture d'un grand nombre de services annexes aux employés (parkings, crèches, distributeurs de nourriture ou de boissons, restaurants, centres de sport...).

Un élément important est également celui de la *mesure* de la productivité et plus généralement de la performance. Les dispositifs de mesure (qu'il s'agisse d'établir des objectifs et de mesurer les résultats, d'estimer les ressources nécessaires, d'allouer ces ressources...) peuvent eux aussi être considérés comme des facteurs organisationnels de productivité.

Cette rapide énumération des facteurs organisationnels de la productivité illustre toute l'ampleur d'une question qui concerne non seulement les sciences économiques, les sciences de gestion, mais aussi la psychologie, l'architecture, l'ergonomie et la physiologie. Dans cette identification générale des facteurs de productivité, on se contentera d'évoquer (en particulier, sous l'angle théorique) les trois éléments suivants (encore une fois arbitrairement séparés), dans leur relation à la productivité :

1) l'organisation du processus de production,

2) le type de relation extérieure,

3) les systèmes d'incitation (théorie des contrats et des incitations).

A. L'organisation du processus de production

Lorsqu'on s'intéresse à la question de l'organisation du processus de production (ou organisation du travail) dans sa relation à la productivité, trois noms viennent immédiatement à l'esprit : Adam Smith, Taylor et Ford.

C'est en effet à Adam Smith et à son fameux exemple de la manufacture d'épingle, qu'on attribue généralement cette idée selon laquelle la spécialisation et la division du travail sont un facteur puissant de productivité. Les gains de productivité engendrés par la division du travail passent, selon Adam Smith (1960), par trois mécanismes : 1) l'accroissement de la dextérité de chaque travailleur, 2) l'économie du temps consacré à passer d'une tâche à une autre, 3) l'usage de machines qui se substituent aux hommes.

Les rendements d'échelle croissants (économies d'échelle) sont également des déterminants importants de la productivité. On identifie de nombreuses sources d'économies d'échelle : l'indivisibilité des inputs, les lois de la physique ou de la géométrie, l'existence de coûts fixes, les principes des transactions de masse, des multiples, des réserves accumulées, etc.

C'est sur l'exploitation de ce « facteur élémentaire » (division du travail et gains de productivité) que Taylor et Ford ont construit leurs systèmes d'organisation du travail, qui ont inspiré (et continuent d'inspirer) un très grand nombre de techniques de management (de la productivité) dans tous les secteurs de l'économie.

Une définition simplifiée du taylorisme (et de l'organisation scientifique du travail) peut être envisagée en deux grands principes :

1) Un principe de division horizontale du processus de travail (le principe d'Adam Smith), qui consiste à confier à chaque travailleur une tâche simple, parcellisée et spécialisée. La source des gains de productivité est ainsi l'habileté gestuelle engendrée par la répétition et la suppression des temps morts, quelle qu'en soit l'origine : changement d'outils, changement d'action, volontaire (« flânerie systématique des ouvriers ») ou involontaire...

2) Un principe de division verticale du travail, qui consiste en une stricte séparation entre les tâches d'exécution et les tâches de conception et de contrôle du travail. Le bureau des méthodes joue ici un rôle essentiel : celui de la définition des gestes et des postures les plus favorables en termes de productivité. Par le biais du chronométrage des actions, il impose des normes temporelles d'exécution, c'est-à-dire un degré d'intensité du travail.

Le fordisme va compléter les principes tayloriens de division horizontale et verticale des tâches par deux autres principes : celui du travail à la chaîne (le convoyeur) et celui de la standardisation des composantes et des produits. C'est désormais le rythme de la chaîne de montage qui impose son rythme de travail au travailleur.

À partir des années 1960, au fur et à mesure de son expansion, le fordisme est confronté à un certain nombre de difficultés, qui affectent les gains de productivité. Tout d'abord, il engendre une démotivation et une lassitude de travailleurs gagnés par l'ennui et un sentiment de déshumanisation. Ensuite, la division des tâches (et leur durée d'exécution) est soumise à d'évidentes limites techniques. Par ailleurs, l'accroissement de la division horizontale du travail induit un accroissement de la division verticale (bureaux des méthodes de plus en plus lourds et hiérarchisés), ce qui alourdit l'organisation et augmente les coûts d'organisation. Enfin, son expansion se fait à rendement décroissant. Certaines activités se prêtent relativement aisément à ce système de production, d'autres y sont plus rétives. C'est le cas, par exemple, d'un certain nombre d'activités de services.

Les systèmes d'organisation fractionnée du travail commencent ainsi à être remis en cause par la conjonction de raisons technico-économiques et psycho-sociales. La forteresse fordiste est ainsi peu à peu érodée par l'introduction d'îlots d'autonomie, de participation des travailleurs et de flexibilité (considérés comme source de gains de productivité). À partir du milieu des années 1980, la multiplication des modifications incrémentales apportées au système fordiste atteint un seuil qui autorise à parler de néo-fordisme ou de post-fordisme.

Le toyotisme est ainsi une des figures emblématiques de ce post-fordisme. Alors que le système fordiste consistait à produire en grande série des produits standardisés que le marketing devait vendre, l'organisation moderne post-fordiste est pilotée par l'aval. En fonction de la demande exprimée par les clients, elle produit en petites séries des produits adaptés à cette demande. Le raccourcissement des séries n'est pas pour autant une source de perte de productivité (liée à la baisse du niveau de spécialisation). La déspécialisation signifie, en effet, l'enrichissement des tâches, et des gains de productivité par le biais de l'accroissement de la motivation, de la responsabilisation, et par conséquent, de la suppression de fonctions de contrôle. Par ailleurs, les coûts engendrés par une plus grande flexibilité du système de production sont compensés par la plus grande flexibilité des technologies de l'information (machines à commandes numériques, rapidement reprogrammables). Ces nouveaux systèmes de production (générateurs de gains de productivité) sont plus adaptés aux spécificités d'un nombre plus grand d'activités de services que les systèmes tayloriens et fordiens.

Afin d'évaluer les conséquences de ces changements et innovations organisationnelles post-fordistes sur la performance (et en particulier sur la productivité) des entreprises, certains instituts statistiques ont élaboré des enquêtes annuelles. C'est le cas de *Statistiques Canada* qui a lancé à partir de 1999, une « enquête (annuelle) sur les milieux de travail et sur les employés » (EMTE). Comme l'illustre le tableau 2, cette enquête permet, d'une part, de mesurer la fréquence des pratiques d'organisation du travail innovante (en réalité post-fordiste), et, d'autre part, de mesurer la fréquence des changements organisationnels survenus dans les entreprises privées.

Tableau 2 : Les items du questionnaire EMTE

Pratiques d'organisation du travail innovantes	Changements organisationnels
- Partage de l'information avec les employés - Programmes de suggestions des employés - Équipes de résolution de problèmes - Conception flexible des tâches - Comités mixtes patronaux-syndicaux - Groupes de travail autonomes	- Réingénierie - Recours accru à la rotation des postes de travail - Adoption de l'horaire variable - Intégration accrue - Mise en œuvre de la gestion de la qualité totale - Recours accru aux travailleurs à temps partiel - Réduction des effectifs - Recours accru aux fournisseurs externes - Centralisation accrue - Augmentation des heures supplémentaires - Collaboration accrue avec d'autres entreprises en matière de R-D - Recours accru aux travailleurs temporaires - Décentralisation - Réduction du nombre de paliers de gestion

D'après Bouliane, 2005, p. 3.

Un certain nombre de travaux statistiques récents ont tenté d'établir la relation entre ces « innovations organisationnelles post-fordistes » (en s'intéressant à l'une d'entre elles exclusivement ou à un groupe indifférencié) et la productivité dans les entreprises. Bélanger (2001, *cf.* aussi Bouliane, 2005) propose ainsi un bilan des enquêtes consacrées à l'influence, sur la productivité, de l'introduction de modèles de travail fondés sur la participation accrue des employés. On retiendra de son bilan les résultats suivants.

1) Ces modèles de travail « à haute participation des travailleurs » sont de plus en plus fréquents dans les entreprises.

2) Ces innovations organisationnelles (comme les autres) interviennent sur la productivité de différentes manières : en augmentant le volume produit par individu, en réduisant le nombre de travailleurs, les consommations intermédiaires, les dysfonctionnements (pannes), en améliorant le niveau des connaissances dans l'organisation.

3) La mesure de l'impact réel de ces changements sur la productivité est difficile, compte tenu de l'intervention d'autres facteurs influençant la productivité (conjoncture, changement technique, concurrence...)

dont il faut l'isoler. Par ailleurs, les différentes études réalisées ne donnent pas le même sens à l'innovation organisationnelle.

4) Toutes les études ayant fait l'objet du *survey* indiquent un lien positif entre les modèles de travail « à haute participation des travailleurs » et la productivité. Cependant, il y aurait des différences sectorielles importantes (associées aux types de technologies utilisées) quant à l'ampleur de ces gains. Ainsi, ces changements organisationnels semblent engendrer davantage de gains de productivité, lorsqu'ils se déroulent dans un environnement intensif en capital.

Un rapport réalisé par la European Work Organisation (EWON, 2001) a également tenté de faire le point sur cette question de la relation « nouvelles formes d'organisation du travail (NFOT) et impact sur la performance » en Europe. Comme précédemment, cette réflexion met en évidence les difficultés méthodologiques d'une telle mesure. Mais, elle conclut à l'existence d'une corrélation toujours positive dans les nombreuses études de cas examinées. Le tableau suivant rend compte des principales études européennes mentionnées par le rapport de l'EWON.

Tableau 3 : Nouvelles formes d'organisation du travail et impact sur la performance : les conclusions de quelques études européennes

Auteurs/ organismes	Pays	Année	Populations cibles	Résultats
TNO (Organisation néerlandaise pour la recherche scientifique appliquée)	Pays-Bas	1999	3 600 entreprises et leurs employés	Modèles de production socio-techniques sont plus performants
NUTEK (Agence suédoise pour la croissance économique et régionale)	Suède	1996	700 entreprises privées	Formation et délégation de pouvoir aux employés haussent la productivité de 29 % à 60 %
Lay *et al.* (1999)	Allemagne	1999	1 300 entreprises manufacturières	Les rares entreprises ayant adopté des NFOT ont une productivité supérieure de 8 % à 30 %
European Foundation for the Improvement of Living and Working Conditions	10 pays de l'UE	1999	5 800 gestionnaires Enquête EPOC (Employees Direct Participation in Organisational Change)	Les gestionnaires croient, dans 65 % des cas, que les pratiques de participation accrue des travailleurs sont bénéfiques aux entreprises sur le plan de la productivité

Cully *et al.* (1999)	Grande-Bretagne	1999	Gestionnaires interrogés dans le cadre du UK Workplace Employee Relations Survey	Identification de 16 formes d'organisation du travail innovatrices qui génèrent des gains de productivité selon les gestionnaires

Bouliane, 2005.

Plus généralement, de très nombreux travaux empiriques ont été consacrés, en économie et en gestion, à l'étude du lien entre de multiples pratiques de GRH (par exemple, les systèmes de partage des profits, l'actionnariat, différentes formes de participation formelle ou informelle aux décisions relatives au travail, les programmes d'enrichissement des tâches, la propriété salariale, la mise en place de programmes de formation) et la performance des entreprises souvent évaluée par la productivité (pour une synthèse, *cf.* Barraud-Didier, 1999).

B. Les types de relations externes

On peut considérer les relations externes d'une organisation avec d'autres, comme une dimension particulière de l'organisation du processus de production envisagée précédemment. En effet, une organisation peut établir avec son environnement extérieur (qu'il s'agisse de fournisseurs, de consultants, de clients, de concurrents, voire de l'Administration) des relations qui sont plus ou moins performantes (qui affectent plus ou moins ses gains de productivité).

Les exemples de dispositifs d'arrangements des relations externes sont nombreux, et constituent une forme d'innovation souvent sous-estimée dans la littérature. On peut citer, parmi d'autres, les nouvelles formes de partenariat, les contrats ou chartes de services, etc.

La question de l'externalisation occupe ici une place importante. Dans sa relation à la performance, elle doit être envisagée sous deux angles différents : celui de l'efficience propre de l'acte d'externalisation, mais aussi celui des effets d'efficience induits par l'action du prestataire extérieur (et éventuellement l'innovation induite).

La théorie des coûts de transaction a connu beaucoup de succès dans l'explication des processus d'externalisation des activités. Il s'agit, comme la théorie de l'agence d'une théorie des contrats établis entre agents qui trouvent un intérêt à coopérer ou à échanger. La différence entre les deux porte essentiellement 1) sur la nature de la rationalité (substantive dans le cas de la théorie de l'agence, limitée dans le cas de la théorie des coûts de transaction), 2) sur le champ d'application du contrat (essentiellement entre organisations différentes pour la théorie des coûts de transaction, alors que la théorie de l'agence a connu une application plus vaste).

L'idée principale de cette théorie est que le recours au marché met en évidence l'existence d'un certain nombre de coûts dits de transaction (qui renchérissent le prix du produit). Ces coûts sont la conséquence, d'une part, de la rationalité limitée et de l'opportunisme, qui caractérisent les actions humaines, et, d'autre part, de certaines caractéristiques fréquentes des transactions marchandes (incertitudes, complexité, nombre réduit d'échanges). C'est ainsi l'existence de coûts de transaction qui justifie l'apparition de l'entreprise (la hiérarchie), quand elle s'avère moins coûteuse.

Cette théorie est ensuite généralisée aux situations d'arbitrage entre faire et faire-faire, internalisation et externalisation. Ainsi, en fonction du niveau de coûts de transaction, l'organisation pourra avoir intérêt à externaliser ou à internaliser certaines de ses activités.

C. Les systèmes d'incitation (théories des contrats et des incitations)

De nombreux dispositifs organisationnels (qu'il s'agisse d'arrangements inter ou intra-organisationnels) orientés vers la recherche de la performance peuvent être interprétés dans le cadre de la théorie de l'agence (Halachmi et Boorsma, 1998). La théorie de l'agence, qui consacre le renouveau de l'orthodoxie néoclassique, s'intéresse à la relation (d'agence) qui s'établit entre deux agents économiques dont les intérêts ne convergent pas nécessairement.

La relation d'agence est une relation contractuelle (incomplète) implicite ou explicite dans laquelle le principal a recours aux services d'un agent, intérieur ou extérieur à son organisation, pour la réalisation d'une mission donnée. Les agents en question peuvent être des individus (un employeur et son salarié, un prestataire de service et son client, etc.) ou des organisations (une tutelle et un de ses établissements, un donneur d'ordre et un sous-traitant, un maître d'ouvrage et un maître d'œuvre, etc.).

L'élément central de la théorie et de la relation d'agence est l'existence d'asymétries d'information entre les agents. En effet, chaque agent dispose d'un certain nombre d'informations personnelles, d'une part, sur ses caractéristiques propres et sur son environnement, et, d'autre part, sur ses actions, qui échappent à l'autre. L'hypothèse de la théorie de l'agence est que les agents vont chercher à tirer profit de ces asymétries d'information et des failles du contrat, autrement dit à développer des comportements opportunistes. Ces comportements opportunistes sont à l'origine, selon Jensen et Meckling (1976), de trois types de coûts d'agence :

- des coûts de surveillance et de gestion (« *monitoring costs* ») qui affectent le principal et qui visent à réduire les comportements opportunistes de l'agent ;

- des coûts de mise en confiance (« *bonding costs* ») qui affectent l'agent et qui visent à mettre le principal en confiance ;

- des coûts d'opportunité (« *residual cost* ») qui recouvrent les pertes subies par le principal à la suite des décisions de l'agent qui ne vont pas dans le sens de l'intérêt du principal.

Au total, compte tenu de ces asymétries d'information (aléa moral et sélection adverse), l'agent peut être moins performant qu'il pourrait l'être, dans la réalisation de la prestation. Une grande partie des développements de la théorie de l'agence vont ainsi consister, d'une part, à réfléchir à l'élaboration de contrats explicites (fixant le plus clairement possible les objectifs des uns et des autres) et, d'autre part, à mettre en œuvre des dispositifs de contrôle (pour s'assurer que ces objectifs sont atteints) et des dispositifs d'incitation (pour inciter à ce qu'ils le soient).

L'abondante littérature appartenant à ce corpus a soulevé de nombreux autres problèmes et suggéré de multiples raffinements de l'analyse, qui peuvent être intéressants quand il s'agit, en particulier, de l'amélioration de la performance dans les services publics. Nous en énonçons rapidement quelques-uns ici (HM Treasury, 2003) :

1) Lorsque le travail de l'agent consiste à produire de nombreux outputs différents, des incitations très fortes sont nécessaires pour qu'il se consacre, de manière efficace, aux outcome*s* qui sont fortement influencés par des facteurs extérieurs qu'il ne contrôle pas (Homstrom et Milgrom, 1991). On pourrait ajouter que trop de ratios de productivité tue la productivité. On constate (et nous le vérifierons dans l'arbre de performance de la Poste dans le chapitre 7) que la multiplication des ratios de productivité ne facilite pas le contrôle, mais produit des effets pervers. En effet, le gestionnaire ne parvient jamais à améliorer l'ensemble de ces indices. Il peut même, dans certaines situations, dégrader un indice par ses efforts portés sur un autre. Il aura donc tendance à ne pas respecter les objectifs pour mettre l'accent sur les indicateurs de son choix (en fonction de son inclination personnelle ou en fonction de l'environnement).

2) La mise en concurrence de plusieurs agents sur une tâche identique est favorable au *benchmarking* et à l'amélioration de la performance (Holmstrom, 1982).

3) La situation dans laquelle plusieurs principaux poursuivent les mêmes objectifs favorise les attitudes opportunistes de type cavalier

solitaire (« *free riding* »). Elle est défavorable à la performance (Dixit, 1996).

4) Les incitations dites implicites, qui se produisent lorsque l'agent est sensible à d'autres incitations que celle de son principal (par exemple, lorsqu'il envisage de travailler pour un autre principal dans l'avenir) sont favorables à la performance (Dewatripont, Jewit et Tirole, 1999).

5) Les relations principal-agent à plusieurs niveaux hiérarchiques peuvent conduire à des coalitions. Tirole (1986), par exemple, examine une relation à trois, qui insère entre le principal et l'agent un niveau intermédiaire. Il en conclut que l'agent du bas et l'agent intermédiaire peuvent entrer en collusion. Le principal doit en tenir compte dans ses stratégies d'incitation.

IV. Les facteurs économiques

Les principaux facteurs de productivité relevant de ce groupe sont la demande globale, le taux de chômage, le taux de change, le degré d'ouverture au commerce et à l'investissement international. Il s'agit, pour l'essentiel, de facteurs macro ou méso-économiques.

a) Trois liens sont généralement envisagés entre la *demande globale et la productivité* (Harris, 1999) :

– L'« effet *Verdoorn* », selon lequel la croissance de la demande induit une croissance de la production et donc de la productivité en raison des effets d'apprentissage et des économies d'échelle. Ceci signifie qu'à l'inverse, les entreprises dont la production diminue faute de demande voient leur productivité baisser en raison de la réduction des économies d'échelle et des effets d'apprentissage.

– La baisse de la demande globale peut induire un accroissement du taux de chômage, qui induit une perte de compétence pour la population active et donc une baisse de productivité. L'hypothèse est ainsi qu'un chômage prolongé est destructeur de compétence et donc négatif pour la productivité.

– Une troisième conception de la relation demande globale et croissance de la productivité est associée à l'École Autrichienne. L'hypothèse ici est que la crise (la baisse de la demande) a des effets positifs sur la productivité, car elle facilite et accélère la mise au rebut des technologies obsolètes et une réallocation plus pertinente des ressources. C'est l'idée des « vagues de destruction créatrice » schumpeteriennnes.

b) En ce qui concerne le lien causal entre *le taux de change et la productivité*, plusieurs arguments peuvent également être envisagés

(Harris, 1999). L'argument le plus simple considère que lorsque la monnaie nationale perd de la valeur, les entreprises nationales réduisent leurs efforts de productivité pour soutenir la concurrence internationale (ces entreprises conservent en effet le même revenu en monnaie nationale). Cependant, dans la macroéconomie classique, c'est plutôt l'effet inverse qui est retenu : c'est la baisse de la croissance de la productivité des industries d'un pays donné par rapport aux partenaires commerciaux qui est la cause de la détérioration du taux de change.

c) Au-delà de la question du taux de change, de nombreux travaux d'économie internationale mettent en évidence le *rôle fondamental de l'ouverture au commerce et à l'investissement international sur la croissance de la productivité*. De très nombreux arguments existent pour expliquer cette relation causale (Harris, 1999) :

– les arguments traditionnels en termes d'avantages comparatifs qui induisent un meilleur usage des ressources disponibles ;

– certains niveaux d'économie d'échelle qui ne seraient pas possibles pour les petits pays en l'absence d'ouverture au commerce et à l'investissement ;

– la diffusion et l'apprentissage des idées et des technologies venant de l'étranger, grâce au commerce international et aux investissements directs étrangers (IDE) ;

– la place plus importante des exportations dont on sait qu'elles favorisent la hausse de la productivité…

d) Mais *d'autres facteurs économiques* interviennent également : la structure industrielle, la taille des organisations, la mobilité de la main-d'œuvre, le fardeau fiscal, le taux d'inflation, etc.

V. Les facteurs sociaux

Ces déterminants débordent le cadre économique traditionnel. Ils n'ont retenu l'attention des chercheurs que très tardivement. L'hypothèse qui est formulée est ainsi que l'environnement sociopolitique peut exercer une influence essentielle sur la productivité des entreprises et des organisations (Harris, 2002).

Les principaux facteurs qui sont ainsi pris en considération sont les suivants :

- les inégalités de richesse,
- les inégalités de revenus,
- le degré de cohésion sociale,
- la stabilité politique,

- le climat de confiance entre les groupes sociaux et la liberté d'association.

La place et le rôle des syndicats et leurs relations avec les organisations patronales peuvent également être insérés dans ces facteurs sociaux (ils pourraient également avoir leur place dans les facteurs politiques et institutionnels). L'action syndicale peut avoir un effet sur la productivité, qu'il soit positif ou négatif. Les syndicats, par leur action, peuvent contribuer à réduire la productivité ou à s'insérer dans les programmes d'amélioration de celle-ci. Ils jouent également un rôle dans le partage des gains de productivité.

Comme le note Gamache (2005), il y a quasi-unanimité quant à l'influence qu'exerce l'environnement sociopolitique sur la productivité et la discussion porte davantage sur les méthodes pour en mesurer les effets... Les services publics interviennent également ici.

VI. Les facteurs politiques et institutionnels

Ces facteurs sont étroitement liés aux facteurs sociaux et aux facteurs macroéconomiques. Leur intervention sur la productivité passe souvent par leur influence sur les facteurs microéconomiques (techniques, organisationnels, humains).

Les politiques gouvernementales (qu'il s'agisse de politiques macro, micro ou de politiques sociales), la structure du marché financier, la nature des différentes institutions (système d'éducation, système politique, système juridique) exercent aussi, selon Harris (2002), une influence à moyen et long terme sur la croissance de la productivité, en particulier, en agissant directement ou indirectement sur une grande partie des autres facteurs (économiques, technologiques, sociopolitiques...). Les services publics interviennent ici pour influencer la productivité des autres secteurs économiques.

Conclusion

La question des leviers de la productivité a fait l'objet d'une abondante littérature, qui permet d'établir une typologie des principaux facteurs génériques de productivité (dont nous avons rendu compte dans ce chapitre). Cependant, les liens entre les différents leviers et la productivité sont loin d'être définitivement établis. En effet, ils constituent un écheveau de nombreuses causalités, qui peuvent se compléter ou être contradictoires, qui peuvent se manifester de manière directe ou indirecte et à des horizons temporels différents, et qui doivent être appréhendées à différents niveaux d'analyse : micro, méso ou macro. La plupart des facteurs influencent d'autres variables que la productivité. Ils peuvent ainsi exercer des effets plus généraux sur la performance dans son ensemble. C'est le cas, par exemple, des facteurs humains comme la formation. De même, les facteurs techniques, en particulier lorsqu'ils s'appuient sur les TIC (comme l'administration électronique) n'aboutissent pas nécessairement (ou seulement) à une augmentation de la productivité par substitution du capital au travail (comme ce fut souvent le cas dans les premières phases de l'informatisation), mais à une complémentarité entre le capital et le travail et à la production de services nouveaux.

Il faut également rappeler qu'un des facteurs essentiels de la productivité est tout simplement la *mesure*, elle-même, lorsqu'elle est utilisée dans une perspective d'incitation et de « *benchmarking* ».

L'ensemble des facteurs génériques que nous avons présentés dans ce chapitre concerne les services et les services publics (quels qu'ils soient) et les fonctions de services internes (y compris de pilotage). On fait néanmoins l'hypothèse que ces facteurs génériques peuvent se décliner, de manière spécifique, dans certains secteurs de services. On s'efforcera, ainsi, dans les chapitres suivants, consacrés aux leviers de la productivité dans les services marchands, puis dans les services administratifs, de mettre l'accent sur ces éléments de spécificité. Parmi eux, on peut rappeler, par exemple, que les services publics constituent non seulement un terrain d'exercice pour la mise en œuvre des leviers de productivité, mais aussi un levier, à proprement parler, permettant d'assurer des gains de productivité dans les autres secteurs économiques, en particulier, comme nous l'avons souligné à plusieurs reprises, à travers les facteurs politiques et institutionnels et les facteurs sociaux.

Chapitre 6

Les facteurs de productivité dans les services

Si les spécificités des services ont, comme nous l'avons constaté dans le chapitre 2, des conséquences sur la définition et la mesure de la productivité, elles en ont aussi sur la nature des leviers de la productivité et sur les stratégies mises en œuvre pour améliorer celle-ci.

La littérature, dans ce domaine, est particulièrement abondante. On propose, par conséquent, d'en rendre compte, de manière simplifiée, en mettant l'accent sur les analyses théoriques, et en tentant de dégager des principes et des résultats généraux. Dans un premier temps, on examine, sous l'angle essentiellement théorique, un certain nombre de leviers génériques de la productivité dans les services (en particulier, les leviers techniques et humains). Dans un second temps, on identifie des stratégies plus générales (c'est-à-dire intégrant différents leviers) mises en œuvre dans les services. On distingue ainsi trois groupes de stratégies génériques (qui diffèrent par les leviers mobilisés, par leur manière d'intégrer ces différents leviers et par la place qu'y occupe l'objectif de productivité à proprement parler). Le premier groupe est celui des stratégies de productivité qui tentent d'effacer les spécificités des services (on les appellera les stratégies d'*assimilation*), le deuxième groupe est celui des stratégies spécifiques de rationalisation visant à tenir compte des spécificités des services (on les appellera les stratégies du *particularisme*). Le troisième groupe réunit les stratégies qui s'efforcent de concilier, au sein d'une même entreprise, les deux objectifs précédents (on parlera de stratégies d'*intégration*).

1. Quelques leviers de la productivité dans les services

De nombreuses réflexions (dans les champs théoriques et politiques) sont engagées depuis quelques années pour tenter de renforcer les performances du secteur tertiaire. Elles renvoient aux environnements politiques, économiques et institutionnels : stratégies de libéralisation, baisse d'impôts, accords sur le commerce international des services (AGCS). Nous renonçons ici à l'analyse de ces facteurs généraux pour ne mettre l'accent que sur les leviers techniques et humains, qui sont d'autant plus intéressants qu'ils ont été longtemps considérés comme les principaux points faibles des services. Nous les traitons de manière séparée, bien que, dans les services, plus encore que dans l'industrie, ils soient difficilement dissociables. Si chacun de ces facteurs de productivité intervient rarement seul, il est, également, rarement efficace seul. Ainsi, nombreux sont les exemples dans lesquels le levier technique de la productivité est mis en échec, faute d'intervention sur le levier humain.

A. Les leviers techniques

Nous abordons ici les leviers techniques de la productivité dans les services, de manière synthétique, au-delà de la multitude de travaux théoriques et empiriques sur ce thème. Nous proposons, en particulier, de mettre l'accent sur les modèles théoriques les plus significatifs et sur les enseignements généraux qu'on peut en retenir. Nous commencerons ainsi par évoquer le modèle de Baumol, qui distingue les secteurs de services des secteurs industriels en fonction de ce levier technique. Nous examinerons, ensuite, un ensemble particulièrement prolifique de travaux, que nous regrouperons sous l'expression d'analyses *en termes d'impacts* des technologies de l'information. Nous rendrons également compte de plusieurs approches typologiques et théoriques des trajectoires technologiques dans les services (la typologie de Soete et Miozzo, celle de Lakshmanan, le modèle de Barras). Si les points précédents concernent le levier technique dans sa composante accumulation de capital et surtout innovation, notre dernier point sera consacré quant à lui à la relation entre la R-D et la productivité dans les services.

1. Le modèle de Baumol

Le modèle de Baumol s'inscrit dans une hypothèse générale de faible intensité capitalistique et technologique (naturelle) des services. Le levier technique de la productivité serait ainsi, par nature, peu opérant dans ce type d'activités. William Baumol propose en 1967, dans un court article, un modèle macroéconomique particulièrement simple et suggestif pour expliquer l'hégémonie de l'emploi tertiaire. Le modèle dit de *croissance déséquilibrée* de Baumol divise l'économie en deux secteurs :

1) un secteur (qualifié de non progressif) dans lequel la productivité du travail est constante, compte tenu de son faible niveau technologique ;

2) un secteur (qualifié de progressif) dans lequel la productivité du travail est croissante en raison de l'introduction de technologies.

La plupart des services appartiennent selon Baumol au secteur non progressif. Peu de gains de productivité peuvent y être réalisés, car les possibilités de mécanisation y sont limitées, le produit final y étant souvent identifiable au facteur travail lui-même. Le raisonnement de Baumol est illustré par des exemples particulièrement suggestifs et désormais bien connus, tels que celui du concert d'un quintette à vent, dont il est difficile d'imaginer comment on peut en augmenter la productivité, et en tout cas, certainement pas par l'accélération des cadences de travail.

Le modèle de Baumol comporte deux autres hypothèses importantes :

1) les salaires sont identiques dans les deux secteurs de l'économie et ils progressent dans les mêmes proportions que les gains de productivité dans le secteur progressif ;

2) les coûts de production se réduisent aux coûts salariaux.

À partir de ces hypothèses, Baumol diagnostique ce qu'il appelle une « maladie des coûts ». En effet, en l'absence de gains de productivité et dans la mesure où les salaires augmentent, les prix unitaires des biens du secteur non progressif (les services) augmentent de manière exponentielle, alors que ceux des secteurs progressifs (l'industrie) sont constants.

Le modèle de Baumol énonce trois autres résultats :

1) les produits des secteurs non progressifs (c'est-à-dire des services) dont la demande n'est pas fortement inélastique au prix (par exemple, le théâtre) auront tendance à disparaître, sauf s'ils sont subventionnés par l'État ;

2) l'emploi devrait progressivement se déplacer des secteurs progressifs vers les secteurs non progressifs. Ainsi, l'emploi industriel devrait tendre asymptotiquement vers zéro ;

3) le taux de croissance globale de l'économie devrait tendre vers zéro (si la population active est constante), dans la mesure où le secteur à productivité constante occupe toute l'activité.

Le modèle de Baumol a suscité de nombreuses critiques. En particulier, personne ne peut contester que le levier technologique joue également un rôle fondamental dans la dynamique contemporaine de la société de services. On notera que, pour répondre à certaines critiques, Baumol propose lui-même en 1986 un modèle rectifié, qui prend en compte l'introduction parfois invasive de l'informatique dans les services. Ce nouveau modèle comporte ainsi trois secteurs :

1) un secteur à productivité croissante (par exemple, les biens durables) ;

2) un secteur à productivité constante (par exemple, le théâtre ou le concert) ;

3) un secteur intermédiaire à stagnation asymptotique, c'est-à-dire dont la productivité commence par augmenter avant de stagner en raison

de sa composition hybride (c'est le cas, par exemple, de l'informatique qui comporte des matériels et du logiciel).

2. *Les approches en termes d'impacts des TIC sur la productivité*

Une multitude de travaux sont consacrés aux conséquences des TIC sur la productivité dans les services, au niveau micro, méso et macroéconomique. Ces questionnements qui ont porté essentiellement sur les grandes entreprises préindustrielles de masse (banques, assurances, etc.) ont été généralisés à d'autres activités. De nombreux travaux (Djellal, 2002a et b ; Secrétariat d'État au Tourisme, 2000, 2001) soulignent ainsi le caractère « invasif » de ces NTIC, en constatant leur diffusion dans les services traditionnellement qualifiés de non informationnels (par exemple, les services de nettoyage, de transport, l'hôtellerie, la restauration). Les interrogations portent sur les raisons de cette « diffusion invasive » et sur ses conséquences théoriques. La principale explication invoquée est la complexification du produit dans des activités traditionnellement orientées vers le traitement de la matière. On passerait ainsi d'activités où dominent les fonctions de traitement de biens et de systèmes techniques à des activités plus complexes où le produit s'enrichit, à des degrés divers, dans l'espace et dans le temps, d'opérations de traitement de l'information, de la connaissance et de la relation. Les conséquences théoriques envisagées sont, par exemple, l'apparition d'un paradoxe de la productivité dans des activités qui semblaient jusqu'alors épargnées par ce phénomène.

Deux résultats méritent d'être soulignés. Tout d'abord, les TIC ont un effet théorique différent sur la productivité, en fonction de leur nature (de leur localisation dans l'organisation ou le processus de production). Ainsi, les TIC de back-office (en particulier, les ordinateurs centraux) sont considérés comme exerçant un effet positif sur la productivité. En revanche, l'impact des TIC de front-office serait négatif ou indéterminé. Ensuite, les TIC peuvent agir sur d'autres variables que la productivité : en particulier, sur la qualité, la localisation spatiale, l'échange, etc.

Pour rendre compte de manière très simplifiée de l'abondante littérature en termes « d'impacts », on propose ainsi de construire une matrice croisant 1) les zones d'impacts possibles (l'emploi, les qualifications et l'organisation des tâches, la productivité, la facilité d'échange et le « produit-service ») ; 2) deux modèles d'innovation technologique successifs : l'introduction de l'informatique lourde, d'une part, et de l'informatique décentralisée et des réseaux, d'autre part. Une partie ou la totalité des préoccupations analytiques de nombreux travaux s'inscrivent dans cette « matrice » (tableau 1).

Tableau 1 : Matrice des principales préoccupations analytiques des analyses en termes d'impacts des TIC sur les services

	Informatique lourde	Informatique décentralisée, réseaux
Emploi		
Qualification, organisation des tâches		
Productivité		
Échange		
Produit-service (qualité)		

Le premier modèle, qui se fonde sur la standardisation, la taylorisation des tâches (saisie de données), et l'exploitation d'économies d'échelle, correspond à l'informatisation des *back-office*. Les impacts théoriquement escomptés sont notamment : une croissance de la productivité, une baisse de l'emploi, une déqualification de la main-d'œuvre.

Dans le second modèle, l'informatique décentralisée et les réseaux portent sur des tâches très diversifiées (et non plus seulement de *back-office*). Ils ont tendance, par ailleurs, à engendrer des économies de variété et à réduire les tâches routinières en faveur de tâches plus valorisantes notamment commerciales et de conseil. Les principales hypothèses théoriques testées sont ainsi résumées par la question suivante : l'introduction de l'informatique décentralisée et des réseaux n'entraîne-t-elle pas une croissance de l'emploi, une requalification de la main-d'œuvre, une baisse de la productivité ?

Cependant, les TIC ne doivent pas être envisagées uniquement sous l'angle de leurs effets d'impacts sur les services qui ne traduiraient qu'un effet de substitution du capital au travail. Il faut également tenir compte de leur endogénéisation croissante dans l'économie des services, c'est-à-dire de la complémentarité du capital et du travail qu'elles autorisent. Les services ne sont plus simplement envisagés à travers leurs comportements d'adoption de ces TIC. Ils peuvent jouer un rôle de plus en plus actif dans leur production et leur diffusion ; et l'innovation de service apparaît souvent comme une catégorie hybride associant des TIC et une activité d'ingénierie organisationnelle, c'est-à-dire de conception-développement de formules organisationnelles.

Compte tenu de ces relations et de ces effets multiples, il est de plus en plus difficile de mesurer l'impact des TIC sur les services. Quand on procède à une telle mesure, on est confronté au fameux paradoxe de Solow, qui constate des gains de productivité insuffisants au regard des investissements technologiques consentis.

Cette question (maintenant ancienne) de la productivité dans ses relations aux TIC est loin d'être épuisée. Elle est au centre de nombreux travaux récents, qu'il s'agisse d'évaluer le potentiel de dynamisme des « économies fondées sur le savoir » ou de réexaminer les problèmes soulevés par le paradoxe de Solow dans le cas d'activités particulières. Pascal Petit (2002) consacre ainsi une réflexion à l'analyse du potentiel de croissance et de productivité des économies développées contemporaines, économies caractérisées à la fois par un niveau élevé de tertiarisation et des régimes de croissance appuyés sur les vagues des TIC. Petit constate que ce potentiel est important, mais qu'il souffre de nombreuses contraintes et qu'il est inégalement réparti entre les secteurs et les catégories sociales. Pour rétablir un certain équilibre, il ne suffit pas de redistribuer les gains de productivité et les revenus associés, il faut également opérer d'importants changements au sein des activités et des groupes « défavorisés ». Petit examine la manière dont les principaux pays de l'OCDE procèdent pour « élargir la base de cette nouvelle croissance » et établir l'avènement de la nouvelle économie fondée sur la connaissance. Deux éléments relatifs au secteur tertiaire jouent un rôle important dans cette comparaison : la capacité des pays à transformer les services sociaux et les services aux ménages, leur capacité à faire du secteur tertiaire complexe un pôle d'innovation et de support du changement et de l'innovation.

3. *Les approches théoriques en termes de trajectoires technologiques*

La question de la relation technologie-productivité est également au cœur de plusieurs modèles théoriques d'économie des services. Cette question est abordée par les approches taxonomiques qui identifient des trajectoires où les gains de productivité passent fondamentalement par la mécanisation et les NTIC. Elle est également au cœur du modèle du cycle inversé de Barras.

Lakshmanan (1987) propose de distinguer les trois principaux types suivants de service : « *service dispensing activities* » ; « *task-interactive services* » ; « *personal interactive services* », dont les caractéristiques sont résumées dans le tableau 2.

Tableau 2 : Taxonomie des trajectoires technologiques dans les services

Type de service	Caractéristiques principales	Innovations techniques
Service dispensers (commerce, télécommunications, restauration rapide)	Contact avec consommateur minimum, technologies de production connues, sensibles aux économies d'échelle	Automatisation de nombreux processus, guichets automatiques, machines traitant de gros volumes
Task-interactive services (comptabilité, services juridiques et financiers)	Contact client moyen à élevé, besoins du client uniques, besoins d'information élevés, information sujette à interprétations, objectifs client connus mais résultats incertains	Télécommunication visant l'efficacité, qualité du service, systèmes d'information en accès direct
Personal-interactive services (santé, sécurité sociale)	Environnements dynamiques et incertains, objectifs clients imprécis, relation entre solution et résultats difficile à mesurer, sélection adverse et aléa moral	- Croissance rapide de l'instrumentation (ex : médecine) - Systèmes d'information en accès direct

Source : Lakshmanan, 1987.

Selon Lakshmanan, les « *services dispensing activities* » suivent une « trajectoire technologique naturelle » (au sens de Nelson et Winter) de mécanisation croissante et d'exploitation d'économies d'échelle. Dans une logique de standardisation, ils mettent en œuvre des technologies traitant de gros volumes d'informations ou de matière, comme les caisses enregistreuses des supermarchés qui, par certains aspects, rappellent les chaînes de montage industrielles ; les technologies du traitement du courrier dans les centres de tri postaux ; les différents aspects de la mécanisation de la restauration rapide (« chaîne du chaud », « chaîne du froid »). La trajectoire technologique à l'œuvre dans certains « *task-interactive services* » et « *personal-interactive services* » vise à réduire les coûts de communication. Les technologies privilégiées sont ici celles de l'information et des télécommunications.

Soete et Miozzo (1990), pour leur part, tentent d'adapter aux services la taxonomie des trajectoires technologiques sectorielles élaborée par Pavitt (1984). Ils mettent ainsi en évidence plusieurs trajectoires technologiques correspondant à différents secteurs de service :

– les firmes dominées par les fournisseurs d'équipements et de systèmes techniques, qui sont peu innovantes et tributaires des fournisseurs industriels pour leurs technologies de *process*. On peut diviser cette première catégorie en deux groupes : les services aux particuliers (services de réparation, de nettoyage, de restauration, d'hôtellerie, de distribution de détail, de blanchisserie, etc.), les services publics et sociaux (éducation, santé, administration publique) ;

– les firmes en réseaux, qui suivent une trajectoire technologique reposant sur la baisse des coûts et des stratégies de mise en réseau. Elles sont également divisées en deux groupes selon le type de support principal du service. La taxonomie distingue ainsi des réseaux physiques, constitués de firmes dont la prestation porte sur des supports matériels (transport, commerce de gros) et des réseaux informationnels dont l'information codifiée constitue le support de la prestation (finance, assurance, communication). On assiste ici à une inversion du rapport de force entre ces firmes et les fournisseurs d'équipement à tel point qu'on peut parler de « fournisseurs industriels de technologies dépendant des services » ;

– les fournisseurs spécialisés et les services fondés sur la science, qui sont particulièrement actifs en termes d'innovations technologiques (appuyées éventuellement sur des activités de recherche-développement). Il s'agit en particulier de services aux entreprises intensifs en connaissances (services informatiques, ingénierie...).

Pour Barras (1986, 1990), les différentes vagues d'informatisation (informatique lourde, mini-informatique, puis micro-informatique et réseaux) sont à l'origine d'un cycle de vie de l'innovation dans les services qui articule successivement une phase d'innovation de *process* incrémentale, une phase d'innovation de *process* radicale et une phase d'innovation de produit. Ce cycle de l'innovation est l'inverse du cycle traditionnel décrit, dans l'industrie manufacturière, par Abernathy et Utterback (1978). L'innovation ne réside pas dans ces systèmes techniques eux-mêmes, mais dans les changements qu'ils permettent à travers toute la gamme du spectre des processus d'apprentissage (apprentissage par la pratique, l'usage, l'interaction, le conseil...).

Les innovations de *process* incrémentales dominantes au cours de la première phase du cycle sont des innovations de *back-office* qui sont orientées vers les gains de productivité (*efficiency*) : il s'agit, par exemple, de l'enregistrement informatisé des polices d'assurance, de l'informatisation des registres du personnel et des salaires. Les innovations de *process* radicales de la seconde phase du cycle concernent essentiellement le *front-office*. Leur principal objectif n'est plus l'efficience (productivité), mais la performance au sens de l'*effectiveness*. Il s'agit, par exemple, de la gestion informatisée des listes d'attente d'attribution de logements dans les administrations municipales, des enregistrements « en direct » des polices dans les bureaux de certaines compagnies d'assurance, des tenues de compte informatisées dans les firmes d'expertise comptable. L'installation de guichets automatiques de banque appartient également à cette catégorie. Les innovations de

« produit » quant à elles caractérisent la troisième phase du cycle. La banque à domicile en est l'illustration la plus évidente. Certains aspects de l'administration électronique en sont une autre. Mais il s'agit également de nouveaux services, encore au stade expérimental, comme les processus d'audit et de comptabilité, interactifs et entièrement informatisés, dans les firmes d'audit ou encore le service totalement « en direct » dans les compagnies d'assurance. L'essor de ce type d'innovation dépend de l'existence d'une infrastructure informationnelle publique, susceptible de démultiplier les capacités des technologies permissives.

4. La R-D dans les services et le nouveau paradoxe de la productivité

La question de la R-D dans les services, dans sa relation à la productivité, est également particulièrement intéressante, bien qu'elle soit peu abordée par la littérature. Les rares travaux existants concluent à la faiblesse de la R-D dans les services et par conséquent à son faible impact sur la productivité.

Cependant, un certain nombre de travaux méthodologiques récents ont mis en évidence la sous-estimation de la R-D dans les services (Djellal *et al.*, 2001, 2003). En effet, les définitions officielles (en particulier, celles du Manuel de Frascati) ne prennent en compte que la R-D scientifique et technique. Or, dans les services, la R-D peut prendre un autre contenu.

Pour rendre compte, dans une certaine mesure, de la spécificité des services, une nouvelle définition de la R-D devrait tenir compte des différents éléments suivants.

1) En ce qui concerne la composante « R », les investigations empiriques confirment que les services réalisent de la recherche traditionnelle (de type fondamental ou appliqué). Elles indiquent également qu'ils réalisent de la recherche en SHS (là encore, à la fois sous forme fondamentale et appliquée). Cette recherche en SHS y occupe cependant une place essentielle. La définition actuelle de la R-D n'exclut pas ce domaine, mais elle n'est pas en mesure de rompre avec une certaine habitude héritée de la tradition industrialiste, qui consiste à considérer cette activité comme une activité très marginale ou dont les enjeux économiques et stratégiques seraient moindres.

2) Au sein des SHS, un domaine particulier occupe une place extrêmement importante, notamment en ce qui concerne les services. Il s'agit des connaissances relatives aux organisations productives et aux comportements des agents économiques (en particulier, les clients). Elles méritent d'être explicitement présentes dans la définition générale. En effet, de la recherche dans ces domaines (R-D non technologique) dépendent de nombreuses innovations de service ou dans les services :

nouvelles modalités de fournitures du service, nouveaux services, mais aussi nouveaux types de relations (nouvelles modalités d'organisation de la relation) avec d'autres partenaires, tels que les fournisseurs, par exemple, etc.

3) Les services interviennent beaucoup dans la composante D du processus de R-D. Ils réalisent beaucoup de développement expérimental, qu'il serait peut-être plus suggestif d'appeler conception développement (C-D), et cela d'autant plus que ce processus de C-D peut intervenir sans R préalable. On est dans le domaine de l'ingénierie servicielle ou organisationnelle où il s'agit de produire des scripts, des plans, des maquettes, des « *blueprints* » et d'agencer des « objets » animés et inanimés... L'ingénierie ou C-D est en quelque sorte la mise en pratique des résultats des travaux de SHS en matière d'organisation et de comportement des agents.

4) Les projets de R-D dans les services sont rarement des projets spécialisés, c'est-à-dire relevant d'un seul type de discipline. Il s'agit souvent de projets composites, associant inextricablement plusieurs familles de disciplines (R-D technologique matérielle ou logiciel, R-D non technologique : SHS et ingénierie organisationnelle). Il est clair qu'un outillage analytique ou d'enquête qui ne perçoit que la R-D technologique sous-estime l'effort de R-D des firmes de service.

Au total, si, comme nous le pensons, la R-D est sous-estimée dans les services (faute d'une définition adéquate), un nouveau paradoxe de la productivité peut être formulé[1] : les efforts de R-D dans les services ne se traduisent pas (suffisamment) dans les statistiques de productivité. On pourrait dire en paraphrasant Solow qu'« il y a de la R-D partout (y compris dans les services), sauf dans les statistiques de productivité ».

B. Les leviers humains

La thèse qui a longtemps prévalu est celle de la faible qualité des ressources humaines dans les services en général. La littérature fournit un grand nombre de travaux qui mettent en garde contre une telle erreur. De nouveau, nous n'entrerons pas dans les détails des analyses, mais nous nous contenterons d'un certain nombre de formules évocatrices. Ainsi, sous l'angle de la création d'emplois, la société de service ne serait rien d'autre qu'une « société de serviteurs », une « *hamburger society* », une « *bad jobs society* » (Bluestone et Harrison, 1986 ; Cohen et Zysman, 1987 ; Gorz, 1988 ; Thurow, 1989 ; Mahar, 1992).

Si on l'accepte, cette hypothèse signifie que l'amélioration des compétences dans les services est un important levier potentiel de producti-

[1] Cette idée nous a été suggérée par Luc Soete.

vité. Il suffirait d'augmenter les compétences des individus (ce qui ne présenterait pas de difficulté insurmontable, compte tenu du retard en la matière) pour accroître la productivité. Il faut, en réalité, nuancer ce constat général, et par conséquent réduire les prévisions quant à la taille de ce gisement de productivité.

Ces visions négatives de l'emploi dans la société de services sont en effet contrebalancées par les analyses récentes qui, dans le prolongement des travaux de Porat (1976), mais surtout de Bell (*cf.* encadré 1) définissent les économies et les sociétés contemporaines comme des sociétés et des économies de l'information, de la connaissance ou du savoir, caractérisées par une forte croissance du travail intellectuel. Ainsi, par exemple, Drucker (1989, p. 202, cité par Bonneville, 2001) note que « c'est au XXe siècle que le travail intellectuel commença à se répandre, et vite. En un siècle, la population américaine a triplé, passant de soixante-quinze millions en 1900 à deux cent cinquante millions aujourd'hui ; mais dans le même temps, le nombre de professeurs de l'enseignement supérieur est passé de 10 000 (la plupart exerçant dans de petits établissements paroissiaux) à 500 000. Toutes les autres catégories de travailleurs du savoir, comptables, médecins, professions paramédicales, analystes de toutes sortes, managers, etc., se sont multipliées dans une semblable proportion. Et les autres pays suivent la même tendance que les États-Unis ». On constate que, comme chez Bell, c'est, dans le secteur des services en croissance constante, que se concentrent ces « travailleurs du savoir ». La tertiarisation des économies entraîne, en effet, une modification de la nature du travail humain et l'avènement d'une économie du savoir. Comme le note Perret (1995), « cette évolution concerne, à des degrés divers, l'ensemble des secteurs, y compris l'industrie : on assiste à une tertiarisation du travail, comprise dans un sens élargi comme l'intensification des activités symboliques et des interactions sociales impliquées par les processus productifs ».

Encadré 1 :
La théorie de la société post-industrielle : Daniel Bell (1973)

Dans son ouvrage majeur intitulé « vers la société post-industrielle », le sociologue américain D. Bell (1973) articule des arguments économiques et sociologiques pour interpréter de manière positive l'avènement et la domination d'une société de service.

Les principaux arguments avancés pour étayer cette thèse peuvent être résumés dans les termes suivants.

1) La société post-industrielle est une société de service. Les services constitueront inéluctablement les principaux employeurs d'une telle

société en raison de deux lois économiques fondamentales : la loi de la productivité et la loi d'Engel. En effet, la productivité augmentant plus vite dans l'industrie que dans les services, il est logique que l'emploi y augmente moins vite. Par ailleurs, conformément à la loi d'Engel, la demande glisse progressivement vers les services à mesure que les revenus augmentent. On passe ainsi d'une demande de biens agricoles, à une demande de biens industriels, puis à une demande de « biens supérieurs » : les services.

2) Cette société de service évolue vers des services supérieurs de traitement de l'homme et de la connaissance (en particulier, services de santé, de culture, de loisirs, de recherche, d'administration de la société), au détriment de services dits inférieurs de traitement de la matière (transport, commerce, etc.).

3) Elle consacre la primauté du savoir théorique et des technologies à fondement scientifique. Pour Bell, les organismes de recherche (universités, centres de recherche, etc.) constituent le cœur de la société postindustrielle.

4) Elle consacre également la prééminence de la classe des professionnels et des techniciens. La SPI est caractérisée par une croissance exceptionnelle du nombre de « cols blancs » (c'est-à-dire de professionnels détenteurs de savoirs : enseignants, professionnels de santé, spécialistes de gestion, de droit, ingénieurs). Il y aurait en revanche disparition progressive de la classe ouvrière.

5) Enfin, la SPI est caractérisée par une mutation des systèmes de valeur. Le système de valeur *sociologiste* fondé sur l'intérêt général, la justice sociale tend à supplanter le système *économiste* dominé par la problématique des coûts.

Une nouvelle fois, les statistiques n'ont pas de mal à démythifier les analyses qui dénoncent la faible qualification des emplois tertiaires. S'il est vrai que la société de service crée des emplois déqualifiés, il est tout aussi vrai qu'elle constitue, aujourd'hui, le principal débouché des cadres et des professionnels de haut niveau (Noyelle, 1986 ; Gadrey, 1996b ; Meisenheimer, 1998 ; Rubalcaba, 2007). Le tableau 3 en fournit une certaine illustration, pour la France (sur la période 1985-2002), en décrivant l'évolution des emplois « ouvriers » et des emplois « cadres et professions intellectuelles supérieures », dans l'industrie et dans les services. On constate ainsi, dans les services, certes une hausse régulière de la part des ouvriers, mais aussi une progression constante (et plus rapide que dans l'industrie) du poids des « cadres et des professions intellectuelles supérieures ».

Tableau 3 : Un croisement de secteurs et de professions (évolution de 1995 à 2002, en pourcentages de l'emploi total de chaque secteur. Entre parenthèses, l'emploi en milliers)

	1985		1990		1995		2002	
	C	O	C	O	C	O	C	O
Industrie et bâtiment	6,7 % (462)	58,3 % (4 038)	8,0 % (521)	56,2 % (3 664)	8,8 % (507)	53,8 % (3 061)	10,1 % (581)	53,5 % (3 075)
Services	11,6 % (1 468)	16,5 % (2 084)	13,6 % (1 907)	17,1 % (2 411)	15,4 % (2 358)	16,7 % (2 552)	17,0 % (2 926)	16,6 % (2 862)

Lecture : C = cadres et professions intellectuelles supérieures. O = ouvriers. Exemple : en 1995, le nombre d'ouvriers était de 3 061 milliers, ce qui représentait 53,8 % de l'emploi industriel (y compris le bâtiment)

Source : Insee, enquêtes annuelles sur l'emploi, Gadrey, 2003.

Ainsi, globalement, on trouve dans les services plus de cadres, que dans l'industrie. Certaines activités de services, particulièrement dynamiques dans les économies contemporaines, sont parmi les plus intensives en compétences : c'est le cas, par exemple, des services aux entreprises intensifs en connaissances (conseil, ingénierie, R-D). Leur niveau de compétence est défini par les termes mêmes de leur mission, puisqu'il s'agit de soutenir les entreprises et les organisations dans le domaine des compétences technologiques, managériales, stratégiques, etc. On notera que les fonctions (internes) de conception et de pilotage qui nous intéressent appartiennent à ces catégories. Cette élévation des niveaux de compétences concerne également, à l'autre extrême, les services opérationnels, traditionnellement peu intensifs en connaissances. Ainsi, on distingue, par exemple, dans les services de nettoyage (Djellal, 2002b), qui sont parfois considérés comme les derniers refuges des emplois les plus déqualifiés, deux systèmes d'emplois différents (associés à des modèles d'innovation différents) :

1) un système néo-taylorien de flexibilité quantitative, caractérisé notamment par l'importance de l'emploi féminin, étranger et peu qualifié, la pratique du temps partiel et un faible taux d'encadrement ;

2) un modèle (émergent) d'adaptabilité organisationnelle, qui traduit une élévation du niveau de professionnalisation des services de nettoyage. Ce modèle est ainsi caractérisé par des taux d'activité féminine et des taux de temps partiels plus faibles, des taux d'encadrement plus élevés, l'augmentation de la proportion de cadres, l'apparition de fonctions nouvelles…

II. Trois stratégies de productivité

Notre objectif étant de dresser un bilan général et non de recenser les multiples pratiques et stratégies concrètes, on peut dire que les stratégies de productivité dans les services peuvent obéir à trois logiques différentes. La première logique consiste à faire en sorte que les services ressemblent aux biens (standardisés). C'est la logique d'assimilation. La seconde consiste à tirer parti des spécificités des services (logique du particularisme). La dernière va s'efforcer de concilier les deux logiques précédentes, de différentes manières, par exemple, en mettant en œuvre des stratégies d'assimilation sur certains segments de l'activité et des stratégies du particularisme sur d'autres, ou en élaborant des systèmes intégrés.

A. Les stratégies d'assimilation

Ces stratégies ont pour objectif de gommer les spécificités des services, de faire en sorte qu'ils diffèrent le moins possible des biens. Il s'agit, par conséquent, de les rendre moins flous, moins (ou plus du tout) interactifs, moins immédiats. Il s'agit de réduire la diversité, d'élaborer un produit qui peut se traduire par un contrat explicite. Lorsque ces objectifs sont atteints, les déterminants de la productivité ne diffèrent en rien de ceux mis en œuvre dans l'industrie. On peut alors tenter d'améliorer la productivité en s'appuyant sur n'importe lequel des facteurs identifiés dans le chapitre précédent.

Ainsi, les stratégies d'assimilation sont synonymes de stratégies d'industrialisation. Malgré son usage fréquent, cette notion est particulièrement imprécise et polysémique. On peut admettre, comme le suggère Gadrey (1996a), que globalement « l'idée d'industrialisation désigne un processus au cours duquel une catégorie d'organisation n'appartenant pas au monde industriel tend à se rapprocher de ce dernier, au moins sur certains plans jugés significatifs ». Une réflexion sur ce qui caractérise le monde industriel en termes de logique de fonctionnement (et en particulier en termes d'organisation du travail et de critères de jugement des performances) permet d'envisager différentes facettes complémentaires de l'industrialisation (*cf.* tableau 4).

Tableau 4 : Rationalisation industrielle et rationalisation professionnelle

	Rationalisation industrielle (industrialisation)	Rationalisation professionnelle
Évolution du contenu du travail opérationnel	- Recherche d'une standardisation poussée des procédés - Forte spécialisation - Application de programmes très détaillés mis au point par la « technostructure »	- Amélioration des méthodes, formalisation aussi détaillée que possible des procédures - Construction progressive de routines individuelles et collectives issues de l'expérience des prestations - Apprentissage de l'adaptation aux cas hors normes, qui sont souvent les plus nombreux
Évolution des « produits » et résultats et des services rendus	- Services fournis sous la forme de quasi-produits ou de « contrats-types » - Nomenclature possible des cas (« gamme » de produits offerts) - Faible degré d'individualisation du service	- Dialectique de la typification des cas et de leur complexification (services intégrés) - Dialectique de la typification des cas et de l'individualisation des solutions
Critères de jugement des performances	- Productivité (mesure quantitative par groupes de cas standard) - Accent mis sur le contrôle des moyens et des tâches, sur les coûts standard	- Évaluation multi-critères et multi-acteurs - Accent mis sur le contrôle des résultats - Normes de qualité institutionnelles de la profession

D'après Gadrey, 1996b.

a) Ainsi, selon Gadrey (1996a), si le monde industriel est défini par référence à la production de biens matériels ou tangibles, alors l'industrialisation désignera une évolution vers la production de biens tangibles, au détriment de la prestation de services immatériels. Autrement dit, l'industrialisation des services consiste à substituer à des services intangibles des biens matériels qui fournissent (ou sont supposés fournir) les mêmes utilités. Le modèle théorique le plus connu de ce point de vue est probablement la théorie de la société de self-service proposée par Jonathan Gershuny (1978, 1983) et Gershuny et Miles (1983) (*cf.* encadré 2).

Encadré 2 :
La société de self-service selon Jonathan Gershuny (1978)

La thèse de Gershuny appartient au courant « néo-industrialiste » de l'économie des services. Elle s'oppose aux thèses dites de la « société post-industrielle » généralement associées au nom du sociologue américain Daniel Bell (*cf.* encadré 1). Fondée notamment sur « la nouvelle théorie du consommateur » issue des travaux de Lancaster et Becker, elle affirme « la prééminence des biens sur les service ». Autrement dit, contrairement aux prévisions de Bell, ce ne serait pas vers une société de services que se dirigeraient les économies développées, mais plutôt vers une société de self-service. L'objet principal de Gershuny est l'élaboration d'une théorie (de la croissance et du déclin relatif) des services.

Son analyse est construite autour des trois axes suivants : l'opposition entre secteur formel et secteur informel ; l'usage de la notion de fonction (ou fonction-service) ; l'introduction de la notion d'innovation sociale en complément de la loi d'Engel.

Gershuny ne perçoit pas la structure de la consommation finale (ou des besoins) au travers des catégories traditionnelles de biens et de services, mais en termes de fonctions : fonctions alimentation, logement, loisir, transport, enseignement, santé, etc. Ces fonctions peuvent selon lui être satisfaites de deux manières différentes : en faisant appel, selon sa propre terminologie, à la sphère formelle (il s'agit de l'acquisition du service auprès d'un prestataire extérieur) ; en ayant recours à la sphère informelle (il s'agit alors de la combinaison de deux facteurs : un bien (équipement) acheté et le travail domestique nécessaire pour le mettre en œuvre). Les exemples de cette alternative sont nombreux et, pour n'évoquer que les plus classiques, citons : la fonction transport qui peut être satisfaite soit par l'usage du véhicule personnel, soit par l'usage des transports en commun ou du taxi ; la fonction loisir qui peut être satisfaite soit par la fréquentation du théâtre, du cinéma ou du concert, soit par l'achat d'équipements audio-visuels (radio, télévision, magnétoscope, etc.).

Sur le plan théorique, Gershuny ne réfute pas la loi d'Engel utilisée par la théorie de la « société post-industrielle » (à savoir le glissement de la demande finale des biens vers les services), mais il l'envisage au niveau des fonctions-services. La hiérarchie des besoins est ainsi elle-même déplacée du dualisme : bien (inférieur), service (supérieur) à une hiérarchisation des fonctions (la fonction loisir est supérieure à la fonction alimentation, par exemple, etc.). Ceci signifie que dans la composition de la consommation finale d'un ménage, la part des biens peut augmenter relativement à celle des services dans le respect (paradoxal) de la hiérarchie d'Engel.

Au sein d'une même fonction, le passage de la satisfaction formelle à la satisfaction informelle est qualifié d'innovation sociale. Autrement dit, l'innovation sociale traduit le changement du mode de satisfaction d'un besoin (fonction) par un consommateur et elle possède une double composante technologique et sociale.

La mise en œuvre de cet appareillage conceptuel sur le plan analytique et statistique conduit Gershuny à conclure que l'effet de l'innovation sociale est un glissement d'une société de service vers une société de self-service (préférence pour la satisfaction « informelle » du besoin[2]). On assisterait donc à un renversement des principales conclusions post-industrielles. La société de self-service serait en effet caractérisée par la primauté des biens sur les services dans la consommation finale, et de l'individuel sur le collectif. Le principal argument analytique invoqué pour expliquer ces évolutions est la tendance à la sous-productivité relative des services, et donc à la supériorité relative de leur prix par rapport aux biens. « Si, énonce Gershuny (1986, p. 44), les consommateurs préfèrent conduire une voiture particulière plutôt que de payer des services 'finis' de transport, c'est tout simplement parce que dans l'ensemble, la voiture revient moins cher. Cette différence de coût s'explique précisément par l'écart de productivité ».

Une telle approche peut-elle s'accorder avec le constat de la croissance des emplois tertiaires ? Les services publics ne constituent-ils pas un contre-exemple à la perspective du self-service généralisé ? Telles sont les deux principales questions qui sont généralement adressées à la théorie de la société de self-service.

Au paradoxe formulé dans la première question, Gershuny oppose deux raisons. La première a trait au différentiel intersectoriel de productivité : la productivité industrielle augmenterait plus rapidement que celle des services, ce qui conduirait à une croissance plus forte de l'emploi dans les services. La seconde tient au développement des services liés à l'activité de production : il ne s'agit plus des services destinés à la consommation finale des ménages (« services finals ») qui seuls font l'objet de la thèse de Gershuny, mais des « services intermédiaires ».

En réponse à la seconde question, Gershuny développe une argumentation de nature prospective. Selon lui, en effet, les services publics (éducation, santé, administration, etc.) entreront dans la sphère informelle sous

2 Cette acception du *self-service* est à distinguer du *self-service* en tant que modalité de « mise au travail » du consommateur lui-même dans le cadre de la firme de service. Ce dernier terme est traduit en général en français par libre-service (*cf.* les grandes surfaces, la restauration rapide, etc.).

la pression d'innovations sociales en gestation, mais non encore parvenues à maturité. L'enseignement assisté par ordinateur, le diagnostic médical assisté par ordinateur, l'« *open university* » sont les signes annonciateurs d'une tendance générale.

Les deux critiques les plus fondamentales adressées à la théorie de la société de self-service sont l'une d'ordre empirique, l'autre d'ordre théorique. Les analyses statistiques effectuées par Gadrey (1985), Delaunay et Gadrey (1987), dans le cas de la France, ne confirment pas la thèse de la substitution des biens aux services. La critique théorique a trait à la notion de « fonction-service ». L'argumentation économique (et économiste) invoquée par Gershuny pour expliquer la prééminence de la satisfaction informelle tient trop peu compte des variables socioculturelles. La fonction-service ne doit pas en effet être prise dans sa seule acception technique mais être décomposée en fonctions sociales (Gadrey, 1985 ; Delaunay, Gadrey, 1987). C'est ainsi que dans la fonction transport, la « solution formelle » (le recours aux services de transport) est très souvent la moins coûteuse comme le montre un certain nombre de travaux, ce qui n'empêche pourtant pas la prédominance du self-service (usage du véhicule personnel). C'est que, comme le souligne Gadrey (1985, p. 20), « il est loin d'être évident que ces deux solutions répondent à la même « fonction », c'est-à-dire au même type de besoin de déplacement (professionnel ou non, urbain ou interurbain, etc.) ». De même, dans la fonction restauration, la solution formelle bénéficie de l'évolution socioculturelle (comme, par exemple, le travail des femmes), même si son prix est supérieur.

b) Si le monde industriel est défini par référence à un certain mode de production (le type d'organisations du travail et de techniques dominant dans la grande industrie d'après-guerre), l'industrialisation signifiera la tendance à la mise en œuvre de ce mode de production dans les firmes et les organisations de service. Comme le note à juste titre Gadrey (1996a), la référence au monde industriel perd de son sens (compte tenu de l'extrême diversité des expressions anciennes et contemporaines de ce monde), si l'on ne spécifie pas un monde industriel de référence. La référence la plus pratique et la plus fréquente est probablement celle de la grande industrie d'après-guerre. Le monde industriel (modèle de l'industrialisation des services), dans ce cas, peut être décrit par les caractéristiques suivantes (Gadrey, 1996b) :

– Les procédures de travail à l'œuvre dans les centres opérationnels (chargés de la production ou de la vente de biens ou de services) sont fortement standardisées et spécialisées (forte division du travail).

– Les spécialistes de la technostructure ont pour mission de concevoir l'organisation, de standardiser et de contrôler les tâches.

– L'organisation produit des services standardisés (des quasi-produits) en grande série (production de masse), dans le cas des services.

– Cette organisation fait preuve d'une certaine efficacité dans un environnement simple et stable. Elle entre en crise, lorsque cet environnement se complexifie et devient incertain.

Dans le premier cas de figure, l'industrialisation est envisagée comme le processus conduisant au remplacement de prestations de services par des biens industriels utilisés à domicile (self-service) : par exemple, le remplacement du service de laverie automatique par l'usage à domicile de sa propre machine à laver, le renoncement à la séance de cinéma pour l'usage à domicile d'un DVD, etc. Dans le second cas de figure, l'industrialisation porte sur la standardisation des procédés de travail qui (dans le cas des services) est synonyme de, ou aboutit, à une standardisation du service lui-même. Le produit, dans ce cas, n'est pas un bien, mais un quasi-produit : par exemple un contrat d'assurance ou un produit financier standard, une formule touristique-type, un menu-type inchangeable dans un fast-food… L'industrialisation signifie, dans ce cas, le renoncement au traitement de cas qui ne sont pas des cas-types.

On notera que, dans la littérature de gestion, la stratégie d'assimilation a parfois été instituée en règle stratégique. Levitt (1972) préconise une industrialisation systématique des services par l'usage notamment des méthodes industrielles de production. Shostack (1984), de même, trouve dans cette stratégie d'industrialisation une solution à la « divergence » (degré de liberté) et à la complexité de la prestation de service en même temps qu'elle recommande (Shostack, 1984) l'élaboration de maquettes de la prestation (« *flowcharting* », « *blueprinting* ») (*cf.* figure 1). Ces maquettes sont en effet semblables à un « manuel » de production du service. C'est sans doute Shostack (1981, 1984) qui a le plus contribué à la connaissance de ces concepts et instruments dont elle défend l'utilité sur le plan normatif. Mais d'autres auteurs (Lovelock, 1992 ; Kingman-Brundage, 1992) ont également enrichi empiriquement et théoriquement ce type de constructions.

Kingman-Brundage (1992) distingue deux types de maquettes de la prestation ou « *blueprint* » : « un concept *blueprint* » qui donne une vision générale du service, c'est-à-dire qui montre la façon dont chaque fonction ou département s'insère dans le service global ; « un *detailed blueprint* » qui décrit le service en détail.

La maquette est « *task-oriented* », c'est-à-dire qu'elle représente les actions élémentaires réalisées par les différents intervenants dans le processus de prestation de service. Cependant, elle décrit à la fois un processus (ensemble d'actions ou tâches réalisées avec un objectif à atteindre) et une structure (installations matérielles, structure organisationnelle, informatique, etc.). Dans le « *blueprint* » théorique (général), la structure est représentée par un axe vertical sur lequel on voit apparaître les fonctions internes de management de la firme de service, les fonctions de support, l'interaction avec le client. Différentes lignes de « démarcation » ou d'interaction sont tracées entre les différents éléments de la structure (ligne d'interaction avec le client, ligne de visibilité séparant ce qu'on appelle traditionnellement le *front-office* et le *back-office*, ligne d'interaction interne, etc.). Le processus est représenté par un axe horizontal sur lequel on peut lire les différentes actions élémentaires successives réalisées par les participants à la prestation.

Les fonctions de la maquette peuvent être nombreuses, et concerner différents départements de la firme de service. C'est un outil permettant au client d'« imaginer » le service qu'on lui propose, à la manière du futur propriétaire d'une maison en voie de construction qui examinerait le plan de l'architecte. Ainsi, le « *blueprint* », dans ses versions simplifiées, peut être utilisé comme instrument de communication et de marketing. C'est également un outil permettant au prestataire lui-même de mieux appréhender le service qu'il rend et d'en contrôler la qualité. Ainsi, la formation du personnel, notamment lors du lancement d'un nouveau service, peut-elle s'appuyer sur le *blueprint*. Dans une optique paradoxalement à la fois « taylorienne » et anti-taylorienne, celui-ci fixe la tâche de chacun dans le processus, mais il permet aussi de situer la propre fonction de chacun dans l'ensemble du système. C'est, enfin, un outil permettant d'améliorer le service rendu (innovation d'amélioration incrémentale). L'amélioration incrémentale n'est pas visible dans un service « flou » rendu de manière informelle. Le *blueprint* fournit donc aux responsables du développement des points de repère pour pratiquer cette amélioration. Il peut également être considéré comme une sorte de prototype.

Figure 1 :
La maquette d'une prestation de service de courtage d'escompte

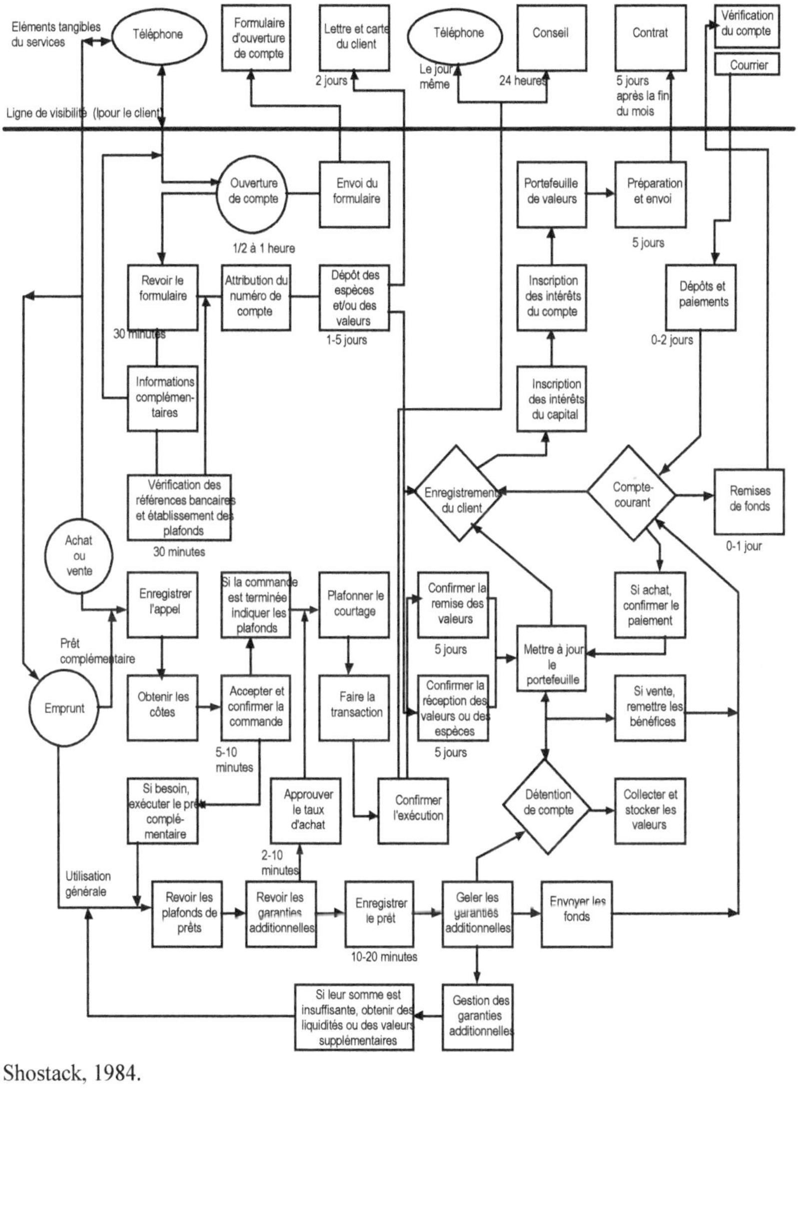

Shostack, 1984.

Il faut bien noter que l'application du taylorisme et du fordisme (fabrication de produits en séries, vendus par le marketing) est finalement limitée à un nombre réduit d'activités de services : la restauration, rapide, la grande distribution, les centres de tris postaux, etc. Ce sont les systèmes post-fordistes (contrôlés par l'aval, produisant en petites séries des biens adaptés aux besoins de groupes particuliers de clients) qui seront appliqués à un nombre plus grand de services.

c) Il existe probablement une autre formule d'industrialisation qui est à l'intersection entre les deux précédentes. Elle est associée aux technologies de l'information et de la communication et en particulier à l'usage des TIC dans le domaine de la livraison du service. En effet, l'offre d'une gamme large et ouverte de services électroniques, dans différents domaines, traduit aussi une certaine forme d'industrialisation. Mais il est vrai que l'informatisation sous sa forme décentralisée et résilière peut également être considérée comme un facteur fondamental des stratégies de productivité intégratrices, qui autorise à la fois des processus de servicialisation assistée par l'informatique décentralisée et des processus d'industrialisation plus classiques (associés à l'informatique de *back-office*).

d) La rationalisation peut également être définie sous l'angle des critères de jugement de la performance. La rationalisation industrielle privilégie ainsi la productivité, c'est-à-dire les mesures quantitatives par groupes de cas standard. Cette rationalisation utilise des indicateurs de productivité pour évaluer les performances. L'hypothèse qui est faite est que la mesure de ces indicateurs peut certes poser des problèmes dans les services, mais qu'il est possible de les résoudre par des efforts méthodologiques et des raffinements techniques. Mais surtout cette rationalisation conçoit les produits (dans leurs caractéristiques fonctionnelles, mais aussi dans leur processus de production) pour qu'ils soient mesurables par cet indicateur. Autrement dit, les stratégies d'assimilation ne se contentent pas d'appliquer un concept technique, valide par définition, elles construisent sa validité. Elles adaptent à la fois les concepts et les produits.

B. Les stratégies du particularisme

L'hypothèse dominante ici est que les services ont certaines spécificités dont il faut tenir compte ou qu'il faut maintenir (se garder de faire disparaître). Ainsi, l'industrialisation au sens du paragraphe précédent, n'est pas praticable ou souhaitable. Cela ne signifie pas pour autant un renoncement à toute stratégie d'amélioration de la productivité ou de la performance. En effet, un certain nombre de stratégies de rationalisation des processus de production et des produits sont à l'œuvre (ou doivent être mobilisées), qui ne doivent pas être confondues avec l'industrialisation. Certaines activités de services sont concernées plus que d'autres par ces stratégies. Les services à fort contenu cognitif et relationnel (les services professionnels) sont concernés au premier chef.

Gadrey (1996a) désigne ces stratégies d'amélioration de la performance des services professionnels par l'expression « rationalisation professionnelle » (*cf.* tableau 4). Cette rationalisation professionnelle, qui ne doit nullement être considérée comme synonyme de rationalisation industrielle (ou industrialisation), se manifeste de deux manières différentes selon Gadrey (1996a) :

1) Une *rationalisation institutionnelle* (régulation) qui consiste à établir des règles qui s'imposent à toute la profession. Les plus évidentes de ces règles sont les barrières érigées à l'entrée de certaines professions. Mais, il existe aussi des règles qui fixent ou influencent les méthodes et procédures de travail (en particulier, les bonnes et mauvaises pratiques de travail).

2) Une *rationalisation cognitive* qui peut se décliner en trois stratégies a) de *typification* des cas, b) de *formalisation* des procédures de résolution de problèmes (méthodes), c) de recours à des *routines* individuelles ou organisationnelles. Dans le cas des activités de conseil, en ce qui concerne le processus de typification, il s'agira, par exemple, d'identifier des cas-types, des contrats-types, des solutions-types, etc. En ce qui concerne la formalisation des procédures cognitives, il s'agira de mettre au point des méthodes ou méthodologies de résolutions de problèmes. Les routines, quant à elles, sont des programmes automatiques de réponse aux problèmes rencontrés par les individus ou les organisations. Elles sont acquises par les processus d'apprentissage individuel ou organisationnel. Typification des cas, formalisation de méthodes et recours aux routines ne sont pas, bien entendu, des processus de rationalisation indépendants les uns des autres. C'est particulièrement évident dans les deux derniers cas, dans la mesure où les méthodes peuvent être définies comme une articulation séquentielle de routines.

C'est ce second type de rationalisation qui est le plus important pour notre réflexion sur la performance et la productivité. En effet, c'est à ce niveau que l'entreprise peut véritablement exercer un effet décisif sur les leviers de la performance. Cette rationalisation cognitive a plusieurs effets ou conséquences. Elle permet, tout d'abord, d'économiser des ressources et en particulier du temps. Typification, formalisation et routine permettent de réaliser les mêmes tâches plus rapidement. Elles sont source de gains de productivité. Néanmoins, le critère dominant de jugement des performances n'est pas la productivité. La rationalisation professionnelle privilégie les indicateurs d'évaluation multicritères et multi-acteurs, en mettant l'accent sur le contrôle des résultats et sur le respect de normes de qualité de la profession. La rationalisation cognitive favorise, ensuite, une capitalisation des expériences passées et la constitution d'une mémoire organisationnelle. Elle permet, enfin, par le différentiel d'expertise en termes d'expériences (mémoire) et par l'avantage concurrentiel méthodologique d'établir un rapport de pouvoir vis-à-vis du client.

Dans des travaux antérieurs sur les activités de conseil (Gallouj, 1994), nous avons mis en évidence deux modes génériques d'accumulation et de circulation du savoir-faire et de l'expérience, dans lesquels on retrouve les différentes dimensions de cette rationalisation cognitive : 1) tout d'abord, des stratégies visant à l'accumulation des connaissances dans la mémoire des consultants (« mémoire vive ») ou à l'optimisation de cette accumulation (stratégies de recrutement et de décrutement, stratégies de formation et de socialisation, etc.) ; 2) ensuite, des modes d'accumulation médiatisés par des supports physiques (« mémoire morte ») : papier, informatique, audiovisuel. On constate ici une diversité de situations qui vont de l'accumulation mécanique d'archivage à l'accumulation stratégique, c'est-à-dire avec des procédures et des mécanismes bien définis ainsi que des objectifs qui relèvent de la stratégie du cabinet. La fréquence de ce dernier mode d'accumulation augmente avec la taille du cabinet de conseil.

Les connaissances capitalisées (sur « mémoire morte ») par le conseil peuvent ainsi être classées selon le degré de transformation (valorisation) « formelle » du matériau initial en trois catégories.

• Capitalisation brute

Il s'agit de l'accumulation systématique d'informations, de savoirs, d'expériences sans réelle transformation du matériau. Elle relève de la fonction documentaire classique. On trouve dans cette catégorie : les savoirs et connaissances académiques ; l'information scientifique et technique ; les inputs informationnels de base que sont les émissions juridiques dans le cas du conseil juridique, les fichiers de candidats dans le cas du conseil en recrutement ; les différentes informations sur le marché ; les expériences « brutes » archivées en l'état, c'est-à-dire toute la documentation : mémos, notes, contrats, courriers relatifs à un contrat, etc.

• Capitalisation sélective

Dans la gestion de l'expérience, c'est la dimension normative qui prévaut ici. On assiste, en effet, à la suite de toute prestation de service, à un processus de tri, sélection, banalisation, etc., qui conduit à ne capitaliser que les « expériences » qui sont réellement nouvelles, et à faire en sorte que, d'une manière ou d'une autre, elles soient réutilisables. Ce processus de valorisation de l'expérience peut être réalisé de deux façons différentes. La plupart du temps, il est à la charge, ou au gré, du ou des consultants qui ont réalisé la prestation. Mais cette fonction peut aussi être confiée à un consultant « spécialisé ». Cette situation est assez rare, mais nous l'avons rencontrée dans les cabinets de grande taille. Il s'agit alors d'éviter les attitudes de rétention, et d'optimiser le processus, par cette forme de spécialisation.

• Capitalisation formalisée

C'est un mode de capitalisation qui, le plus souvent, succède au précédent, et vise à une reproductibilité interne et externe de l'expertise. On trouve dans cette catégorie toutes les expériences et les savoir-faire capitalisés dans les méthodes, les outils, les logiciels, les contrats-types, les publications.

Lorsque la rationalisation professionnelle est poussée à l'extrême, on ne peut s'empêcher de l'identifier à l'industrialisation. Il existe ainsi, dans les services professionnels, des activités qui ne s'intéressent qu'à des cas-types identifiés. On peut citer, par exemple, dans le domaine hospitalier, le cas d'une clinique qui ne traite que les hernies inguinales et qui a poussé la typification jusqu'à refuser les obèses souffrant d'une hernie ou les patients déclarant des antécédents cardiaques (Djellal *et al.*, 2005). Cette clinique dispense ainsi des traitements fortement standardisés, en s'appuyant sur des chirurgiens dont le travail a atteint des degrés élevés de productivité. Il existe aussi dans certains domaines des tendances évidentes au self-service. Mais, comme le note Gadrey (1996a), il faut considérer cette industrialisation des services professionnels, comme l'exception et non pas comme la règle.

Plusieurs arguments rendent selon cet auteur improbable l'industrialisation de la plupart des services professionnels, et, par conséquent, militent en faveur des stratégies du particularisme, en tout cas pour de nombreux services professionnels.

Le premier argument est que la standardisation, l'élaboration de « quasi-produits » ne peut pas être réduite à une décision stratégique du prestataire de service. Il ne suffit pas qu'il la décrète pour qu'elle se réalise. Elle dépend fondamentalement de la « nature du problème à résoudre ». Or, la nature de ces problèmes, comme la solution correspondante, s'avèrent souvent rebelles à toute standardisation. Compte tenu de l'élévation du niveau de professionnalisme des clients eux-mêmes, l'application de solutions standardisées est souvent perçue comme une faiblesse intellectuelle du prestataire (l'application de recettes « toutes faites »), lorsqu'elle n'est pas purement et simplement considérée comme une escroquerie. Le second argument est que la relation de service est fondamentale dans ce type d'activité, qu'il s'agisse d'identifier le problème à résoudre ou de co-construire une solution : or, la standardisation revient à affaiblir, voire à supprimer cette relation. Le troisième argument est celui des sources d'informations nécessaires à l'industrialisation. Dans le modèle industriel, la technostructure détient cette information nécessaire à l'élaboration des procédures et à leur contrôle. Or, dans le domaine des services professionnels, les détenteurs de ces informations essentielles à la rationalisation industrielle des procédures de travail sont les professionnels eux-mêmes (les consultants, les médecins, les professeurs), et non pas la technostructure ou la ligne hiérarchique, lorsqu'elles existent.

C. Les stratégies de la synthèse

Les stratégies du particularisme et de l'assimilation peuvent se justifier par des arguments différents. Elles peuvent être imposées, dans une certaine mesure, par la nature fondamentale du service considéré dont l'industrialisation semble improbable (c'est le cas de la plupart des services professionnels, en particulier, les services de conseil) ou au contraire « naturelle ».

Elles peuvent procéder, l'une comme l'autre, d'une décision managériale tenant compte de l'environnement économique, technologique... (un choix différent pouvant être envisageable). À un moment donné, des firmes de services appartenant au même secteur peuvent ainsi opérer des choix stratégiques différents. On peut multiplier les exemples, que ce soit dans le domaine de la restauration, de la santé, de la distribution ou de la banque, etc. (*cf.* tableau 5). Ainsi, par exemple, une entreprise de la restauration peut adopter une stratégie d'assimilation (c'est-à-dire d'industrialisation), en développant la formule du *fast-food* (division taylorienne du travail dans une cuisine centrale hautement mécanisée, contact avec la clientèle très réduit) : le cas le plus connu est, bien entendu, celui de McDonald's. Elle peut, au contraire, adopter une stratégie du particularisme, fondée sur une organisation du travail de type artisanal (et artistique) et une interaction forte avec le client.

Tableau 5 : Des stratégies différentes dans les mêmes secteurs

	Stratégies d'assimilation	**Stratégies du particularisme**
Banque	Guichet automatique, banque électronique	Gestion de comptes, conseil
Restauration	*Fast-food*	Restaurant gastronomique
Grande distribution	Discount, magasins automatiques, commerce électronique	Commerce de proximité
Santé	Diagnostic automatique, clinique hyper-spécialisée	Unités de soins intensifs d'un CHR
Agence de voyage	Agence en ligne	Agence traditionnelle
Hôtellerie	Hôtellerie économique	Hôtel artisanal de standing

Mais, une même entreprise de service peut mettre en œuvre, au même moment, ces deux stratégies opposées du particularisme et de l'assimilation. C'est ce que nous appelons ici les stratégies de la synthèse. Une telle stratégie est particulièrement fréquente dans les grandes entreprises des secteurs de la banque, de l'assurance, du commerce, du tourisme ou du transport, par exemple.

Ces stratégies désignées comme des stratégies de synthèse, à un moment donné (en particulier, aujourd'hui), s'inscrivent, en réalité, fréquemment dans un processus historique dans lequel on peut identifier deux phases successives : une phase dominée par les stratégies d'assimilation (industrialisation), puis une phase dans laquelle sont mises en œuvre des stratégies du particularisme (montée en puissance de la dimension service). Autrement dit, les activités de services considérées ont eu tendance, dans un premier temps, à substituer un mode d'organisation industriel axé sur les gains de productivité à leur mode d'organisation artisanal initial, puis dans un second temps, à réintroduire du sur-mesure, de la relation de service, etc. (Sundbo, 1994, 2002). On parle de stratégie de synthèse dans la mesure où les stratégies du particularisme introduites ne se substituent pas aux stratégies d'assimilation.

On se propose maintenant d'illustrer, dans le cas d'un certain nombre d'activités de services, cette succession historique d'une phase d'industrialisation puis de servicialisation, et la conciliation possible de ces deux perspectives, à une même période, dans certaines entreprises.

L'évolution (de long terme) des grandes firmes de nettoyage constitue un premier exemple intéressant. La phase d'industrialisation, qui semble particulièrement adaptée à cette activité fortement intensive en travail peu qualifié, a consisté essentiellement à augmenter l'intensité en capital en introduisant différentes technologies de nettoyage (robotisation de certains processus de nettoyage, mise en place de nacelles spécifiques, de chariots adaptés à des environnements particuliers...), à introduire des protocoles standard de nettoyage, et à contrôler le travail (par exemple, utilisation de logiciels de contrôle de la qualité, de définition des tâches, etc.) pour un produit standardisé, à savoir « la propreté des surfaces ». La phase suivante de servicialisation a consisté en une diversification et en une montée en complexité des « produits ». Ainsi, ces firmes sont passées de la prestation standard de nettoyage, intensive en main-d'œuvre peu qualifiée à des prestations de haut niveau de qualification, nécessitant une certain degré d'initiative : bio-nettoyage hospitalier, nettoyage intégré au processus de production et aux contrôles bactériologiques dans l'industrie agroalimentaire, « nettoyage informatique », etc.

Si l'on s'en tient à la grande distribution, et si l'on se situe dans une perspective de long terme, on constate que les supermarchés ont été portés, à partir des années 1940 et 1950 aux États-Unis, des années 1970 en France, par une trajectoire technologique naturelle de mécanisation croissante et d'économies d'échelle, fondée sur deux innovations fondamentales : le self-service et l'organisation en chaînes. Le modèle d'innovation à l'œuvre s'est longtemps centré, pour l'essentiel, sur la fonction logistique matérielle du produit (introduction de systèmes logistiques fordistes) et sur le renforcement de la relation de self-service, puis, dans un second temps, sur la fonction logistique informationnelle. Depuis un certain nombre d'années aux États-Unis, et plus récemment en France, le changement dans la grande distribution emprunte deux nouvelles autres directions, qui relèvent d'une trajectoire relationnelle (Gadrey, 1994a) :

1) l'adjonction de « services nouveaux » ou de relations de services nouvelles, qui correspondent à des fonctions ou ensembles de caractéristiques de services nouvelles, qui relèvent de deux stratégies différentes (qui se confondent parfois) : des stratégies d'accompagnement de l'offre et des stratégies de conquête de nouveaux marchés. Il s'agit, par exemple, des bornes d'information et d'orientation destinées aux clients, de l'ensachage en caisse, de la garde d'enfants, de la livraison à domicile, du développement de services financiers et d'assurance, de l'ouverture d'agences de voyage ou de stations d'approvisionnement en essence, de la multiplication des rayons de services individualisés, etc. ;

2) l'amélioration des relations sociales de service par la mise en place de cartes de fidélité et de crédit, d'avantages consentis aux clients fidèles, etc.

Autrement dit, à la trajectoire technologique naturelle (matérielle et informationnelle) toujours à l'œuvre se superpose une trajectoire qu'on peut qualifier de trajectoire de service en contact ou relationnelle.

Dans le domaine des services financiers (banque et assurance), enfin, la dialectique industrialisation, servicialisation est particulièrement évidente. Les grandes banques et compagnies d'assurance articulent, aujourd'hui, d'une part, des offres de services standardisés (des quasi-produits) et des prestations de services automatisées (self-service), et, d'autre part, des services « à valeur ajoutée » et sur mesure, élaborés dans le cadre de relations de services fortement interactives (conseil, activités commerciales), dans lesquelles le client joue un rôle actif. La première alternative relève d'une stratégie de rationalisation industrielle, tandis que la seconde s'inscrit dans une logique de rationalisation professionnelle, dans la mesure où l'on renonce à la standardisation des prestations, pour se consacrer à la mise au point de méthodes de résolutions de problèmes (à la manière des méthodologies des consultants).

Conclusion

Rendre compte des leviers et des stratégies de productivité dans les services est un exercice particulièrement difficile, tant les travaux consacrés à ces questions, en particulier en sciences de gestion, sont divers et nombreux. C'est cette difficulté qui justifie la perspective générale et théorique que nous avons retenue, dans ce chapitre, pour aborder ces questions.

En privilégiant l'angle théorique, nous avons ainsi examiné comment l'économie et la gestion des services envisagent (de manière particulière, avec des questionnements spécifiques) un certain nombre de leviers ou facteurs de la productivité (notamment techniques, organisationnels et humains). Nous avons ainsi rappelé et discuté plusieurs paradoxes ou mythes de la productivité dans les services : le paradoxe (ancien) de Solow, le paradoxe (nouveau) du lien R-D-productivité, les mythes de la faible intensité capitalistique et de la faible qualification des services (qui tous deux ont des conséquences évidentes sur la question de la productivité et de la performance).

Nous avons, ensuite, identifié trois stratégies de productivité génériques. La stratégie de l'assimilation, tout d'abord, consiste à transformer les services en véritables biens ou quasi-biens. Cette stratégie générique transpose aux services les processus industriels traditionnels de mécanisation, de division du travail et de spécialisation. Elle poursuit des objectifs de productivité, en s'efforçant de rendre le service le plus tangible et le moins interactif possible. La stratégie générique du particularisme, ensuite, n'est pas synonyme de logique de désordre et de confusion. Elle ne renonce ni à la rationalisation du travail ni aux spécificités des services. Elle s'efforce de mettre en œuvre des techniques et des méthodes de rationalisation adaptées aux services. Elle écarte ainsi la rationalisation industrielle (qui domine dans la stratégie d'assimilation), en lui préférant une rationalisation professionnelle fondée, selon Gadrey (1996b), sur la typification des cas, la formalisation des procédures, le recours à des routines. Cette rationalisation professionnelle est non seulement à l'origine de gains de productivité, mais aussi à l'origine de l'amélioration de la qualité et des produits indirects, c'est-à-dire des résultats sur le consommateur du service. Quant à la stratégie d'intégration, enfin, elle consiste, comme son nom l'indique, à conjuguer, de différentes manières, les deux stratégies polaires précédentes.

La plupart des résultats établis dans ce chapitre peuvent être transposés sans difficulté aux services publics. Aucune des références théoriques mobilisées n'exclut les services publics de son analyse, bien au contraire. Après tout, il ne faut pas l'oublier, les services publics sont avant tout des services. Ceci signifie que, dans le chapitre qui suit, notre objectif sera essentiellement de mettre l'accent sur d'éventuelles stratégies particulières associées aux spécificités de la dimension publique ou non-marchande des services publics.

Chapitre 7

Les facteurs de productivité dans les services publics

Comme nous l'avons rappelé, dans l'introduction générale de ce travail, la relation entre les services publics (administratifs) et la productivité peut être envisagée à deux niveaux différents : le premier est celui de la productivité au sein des secteurs publics eux-mêmes, et, le second, celui de l'influence exercée par les services publics (en particulier à travers les différentes politiques publiques) sur l'ensemble des autres secteurs économiques. Ce second niveau est particulièrement évident pour l'administration de l'économie et des finances. Mais, il est tout aussi pertinent pour l'administration de la santé ou de l'éducation nationale, qui, en améliorant l'état de santé ou de connaissances des individus, exercent une influence positive sur l'économie nationale. Bien que nous privilégiions le premier niveau, à savoir la question de la productivité (et de la performance) *dans* le secteur public, on verra que cette question peut difficilement être dissociée de celle de la productivité (et de la performance) *par* le secteur public.

Ce chapitre est organisé en trois parties. Dans la première partie, nous examinons brièvement un certain nombre de spécificités réelles ou supposées des services publics, dans leurs conséquences sur les leviers et stratégies de productivité. La seconde partie rend compte des stratégies ou politiques générales d'amélioration de la productivité dans les services administratifs. Elle privilégie ainsi les leviers généraux, les recommandations générales, sans se préoccuper, à ce stade, des applications concrètes à une administration particulière.

La troisième partie est consacrée à la manière dont ces « politiques générales » se déclinent à des administrations particulières dans leur ensemble (niveau organisationnel) ou dans certaines de leurs composantes (niveau intra-organisationnel). Contrairement à la partie précédente, nous avons choisi ici de ne pas aborder dans deux chapitres séparés ces deux niveaux analytiques (organisationnel et intra-organisationnel). Si l'on peut (et s'il est utile de) dissocier analytiquement ces deux niveaux, pour réfléchir à la question de la définition et de la mesure de la productivité, en revanche, l'analyse des leviers, des déterminants et des stratégies de productivité est condamnée à être en grande partie redondante si l'on opère cette distinction. En effet, les leviers de la productivité sur lesquels s'appuie une organisation sont fondamentalement des leviers « intra-organisationnels », qui affectent différentes composantes de l'organisation.

Les différentes illustrations présentées sont issues de la littérature. En croisant ainsi différents angles d'approche (macroéconomique, sectoriel, microéconomique, « cas »), on espère rendre compte, de manière satisfaisante, d'un certain nombre de dimensions des facteurs de productivité dans les services publics.

I. Les spécificités des services publics et leurs conséquences sur les leviers de la productivité

Les gains de productivité dans les services publics sont considérés comme faibles. Différentes raisons sont généralement invoquées pour l'expliquer. Certaines raisons ont longtemps été considérées comme « naturelles ». Dans les services publics, encore plus que dans les services marchands, l'intensité capitalistique et le changement technique seraient faibles, par nature, ce qui expliquerait les effectifs pléthoriques. Rappelons que, dans le modèle de Baumol présenté dans le chapitre précédent, la figure emblématique des secteurs non progressifs est l'administration publique.

D'autres raisons sont propres aux services publics et sont considérées comme des conséquences (négatives) du statut protégé et de l'absence de concurrence qui caractérisent, non seulement les organisations (souvent qualifiées de bureaucraties), mais aussi leurs employés (les fonctionnaires). Les organisations, comme les individus qui les composent, ne seraient pas incités à la performance, dans la mesure où ils interviennent dans des environnements protégés ou monopolistiques.

Une autre raison, propre aux services publics, tient à la nature des droits de propriété. En effet, contrairement à la propriété privée, le secteur public se caractérise par des droits de propriété dégradés, qui ne sont ni *exclusifs*, ni *transférables*. C'est le marché politique, et non pas les actionnaires, qui assure le contrôle, et c'est l'ensemble des citoyens qui sont propriétaires de services publics dont ils confient la réalisation à l'administration. Ainsi, les problèmes inhérents aux relations d'agence (que nous avons évoqués dans le chapitre 5) sont encore plus vifs dans les services publics que dans les services marchands : les possibilités de contrôle (par les propriétaires ultimes que sont les citoyens) et les incitations à la performance y seraient plus réduites.

Une autre spécificité des services publics (par rapport aux services marchands) tient aux objectifs poursuivis par les managers. Il existe une abondante littérature consacrée aux finalités des managers privés dans lesquelles l'objectif de maximisation du profit occupe une place centrale. Un tel objectif ne concerne pas les services publics, mais il existe également une littérature consacrée aux objectifs spécifiques des managers publics. Ainsi Rees (1984, cité par Knox Lovell, 2002) met en évidence quatre types d'objectifs économiques pour les services publics : allocatif, distributif, financier et macroéconomique. La question de l'efficience et de la productivité est intégrée dans l'objectif allocatif. On peut considérer, dans ce cadre allocatif, (*cf.* Knox Lovell, 2002) que l'objectif des managers de services publics est de maximiser la fourniture de services pour des ressources données. Mais, la littérature considère également que le manager public peut avoir d'autres objectifs qui, quant à eux, ne sont pas favorables à la productivité ou à l'efficience : par exemple, étendre le périmètre de son pouvoir en augmentant le nombre d'individus sous sa responsabilité, accroître son budget et ses capacités de dépense, privilégier les outputs les plus visibles et les plus spectaculaires au détriment des plus utiles, si ces derniers sont moins visibles (Lindsay, 1976). D'autres caractéristiques des managers publics, qui concernent non plus leurs objectifs, mais leurs compétences sont également désignées par la littérature (Greiner, 1996 ; Osborne et Gaebler, 1992) comme susceptibles d'exercer un effet négatif sur les leviers de productivité. Ces managers publics seraient, en effet, (en particulier, par exemple, aux États-Unis) issus de formations « non quantitatives » (de type juridique). Leur habileté et leur goût pour manipuler des indicateurs quantitatifs seraient ainsi limités.

Par ailleurs, les organisations productrices de services publics sont généralement considérées comme rigides ou faiblement flexibles, alors que la productivité exige une certaine flexibilité. Une organisation productive est dite flexible, lorsqu'elle peut répondre à une modification de la demande en faisant varier sa production sans augmentation notable du coût unitaire (Le Duff et Papillon, 1992).

Dans le cas des organisations de services publics, il est souvent difficile d'augmenter la production pour répondre à court, voire à moyen terme à une variation de la demande (*cf.*, le cas de l'enseignement, des crèches, etc.). Les explications de cette inertie sont multiples. Tout d'abord, le gestionnaire public est tenu de respecter des procédures rigides qui garantissent les principes d'égalité entre les citoyens (en matière de localisation des infrastructures, d'embauche, etc.). Ensuite, il dispose d'une plus faible liberté dans la substitution des ressources (Knox Lovell, 2002), en particulier, entre le travail et le capital. Par ailleurs, ses ressources pour construire ou acquérir du matériel sont limitées. Enfin, la stabilité du coût unitaire intervient ici aussi. En effet, dans la mesure où il ne peut pas réduire ses dépenses en cas de baisse de la demande, le manager public aura tendance (afin de minimiser les risques) à limiter ses investissements en capital physique ou en capital humain (recrutements) ou à les étaler dans le temps.

S'agissant cette fois de la nature du produit et non plus de son volume, comme le note Fox (1999), les managers des services publics ne contrôlent pas, comme le feraient les managers privés, le mix de services fournis. Leur degré de liberté en ce qui concerne la nature du produit fourni est limité. Ils ne peuvent cesser d'eux-mêmes de fournir un service donné ou en proposer un autre. Ainsi, leur contrôle sur l'allocation des ressources et leur action sur la performance sont limités. Cette liberté est néanmoins, par définition, plus élevée dans les services de conception et de pilotage que dans les autres.

La seconde condition (relative à la non-augmentation du coût unitaire) exige que le volume des facteurs de production utilisés puisse diminuer, ce qui, parfois, n'est pas possible ou difficile dans les services publics. En effet, certains de ces facteurs sont des infrastructures de longue durée, autrement dit, des actifs non redéployables. Les ressources humaines sont constituées, pour l'essentiel, de fonctionnaires non licenciables. Par ailleurs, la maîtrise des coûts unitaires peut nécessiter la réduction du volume de production quand la demande baisse. Ceci semble d'autant plus logique que les services ne peuvent être stockés. Quoi qu'il en soit, il est fréquent, dans les services, que le volume de production soit maintenu (au moins pendant un certain temps), en dépit de la baisse de la demande : la distribution postale se poursuit aux mêmes horaires, même si le nombre de lettres se réduit, il en va de même pour le transport urbain dont les dessertes se poursuivent avec les mêmes fréquences, même en cas de baisse du trafic, etc.

En réalité, comme nous l'avons constaté dans la première partie de ce travail, une raison importante de la faiblesse de la productivité des services publics est qu'elle a été intégrée comme hypothèse implicite dans les méthodes de mesure de la productivité de ces services (méthode de mesure de l'output par l'input).

Quoi qu'il en soit, compte tenu des préjugés précédents, on comprend que les leviers de la productivité privilégiés par les politiques nationales et internationales, en ce qui concerne les services publics, ont tendance, comme on le verra dans les paragraphes suivants, à mettre l'accent, d'une part, sur l'introduction des techniques matérielles, et d'autre part, et surtout, sur l'introduction de l'esprit de marché, dans le management des ressources humaines et dans le management organisationnel en général. Ainsi, en France, par exemple, la fonction publique recrute aussi des employés sur des postes non statutaires. Ce type de recrutement peut être utilisé comme élément de flexibilité (parfois de manière considérée comme abusive), car il échappe aux procédures codifiées des recrutements de fonctionnaires. Ainsi, comme pour les stratégies d'assimilation évoquées dans le chapitre précédent, à propos des services marchands, l'effort est porté sur le « gommage » des spécificités. On importe du secteur marchand les techniques du management pour améliorer la productivité des services publics. Ce sont donc les leviers techniques, humains et organisationnels qui sont concernés en premier lieu. Mais, bien entendu, le levier politique et institutionnel joue également un rôle ici aussi, dans la mesure où l'administration publique ne se contente pas de créer les conditions d'environnement de la productivité pour les autres secteurs. Elle les crée également pour elle-même.

Le contexte (facteur) institutionnel joue un rôle très important dans les facteurs organisationnels de la productivité dans les services publics. Ainsi, au Canada, par exemple, « la loi concernant les unités de négociation dans le secteur des affaires sociales et modifiant la loi sur le régime de négociation des conventions collectives dans les secteurs publics et parapublics » est considérée par certains comme ayant un effet positif sur les changements organisationnels propres à générer des gains de productivité. Cette loi qui introduit la décentralisation de la négociation des conventions collectives permet, en effet, de mettre en œuvre des changements organisationnels, qui tiennent compte des besoins et des réalités locales (ministère du Travail, Québec, 2005).

II. Les politiques générales d'amélioration de la productivité dans les services publics

La plupart des pays du monde sont (ou déclarent être) engagés dans des stratégies (des politiques) nationales d'amélioration de la productivité des services administratifs. Ces stratégies sont plus ou moins sophistiquées et articulées de manière cohérente dans des politiques publiques (des réformes) plus larges. Notre intention n'est pas d'en rendre compte ici de manière systématique. Nous nous contenterons de quelques cas. Il est bien évident que ces stratégies ne sont rien d'autre qu'une déclinaison, plus ou moins originale, tenant compte des réalités locales, de la typologie des facteurs de productivité présentée dans le chapitre cinq. Nous commençons par présenter une grille de recommandations destinées à améliorer la productivité adressée par le gouvernement malais à l'ensemble de ses ministères. Il s'agit d'une recommandation déjà ancienne, d'un pays qui n'est pas représentatif. Mais, cette grille est suggestive, car elle applique de manière académique (élémentaire) la typologie des différents leviers. Nous rendrons compte ensuite de la manière dont l'Union européenne, dans son ensemble, aborde, depuis quelque temps, cette question (dans ses grands principes), avant d'examiner les politiques nationales (ou certains aspects de ces politiques) pour différents pays : la Grande-Bretagne, le Canada, la France.

A. L'exemple d'une grille élémentaire d'amélioration de la productivité dans les services publics

Les sciences de gestion fournissent un certain nombre de préconisations élémentaires générales quant aux possibles stratégies à adopter pour peser positivement sur les leviers de la productivité. Ces préconisations sont suffisamment générales pour s'appliquer à n'importe quelle activité industrielle ou de service (et quel que soit le niveau cognitif de cette activité).

Nous rendons compte ici des directives envoyées par le cabinet du Premier ministre de Malaisie à ses cadres (secrétaires généraux de ministères, chefs de départements fédéraux, autorités des gouvernements locaux). Bien qu'ancienne et concernant un pays non significatif, cette directive strictement focalisée sur la notion de productivité rend compte, dans toute sa simplicité élémentaire, des actions souhaitables pour accroître la productivité des services publics. Elle traduit, d'une certaine manière, les visions managériales (élémentaires). Ces directives sont adressées aux services publics à différents niveaux (elles concernent ainsi les fonctions internes de pilotage). Mais, elles peuvent s'appliquer à n'importe quelle activité de service (ou industrielle).

Tableau 1 : Une grille d'actions élémentaires pour améliorer la productivité de l'administration publique

Levier	Action de management
1. Main-d'œuvre	a) Former les employés dans des domaines liés à leur travail b) Déterminer et disséminer des valeurs positives c) Motiver les employés pour produire un excellent travail d) Encourager l'implication des employés dans la formulation des objectifs de l'organisation et dans le processus de résolution de problèmes de productivité e) Créer une communication effective dans le département/bureau f) Établir des standards de performance pour les employés g) Affecter les employés à des tâches qui sont en cohérence avec leurs capacités et compétences
2. Processus	a) Réexaminer les processus (de travail) pour corriger les faiblesses qui restreignent la productivité b) Rationaliser les processus existants c) Éliminer les règles qui ne sont pas en phase avec les objectifs du département/bureau
3. Structure organisationnelle	a) Coordonner les fonctions des divisions et unités au sein de l'organisation b) Établir une structure organisationnelle flexible et dynamique c) S'assurer que les effectifs des divisions et unités au sein de l'organisation sont cohérents avec les responsabilités confiées d) Définir clairement les zones de responsabilités de chaque division et unité au sein du département/bureau

4. Style de management	a) Établir la vision et les objectifs du département/bureau et les disséminer à tous les employés b) Planifier et établir les objectifs de performance du département/bureau et mesurer leur degré de réalisation c) Créer une culture du travail qui met l'accent sur la productivité
5. Environnement de travail	a) Créer un espace de travail qui soit adapté à la nature des tâches b) Équiper le bureau avec les équipements nécessaires c) Fournir des moyens aux employés
6. Technologies	a) Examiner le processus de travail pour identifier les zones où l'automation et la mécanisation sont possibles
7. Matières premières	a) Réaliser des contrôles qualité à une étape préliminaire en ce qui concerne les inputs reçus des fournisseurs b) Fournir aux fournisseurs une formation à la qualité c) Réaliser un système d'inventaire efficace pour éviter un stock excessif de matériaux
8. Équipements	a) Entretenir l'équipement conformément au programme b) S'assurer que les équipements sont placés au bon endroit c) Programmer l'usage de l'équipement afin d'assurer un usage optimum

Government of Malaysia, 1991.

Les actions suggérées concernent tout naturellement les trois facteurs génériques que nous avons envisagés dans le chapitre cinq. En effet, le facteur humain concerne les salariés ; le facteur technique recouvre les leviers suivants : la technologie, les matières premières, les matériels. Le facteur organisationnel concerne les processus, la structure organisationnelle, le style de management et l'environnement de travail.

B. Une perspective européenne générale

La plupart des pays européens sont engagés, depuis quelques années, dans des réformes explicitement orientées vers l'amélioration de la productivité (ou de la performance) du secteur public. La Commission européenne (2004, « European competitiveness report », Joumard *et al.*, 2004) identifie trois types de réformes visant l'amélioration de la productivité de ce secteur : 1) les réformes du « management » ; 2) la privatisation et l'*outsourcing* ; 3) l'introduction de technologies de l'information. On retrouve ainsi les principaux leviers identifiés précédemment. Une stratégie qui croise, dans une certaine mesure, les précédentes, mérite d'être soulignée : c'est la stratégie de *benchmarking*.

1. Les réformes du management

Le management des ressources humaines est un facteur essentiel de l'amélioration de la productivité dans les services publics. Nombreux sont les auteurs à le considérer comme le facteur clé de la productivité dans les services publics, dans la mesure où c'est le facteur qui détermine les autres (Holzer et Lee, 2004). Il recouvre, en particulier, les stratégies de recrutement, de formation, de licenciement et de promotion, ainsi que la question de la différenciation des salaires. Sur ces différents points, les services publics, dans tous les pays, sont caractérisés par des pratiques particulières : généralement, le recrutement par concours, l'absence de possibilité de licenciement, la promotion selon des concours et la différenciation des salaires selon des grilles préétablies (et la progression à l'ancienneté sur certains segments). Une autre caractéristique importante des ressources humaines dans la fonction publique, qui est vérifiée dans tous les pays développés, est que les rémunérations (y compris celles des cadres de haut niveau) sont plus faibles que dans le secteur privé. Cette caractéristique peut avoir des conséquences sur la capacité des administrations publiques à attirer des ressources humaines de haut niveau de performance. À l'inverse, compte tenu de la conjoncture économique, la fonction publique regorge de surdiplômés qui occupent des fonctions déqualifiées (Kopel, 2001), ce qui peut être une source de démotivation, et qui renforce davantage le différentiel salarial avec le privé.

Dans la plupart des pays européens (et au-delà de l'Europe, dans les pays anglo-saxons, qu'il agisse des États-Unis, du Canada, de l'Australie ou de la Nouvelle-Zélande), des réformes ont été introduites, dans le domaine du management des ressources humaines, qui visent, pour l'essentiel, à transposer au secteur public, les techniques de management à l'œuvre dans le secteur privé (Rouillard *et al.*, 2004). Ainsi, des techniques de recrutement et des dispositifs d'incitation (et de motivation) plus traditionnels (systèmes de rémunération au mérite) ont été introduits (au moins à titre expérimental). Des efforts sont consentis pour améliorer la formation initiale et la formation continue à tous les niveaux.

Cependant, les effets pervers (sur la productivité) d'un système de rémunération au mérite sont évidents. Dans les services publics, la contribution de chacun à la tâche commune est parfois difficile à établir. Les évaluations effectuées, le plus souvent par la hiérarchie, peuvent être subjectives. Ce système d'incitation peut briser des chaînes de solidarité et de coopération et nuire à la productivité globale du collectif et de l'organisation dans son ensemble. Dans certains cas, la rémunération au mérite, bâtie sur certains indicateurs (par exemple, le nombre de contraventions distribuées par un agent de police), peut entraîner des excès de zèle nuisibles à la performance globale du service.

Au-delà du management des ressources humaines, le management organisationnel dans son ensemble obéit à la même logique d'introduction de pratiques de management marchand dans le domaine du non-marchand. Ces pratiques sont explicitement orientées vers l'amélioration de la performance et vers la satisfaction d'un usager qui se transforme en client. Les principaux exemples de cette nouvelle orientation sont probablement ce qu'on appelle le « Nouveau Management Public » (NMP) et le « Management par la qualité totale » appliqués aux services publics. Comme le notent Rouillard *et al.* (2004), dans leur analyse de la réforme de l'administration publique canadienne (et en particulier québécoise), cette intrusion du rationalisme économique et des valeurs marchandes dans la sphère publique se traduit dans l'apparition d'une terminologie nouvelle au sein des administrations : « les plans d'affaires » (*business plans*), « la valeur ajoutée », « les produits », « la satisfaction des clients », « la réingénierie des services publics »...

La philosophie générale du nouveau management public est de mettre en œuvre des stratégies dont la cible ou la préoccupation principale est le *client* ou l'usager et dont les résultats peuvent être *évalués*. On peut dire que le NMP est un management du client et de l'évaluation. Dans cette perspective générale, le NMP est édifié sur les trois principes suivants : une formulation très précise des objectifs à atteindre, l'établissement de « contrats de gestion » incitatifs à la performance, la constitution de « centres de coûts » indépendants (contrôle budgétaire décentralisé).

Ce dernier principe renvoie à un principe plus général et plus ancien qui est celui de la décentralisation de l'administration. La décentralisation est considérée comme un moyen d'améliorer la performance de l'administration, puisqu'elle rapproche les prestataires de l'usager et de la spécificité de ses besoins. Mais, elle peut aller à l'encontre d'économies d'échelle ou d'envergure, et elle ne s'insère pas nécessairement toujours parfaitement dans des objectifs nationaux.

Quant au management par la qualité totale, on peut le définir comme « un système de management centré sur l'individu dont le principal objectif est d'accroître de manière continue la satisfaction du client au coût le plus faible possible » (Lindsay et Petrick, 1997). De nombreux services publics se sont lancés dans des stratégies de management par la qualité totale. Gueret-Talon (2004) développe le cas de la Chambre de commerce et d'industrie Nice Côte d'Azur, qui a mis en œuvre en 1998 une démarche Qualité Totale pour laquelle elle a obtenu le Prix Européen de la qualité en choisissant le modèle d'Excellence EFQM (*European Fundation for Quality Management*).

2. *Privatisation et externalisation (outsourcing)*

Le deuxième axe des réformes orientées vers l'amélioration de la productivité dans les services publics mis en évidence par la Commission européenne (2004) est celui de la privatisation et de l'*outsourcing*. Trois niveaux différents sont généralement envisagés :

– la privatisation pure et simple d'un service public, c'est-à-dire le désengagement de l'État de sa fourniture ;

– l'*outsourcing* ou l'externalisation (sous-traitance) de certains composants de l'activité ou du service ;

– le partenariat public-privé (*Public-Private Partnership* : PPP).

Les hypothèses qui sont formulées sont que la relation plus ou moins forte (selon les cas) avec l'économie marchande est source d'incitation à l'effort et à la productivité. Mais, rien ne permet véritablement de trancher définitivement sur le plan théorique quant à la supériorité du privé sur le public, en matière de productivité et de performance. Les travaux menés dans ce domaine sont contradictoires : par exemple, l'*outsourcing* peut engendrer des coûts de transaction qui peuvent être néfastes à la performance. Plusieurs expériences réalisées dans un certain nombre de pays en développement semblent en témoigner (Batley, 1999). Par ailleurs, on considère généralement qu'en Grande-Bretagne, ce sont les privatisations malheureuses (notamment dans le domaine du transport ferroviaire) qui ont favorisé le développement de formules hybrides comme le partenariat public-privé (*HM Treasury*, 2003).

Les PPP sont une forme organisationnelle (relativement) nouvelle dans le domaine du management public (associée à un objectif d'amélioration de la productivité et de la performance), qui recouvre des réalités diverses (Dumez et Jeunemaitre, 2003). Bien qu'elle s'inscrive dans la logique du nouveau management public d'inspiration libéral, elle est portée par des pouvoirs de droite, comme de gauche. Elle peut couvrir un spectre extrêmement large d'activités de services publics. On trouve ainsi des exemples dans l'éducation, l'énergie, les parkings, les ports, les hôpitaux, les tramways, les prisons, les traitements des déchets, la défense, la police, etc. L'envergure financière du partenariat est extrêmement variable (de quelques centaines de milliers d'euros à plusieurs milliards). Il peut revêtir des formes multiples. Sharle (2002) propose de distinguer trois formes de PPP :

– La forme BOO (*Build*, *Own*, *Operate*). Dans cette configuration, le partenaire privé construit l'infrastructure, en est le propriétaire et le gestionnaire. L'État, quant à lui, établit le cahier des charges et assure le contrôle.

- La forme BOT (*Build*, *Operate*, *Transfer*). Il s'agit d'une configuration dans laquelle le partenaire privé construit l'infrastructure, la gère, puis en transfère la propriété, après un certain nombre d'années, au partenaire public.

- La forme BTO (*Build*, *Transfer*, *Operate*). Dans cette forme, l'entreprise privée construira, dans un premier temps, l'infrastructure pour l'État, qui en sera le propriétaire. Ensuite, l'État la louera au partenaire privé qui la gèrera.

3. Les Technologies de l'information et de la communication

Le troisième axe des réformes est celui de l'introduction des TIC dans les services publics. L'introduction des TIC semble confirmer, dans une certaine mesure, le modèle de Barras (1990). Comme dans d'autres services préindustriels de masse, on assiste, dans les services publics, à la suite de l'introduction des différentes générations de TIC (informatique centrale, mini-informatique, informatique décentralisée et réseaux), à l'apparition d'innovations de *process* incrémentales (centrées sur l'augmentation de la productivité), puis à l'apparition d'innovations de *process* radicales (centrées sur la qualité) et enfin à l'apparition d'innovations de produit : le gouvernement ou administration électronique (*e-government*) (OCDE, 2003).

On s'attend ainsi à ce que l'*e-government* améliore la performance des services publics selon différents canaux : un accroissement de la disponibilité de l'information, le gain de temps dans l'accès à l'information (rapidité), l'élimination de systèmes d'information redondants et l'établissement de liens et de standards communs entre les différentes agences gouvernementales.

La Commission Européenne a mis au point différents plans d'action (eEurope 2005, i-2010, i-2015), pour favoriser le développement de l'*e-government* à travers l'Europe. Le gouvernement américain, qui semble être le plus en avance en la matière (talonné de près par des pays européens comme le Danemark, la Grande-Bretagne et la Suède) (UNPAN, 2004), a lui aussi lancé dès 2002 un important programme de développement de l'administration électronique, couvrant, en particulier, un dispositif de management des catastrophes, d'accès aux programmes d'aides fédéraux ou régionaux, d'enseignement électronique, de recherche d'emploi électronique, de déclarations d'impôts électroniques.

4. Les stratégies de benchmarking

On peut ajouter une quatrième stratégie de réforme des services publics orientée vers l'accroissement de la performance. Il s'agit de la stratégie de « comparaison » ou de *benchmarking*. Une telle stratégie relève à la fois des stratégies 1 et 2 identifiées précédemment. En effet, le *benchmarking* peut être utilisé comme instrument de concurrence indirecte dans les domaines où la concurrence n'est pas possible. Il s'agit, par ailleurs, d'une technique de management bien connue depuis longtemps dans le secteur privé et qui pénètre depuis peu le secteur public.

Lawrence *et al.* (1997), dans le cas, il est vrai, de l'Australie[1], (en particulier, dans le domaine de la distribution d'électricité, de gaz, des télécommunications, du transport sous ses différentes formes, des activités portuaires) s'est fortement appuyée sur les indicateurs suivants de performance : indicateurs de prix, de qualité de service, de productivité du travail, de productivité du capital, etc.

La stratégie australienne de *benchmarking* international est considérée comme pionnière en la matière. La comparaison des performances vise à fournir des outils d'action, non seulement pour les politiques gouvernementales, mais aussi pour les organisations prestataires de services elles-mêmes.

Il ne faut pas, bien entendu, déduire de ce schéma général, une évolution uniforme des pays occidentaux dans leurs stratégies de réforme de l'État et d'amélioration de la productivité dans les administrations publiques. La diffusion des principes du nouveau management public s'adapte aux spécificités nationales. En fonction du degré d'application de ces principes, on distingue des réformes (de l'administration publique) de type « post-bureaucratique » et des réformes relevant du « rationalisme économique » (Rouillard *et al.*, 2004). Les pays anglo-saxons appartiennent au second groupe, tandis que, à des degrés divers, les pays d'Europe continentale appartiennent au second.

C. La stratégie britannique

La Grande-Bretagne fait de longue date figure de pionnière en Europe, en ce qui concerne cette stratégie d'amélioration de la performance des services publics par l'introduction de techniques et de mécanismes marchands (Jowett et Rothwell, 1988). Le gouvernement britannique a ainsi mis au point une grille générale pour améliorer la productivité des services publics (HM Treasury, 2003). Cette grille, dans laquelle on retrouve un certain nombre des principes généraux énoncés précédemment, s'appuie sur les trois principes suivants :

1) Un centrage sur les outcome*s* et non pas seulement sur les inputs ou les outputs. Il s'agit d'évaluer (et d'augmenter) la performance des services publics à travers leurs résultats.

2) Une liberté d'action encadrée (« *constrained discretion* ») pour les fournisseurs de services publics locaux. La liberté d'action signifie le renoncement à une centralisation (traditionnelle) uniformisatrice, qui pénalise et démoralise l'initiative locale et qui ignore les besoins et les environnements locaux. Mais, cette liberté doit être encadrée (par des

---

[1] Mais, plus généralement, l'OCDE met l'accent sur ces stratégies de *benchmarking* comme instrument d'augmentation de la performance dans les services publics et privés (OCDE, 2005).

dispositifs d'évaluation appropriés), pour éviter une trop grande disparité dans la fourniture de services.

3) Une amélioration de la gouvernance des services publics. L'adaptation des structures de gouvernance est, en effet, jugée susceptible d'améliorer la productivité des services publics. Le HM Treasury s'appuie ici sur les enseignements de la théorie de l'agence (*cf.* chapitre 5), en ce qui concerne l'efficacité des structures de gouvernance. Il met ainsi en particulier l'accent sur les trois conditions suivantes :

– Une claire formulation des objectifs (c'est-à-dire des outputs). On constate que les fournisseurs de services publics qui ont un certain nombre d'objectifs clairs à atteindre sont plus efficaces (en termes de coûts et de qualité de services) que les autres. C'est ce qu'a très clairement établi une Audit Commission (2001) pour les services publics locaux. Par ailleurs, la hiérarchisation (adéquate) des objectifs joue également un rôle essentiel dans le niveau de performance atteint, comme l'a également constaté l'Audit Commission. Ces résultats opérationnels trouvent des échos dans la littérature académique. Ainsi, par exemple, Dixit (2000) (voir aussi Dolton, 2003) analyse dans quelle mesure un certain nombre d'objectifs assignés à l'éducation (fournir des compétences de base, préparer au travail, construire un idéal de citoyen et faciliter le développement émotionnel), même s'ils ne sont pas contradictoires, sont en concurrence pour les ressources et l'attention des enseignants. Smith, Mannion et Goddard (2003) soulèvent la même question pour les services de santé, en établissant la liste des nombreux objectifs des services de santé. C'est peut être ici que la théorie des conventions peut faire la meilleure preuve de son utilité. Le problème ne serait pas de hiérarchiser une liste ouverte de priorités, mais de construire socialement (par le dialogue et la confrontation) un objectif valable pour un moment donné, dans une société ou une collectivité donnée. On notera que, derrière cette question des objectifs, se cache une autre question, qui est celle du client.

– La nécessité de mécanismes d'incitation. Il s'agit de construire des mécanismes qui incitent les fournisseurs de services publics à s'efforcer de réaliser les objectifs retenus. Il ne faut pas négliger, dans la recherche de ces mécanismes, les motivations spécifiques aux salariés du service public (l'esprit service public) pour privilégier les mécanismes marchands traditionnels.

– La nécessité de l'existence d'informations claires et fiables. En effet, pour établir les objectifs, pour évaluer la performance et la contribution de chacun à celle-ci, et pour construire des systèmes d'incitation, l'information est indispensable.

D. Les stratégies de productivité des services administratifs ministériels par l'intégration au Canada

Le gouvernement canadien a mis en œuvre, au milieu des années 2010, une stratégie de transformation des services internes de ses ministères, axée sur la productivité et la performance (Secrétariat du Conseil du Trésor, 2005). Cette stratégie générale est qualifiée d'« approche intégrée à la transformation des services internes ». En quoi consiste-t-elle ?

La mise au point de cette stratégie est confiée au Secrétariat du Conseil du Trésor. Le point de départ est le constat selon lequel, pour réaliser des fonctions administratives et technologiques semblables, les ministères et les organismes fédéraux mettent en œuvre une très grande variété de pratiques différentes, cloisonnées, parfois redondantes. Cette diversité de pratiques nuit à l'interopérabilité des systèmes (administratifs et techniques). Elle a des conséquences négatives sur « l'efficience et la productivité opérationnelle de l'ensemble du gouvernement ». Elle rend, par ailleurs, difficiles les comparaisons de performance entre les différents services internes du gouvernement, car elle empêche la collecte d'informations comparables en ce qui concerne leurs coûts, leurs produits et leurs résultats.

La mise en œuvre de l'approche intégrée, confiée au Secrétariat du Conseil du Trésor est ainsi explicitement orientée vers : 1) » l'amélioration de l'efficience opérationnelle », 2) l'élaboration « d'informations plus complètes et plus fiables sur les opérations gouvernementales et le rendement ». Cette approche intégrée concerne tous les aspects des services internes des ministères, « y compris les domaines des finances, des ressources humaines, du matériel et des technologies de l'information ».

Ainsi, en procédant à une réingénierie des processus au niveau des services ministériels et des technologies de l'information, et en procédant à un travail de normalisation, de rationalisation et de regroupement (et d'élimination des doublons), il est envisagé de mettre en œuvre des « modèles de services conjoints ».

On envisage ainsi de créer une « Organisation des services administratifs ministériels partagés » (OSAMP), qui fournirait à tous les ministères, sur une base partagée, des services administratifs (relatifs aux prestations de services de finances, de matériels et de ressources humaines). Il s'agirait d'une nouvelle entité juridique dirigée par un directeur général ayant rang de sous-ministre, qui serait prestataire de services pour les autres ministères.

Cette stratégie générale a une forte dimension technologie de l'information. En effet, il s'agit de poursuivre la réduction, amorcée il y a quelques années, du nombre de systèmes de gestion différents (finance, personnel, matériel) utilisés par les ministères, d'harmoniser ces systèmes, etc., en créant des « systèmes partagés », sources d'économies, et plus performants.

E. La stratégie française

La stratégie française d'amélioration de la productivité dans les services publics s'inscrit dans la stratégie globale de réforme de l'État. Les quatre objectifs de cette réforme (formulés par le ministre de la Fonction publique, de la Réforme de l'État et de l'Aménagement du territoire devant l'assemblée nationale en novembre 2003) sont, en effet, les suivants :

« – Alléger et clarifier les structures de l'État et ses méthodes de travail ;

– moderniser les services administratifs et réduire les coûts de fonctionnement ;

– dégager des gains de productivité ;

– introduire, dans la fonction publique, les notions d'objectifs de performance et de résultats. »

La productivité est explicitement définie comme prioritaire dans le troisième objectif. Mais, en réalité, elle est implicitement présente dans les trois autres. En effet, le premier et le second objectif peuvent être considérés comme des facteurs permettant de « dégager des gains de productivité ». L'objectif n° 4 est un élargissement du sujet.

Afin de s'insérer dans cette stratégie globale, chaque ministère est tenu d'établir une stratégie ministérielle de réforme (SMR), qui est réactualisée chaque année.

Les SMR ont été instituées en 2003 (*cf.* http://www.senat.fr/rap/l04-074-321/l04-074-32128.html). Dans le cadre de ces SMR, chaque ministère devait réexaminer systématiquement les *missions* et l'*organisation* de ses différents départements, afin de proposer des réformes (consistant à abandonner, déléguer, externaliser, renforcer ou modifier certaines de ces missions) en cohérence avec la décentralisation et la mise en œuvre de la LOLF.

En 2004, chaque ministère doit tirer un bilan des SMR, les réactualiser et élever le niveau d'ambition. Il doit ainsi présenter des programmes d'action concrets pour améliorer la productivité et l'efficacité de ses différents services, la qualité du « produit », la récompense des efforts des agents, dans tous les cas, en prenant des engagements mesurables. La coordination des SMR est confiée au ministère de la Réforme de l'État qui organise une concertation.

À l'issue de cette concertation, sur plus de 500 propositions, 225 actions sont retenues. La moitié d'entre elles concernent des mesures susceptibles d'accroître la productivité des administrations, l'autre moitié des mesures orientées vers l'efficacité de l'action publique ou la qualité du service rendu (Sénat, 2004). Ces différentes actions font l'objet d'un engagement quantifié et daté, ce qui est conforme à la stratégie de promotion d'une « culture du résultat » dans les administrations associées aux SMR. Elles représentent une économie de l'ordre de 1,5 milliard d'euros/an.

Encadré 1 :
Exemples d'actions de réformes pour différents ministères

- Rationalisation des achats publics (Divers ministères)
- Amélioration du rendement du recours aux professeurs remplaçants (Éducation nationale)
- Transformation du mode de gestion de la redevance audiovisuelle (Finances)
- Transfert aux caisses d'allocations familiales de la gestion des prestations familiales dues aux agents de l'État (Fonction publique)
- Nouveau système d'immatriculation à vie des véhicules (Intérieur)
- Dématérialisation du Journal Officiel (Services du Premier ministre)
- Externalisation de la gestion et de l'entretien des véhicules de la gamme commerciale (Défense)
- Réduction du nombre d'administrations centrales (Équipement, Finances)
- Accueil des usagers : Charte Marianne (tous les services de l'État)
- Réduction du délai de remboursement aux entreprises des crédits de TVA (Finances)

Source : Sénat, 2004

Certains ministères se sont montrés meilleurs élèves que d'autres à l'occasion de cette première confrontation. On compte ainsi, parmi les ministères les plus actifs en matière de propositions de réformes, le ministère des Finances, qui a proposé, parmi d'autres, les différentes actions suivantes : l'externalisation du service de poinçonnage des métaux précieux, la fusion de trois directions d'administration centrale, la réduction du délai de remboursement aux entreprises des crédits de TVA, une politique de cessions de ses biens immobiliers et de déménagement vers des zones moins coûteuses (exemple : le déménagement de la direction générale des douanes à Montreuil), le non remplacement des départs en retraite, etc.

Plusieurs dispositifs institutionnels nouveaux sont étroitement articulés avec cette réforme : en particulier, la LOLF (loi organique relative aux lois de finances d'août 2001) et le Partenariat Public-Privé.

La LOLF (Loi organique[2] sur les lois de finances) est une réforme de l'ordonnance du 2 janvier 1959 qui régissait les finances de l'État. Les principales modifications de cette réforme budgétaire sont les suivantes :

– Elle renonce au principe traditionnel de l'annuité du budget de l'État. Une gestion pluriannuelle est désormais possible.

– Elle permet de sortir les dépenses de leurs carcans initiaux (les postes budgétaires rigides). Désormais, des crédits prévus pour un poste de dépense donné pourront être affectés à un autre poste (par exemple, des crédits de personnels transformés en crédits d'équipement[3]). En effet, les crédits ne sont plus inscrits par nature de dépenses (personnel, informatique, etc.), mais par missions (sécurité, enseignement scolaire, santé, culture, etc.), l'objectif étant de rendre transparentes les dépenses publiques et de renforcer le contrôle parlementaire. La nouvelle architecture du budget de l'État distingue, plus précisément, trois niveaux : 47 *missions* (relevant éventuellement de plusieurs ministères), qui décrivent les grandes politiques publiques en se déclinant en 158 *programmes*, décomposés eux-mêmes en un ensemble exhaustif d'*actions* précises (*cf.* www.moderfiefinances.gouv.fr ; Lacaze, 2005). Le tableau 2 illustre la manière dont la mission « Solidarité et intégration » est décomposée en programmes et actions.

– Elle introduit une responsabilisation accrue des ministères. Ceux-ci doivent s'engager sur des objectifs et rendre compte de résultats, en particulier, par l'intermédiaire d'un « Projet Annuel de Performance » (PAP) pour chaque programme, puis d'un « Rapport Annuel de Performance » (RAP), qui rend compte des actions réalisées, des coûts, des objectifs visés et des résultats obtenus ou escomptés à court et moyen terme « mesurés par des indicateurs précis et justifiés ». Les objectifs de performance mobilisés dans les PAP appartiennent à trois familles différentes : l'efficacité (au sens du résultat final de l'action publique), l'efficience (au sens de l'économie de ressources), la qualité du service rendu aux usagers.

---

2 Les lois organiques sont des types de lois visant à préciser les conditions d'application de la Constitution. Elles ont une valeur inférieure à cette dernière, mais supérieure aux lois ordinaires.

3 On notera cependant que la « fongibilité des crédits est asymétrique », dans la mesure où, à l'inverse, les crédits d'investissement ou de fonctionnement non utilisés ne peuvent pas servir au recrutement de personnel.

Tableau 2 : La mission « Solidarité et intégration » décomposée en programmes et actions

Programmes	Actions
Politiques en faveur de l'inclusion sociale	Prévention de l'exclusion
	Actions en faveur des plus vulnérables
	Conduite et animation de la politique de lutte contre l'exclusion
	Rapatriés
Accueil des étrangers et intégration	Population et participation à la régulation des migrations
	Prise en charge sociale des demandeurs d'asile
	Intégration
	Haute Autorité de lutte contre les discriminations et pour l'égalité
Actions en faveur des familles vulnérables	Accompagnement des familles dans leur rôle de parents
	Soutien en faveur des familles monoparentales
	Protection des enfants et des familles
Handicap et dépendance	Évaluation et orientation personnalisée des personnes handicapées
	Incitation à l'activité professionnelle
	Ressources d'existence
	Compensation des conséquences du handicap
	Personnes âgées
	Pilotage du programme
Protection maladie	Accès à la protection maladie complémentaire
	Aide médicale de l'État
	Fonds d'indemnisation des victimes de l'amiante
Égalité entre les hommes et les femmes	Accès des femmes aux responsabilités et à la prise de décision
	Égalité professionnelle
	Égalité en droit et en dignité
	Articulation des temps de vie
	Soutien du programme égalité entre les hommes et les femmes
Conduite et soutien des politiques sanitaires et sociales	État-major de l'administration sanitaire et sociale
	Statistiques, études et recherche
	Gestion des politiques sociales
	Gestion des politiques sanitaires
	Pilotage de la sécurité sociale
	Soutien de l'administration sanitaire et sociale

Source : www.moderfiefinances.gouv.fr

La LOLF a été testée en 2005. Elle entre en vigueur le 1er janvier 2006. On peut anticiper un certain nombre de conséquences de cette réforme sur la productivité : par exemple, une plus grande facilité de substitution de capital au travail, une plus grande facilité d'externalisation de certaines fonctions.

Le partenariat public-privé (PPP) est un autre dispositif institutionnel susceptible d'exercer une influence sur la productivité et la performance des administrations publiques. Les ordonnances fixant ce dispositif ont été publiées en juillet 2004. Mais, des applications anticipées avaient été prévues pour les hôpitaux, les commissariats de police et les établissements pénitentiaires. L'objectif de ces PPP est d'alléger les charges de l'État en matière d'équipements publics, puisque la conception, le financement, la construction, l'entretien et la gestion de ces équipements sont confiés au partenaire privé, l'État ne payant qu'un loyer.

La stratégie française comporte aussi, bien entendu, deux autres aspects que nous ne développerons pas ici (et qui sont étroitement liés aux précédents). Il s'agit de la rénovation de la gestion des ressources humaines. Des réflexions sur la mobilité et l'évolution de carrière des fonctionnaires sont en cours. Il s'agit aussi de l'administration électronique, qui est envisagée comme une source de productivité importante. Ainsi, le plan ADELE (administration électronique) est un élément central de la réforme de l'État. Il concerne les usagers, qui se voient proposés un nombre croissant de téléservices (formulaires en lignes, informations diverses en ligne…). Il concerne également les différents services administratifs, qui sont désormais connectés en réseau. On peut ainsi citer comme exemple de ces services interadministratifs le cas de VIT@MIN, outil élaboré en vue de faciliter l'échange d'informations relatives à la modernisation de l'administration, entre les administrations centrales et les services déconcentrés. Mais, l'administration électronique est également conçue dans le but de fournir aux agents de l'administration des outils de formation en ligne.

III. Les stratégies d'amélioration de la productivité à l'échelle organisationnelle et intra-organisationnelle

Nous consacrons la dernière partie de ce chapitre à la présentation d'un certain nombre de stratégies d'amélioration de la productivité, mises en œuvre dans différents services publics. On se place cette fois non plus au niveau des politiques générales, mais au niveau microéconomique : celui des stratégies d'organisations individuelles. On propose ici de rendre compte de trois « cas » instructifs. Le premier est celui d'un dispositif d'amélioration de la productivité mis en œuvre par La Poste (et connu sous la dénomination de l'arbre de performance). Il s'agira d'en discuter les principes de construction, les limites ainsi que les axes possibles d'amélioration. Le second cas rend compte des stratégies récentes d'externalisation des administrations publiques françaises. Le troisième est consacré aux stratégies de productivité de l'administration sanitaire et sociale, dans le contexte des réformes récentes.

A. Les enseignements de l'arbre de performance de La Poste

L'arbre de performance est un outil extrêmement important de l'évaluation de la performance utilisé à La Poste. Cette organisation nous en a confiés, il y a quelques années, une mission d'évaluation dont nous rendons compte ici brièvement (Gallouj, 1999). Il s'agit simplement de présenter, dans leurs grandes lignes, les principes de cet outil et d'examiner un certain nombre d'effets pervers liés à son mode de construction et à son utilisation. Il s'agit également de suggérer quelques pistes d'amélioration.

1. L'arbre de performance : principes de construction et finalités

L'arbre de performance (dont l'encadré 2 fournit une présentation plus concrète et complète du mode de fonctionnement dans le cas des centres régionaux de services financiers) s'appuie sur une modélisation de l'organisation du travail de l'unité organisationnelle envisagée (centre financier, bureau de poste, centre de tri ou toute autre entité). Cette unité organisationnelle est, en effet, décomposée de manière extrêmement fine en *types* d'activités, *familles* d'activités et *activités élémentaires* dont l'ensemble constitue une représentation virtuelle de l'organisation du travail. À chacun de ces niveaux analytiques est associée une quantification du volume (trafic) et/ou du temps passé, alimentée par un recueil périodique (automatique ou manuel) de données.

Ces différentes données donnent lieu à un calcul local de ratios de performance et de qualité. Il s'agit, pour l'essentiel, de ratios de performance (et de qualité) technique. Ces différentes évaluations locales de la performance sont ensuite centralisées. Des comparaisons et des classements sont effectués et restitués au niveau local. L'arbre de performance est ainsi un instrument très fin d'analyse de la charge de travail et de comparaison (*benchmarking*) entre établissements ou départements. C'est un outil de mesure de la productivité du travail par type d'activité, à un niveau très décomposé, qui permet non seulement de se classer et d'être classé globalement, mais aussi, pour tel ou tel type particulier de tâche, opérationnelle ou fonctionnelle.

Plusieurs finalités ou usages de l'arbre de performance peuvent être envisagés : un usage (instrumental) d'amélioration des performances et un usage de justification (objectivation) des décisions d'allocation des ressources. Ces deux usages convergent, le plus souvent, vers une finalité ultime de type productiviste à savoir *l'amélioration de la productivité par la « reprise » d'emplois.*

La figure 1 illustre les différents chemins possibles (plus ou moins directs ou détournés) convergeant vers cette finalité ultime de l'arbre de performance qu'est l'accroissement de la productivité par réduction de la main-d'œuvre. En effet, l'amélioration de la productivité peut passer par les différents chemins suivants :

1) la prise de conscience, l'autodiagnostic et l'autoévaluation au niveau local, qui peuvent agir directement sur la productivité du travail ou en bifurquant par les deux voies suivantes ;

2) le transfert horizontal ou vertical (c'est-à-dire organisé centralement) d'expériences qui désigne la manifestation de l'effet réseau. Chaque établissement détecte des sources potentielles d'amélioration de la productivité et modifie les modes opératoires de manière volontaire (apprentissage par l'interaction) ou sous la contrainte (*cf.* 3e voie) ;

3) la sanction découlant du classement et du diagnostic établis par l'entité centrale et aboutissant à une reprise d'emplois, c'est-à-dire à un accroissement « mécanique » de la productivité. Le classement est alors utilisé comme instrument de justification des décisions d'allocation des ressources.

Encadré 2 : Les principes de construction et d'utilisation de l'arbre de performance dans le cas des centres régionaux de services financiers

1. La décomposition des activités

Les activités des CRSF sont analysées et décomposées de manière exhaustive en trois niveaux :

• *Les types d'activité.* Ils sont au nombre de 18 (exemple : modules, opérations à vue et réseau Cheops, Épargne ordinaire, Épargne logement, Épargne boursière, SED, SOG-UI, ressources humaines…) et appartiennent à 3 grands groupes : les services de production CCP et CNE, les services communs de production, les services fonctionnels.

• *Les familles d'activité.* Chacun des types d'activités précédents est lui-même décomposé en familles d'activités (au nombre de 93). Le type d'activité nommé CCP-Module comprend par exemple les 15 familles suivantes : vérifications, ouverture, modifications, clôture, commande de chéquiers, produits, monétique porteurs, contentieux, réclamations, impayés, titres irréguliers, contrats commerçants, grands comptes, relations receveurs, divers.

• *Les activités.* Chaque famille d'activités est décomposée en activités élémentaires (plusieurs centaines d'activités au total). Ainsi la famille « ouverture CCP » comprend trois activités élémentaires : réception des dossiers, interrogation des fichiers/décisions, réalisation des ouvertures.

• La décomposition arborescente s'achève à ce troisième niveau. En réalité les activités elles-mêmes se décomposent en *tâches* plus ou moins bien identifiées qui ne figurent pas dans l'index, mais dont il faudra tenir compte.

En théorie, cette décomposition obéit à plusieurs principes : elle doit être très fine, précise et simple, afin d'éviter des interprétations locales et de permettre la transposition d'un centre à l'autre. Elle doit être suffisamment fine, pour être indépendante de l'organisation particulière du CRSF considéré.

2. Les principes de quantification (sur la base de documents internes)

Une fois repérés les différents niveaux de l'activité, il s'agit de les quantifier. Plusieurs sources

de quantification sont possibles :
– Toutes les statistiques de volume et de performances disponibles peuvent être utilisées à l'exception de celles fondées sur des temps standards (telles que les statistiques 538 et 539). Les statistiques disponibles peuvent être d'origine informatique (ex : le nombre de chèques tapés au TE, le nombre de chèques recyclés sont donnés directement par l'informatique) ou d'origine manuelle (exemple : comptage du nombre d'appels téléphoniques).
– En l'absence de statistiques, des évaluations sont effectuées sur des périodes définies (quelques jours, quelques semaines), et des extrapolations sont réalisées pour l'année.
Il s'agit, au total, d'évaluer, pour chaque activité figurant dans le lexique national, les volumes ou le temps réel annuel de travail. Selon la nature de l'activité considérée, les temps pourront être évalués de deux manières différentes, selon qu'on utilise des volumes ou la fréquence des activités (journalière, hebdomadaire, mensuelle, trimestrielle, annuelle):
– dans le premier cas, on multipliera les volumes par les temps moyens unitaires de traitement correspondants (temps moyen unitaire estimé par les agents eux-mêmes et non pas temps standard national exprimé par la statistique 538),
– dans le second cas, on multipliera la fréquence des activités par les temps moyens correspondants.

Il est à noter que :
– Des dispositions particulières sont prises quant à la quantification des activités des cadres. De manière générale, celles-ci sont prises en compte dans le taux d'encadrement au niveau global du CRSF et au niveau des cinq types d'activités. Cependant, quand le cadre intervient de manière directe et significative dans une activité opérationnelle, son activité est évaluée selon la procédure traditionnelle.
– Pour chaque famille d'activités, une rubrique activité « divers » permet de comptabiliser les différents éléments suivants : 1) les tâches liées à la famille d'activités et non décrites dans une activité (ce qu'on pourrait appeler le transfert de produits joints), 2) les temps d'information (lectures), de réunions et d'attente diverses (pannes, etc.), 3) les temps de classement, photocopie, archivage et d'établissement de statistiques effectuées *au niveau du service*.
– La quantification est assortie de multiples bouclages, qui permettent de constater les erreurs et de s'assurer de la vraisemblance des chiffres obtenus. Pour chaque unité d'analyse, le bouclage est assuré par la comparaison des heures évaluées par l'arbre et de la force de travail disponible.

Les différents ratios calculés sont :
– des ratios de productivité (nombre d'opérations sur temps passé aux opérations),
– des ratios de rentabilité financière (ex : le PNB par agent),
– des ratios de qualité de service.

3. Des résultats de l'arbre de performance aux propositions d'amélioration

Une fois les chiffres obtenus, il s'agit de les analyser. Dans chaque CRSF, une centaine de responsables d'unités d'analyse (un par famille d'activité) ont été désignés et formés. Les analyses développées ci-dessus sont issues d'un document interne à l'intention de ces responsables d'unités d'analyse (RUA). La procédure séquentielle suggérée par le guide est la suivante :

1) Examen des ratios se rapportant aux indicateurs généraux

En se reportant au document intitulé « familles d'activité », le RUA doit examiner l'indicateur général de la famille considérée et les multiples ratios qui en découlent (dans une logique de décomposition). Il doit repérer ceux sur lesquels il peut avoir prise (au numérateur, au dénominateur ou aux deux endroits à la fois). Si l'on prend, par exemple, le cas de la famille d'activité « chèques bancaires », le document Famille d'activité a la structure suivante.

Liste des CRSF	Indicateur général sur la famille Nb chèques bancaires/ heures totales chèques	Montant chèques bancaires ----------- Nb de chèques bancaires	Nb de chèques bancaires étrangers ---------- Heures chèques bancaires étrangers	% chèques bancaires > 20KF ----------- Nb de chèques bancaires	% heures de panne ---------- heures totales chèques bancaires	Nb chèques bancaires avec c/c recto ---------- Heures chèques bancaires avec c/c	% chèques bancaires avec c/c recto --------- Nb de chèques bancaires
- - -							
Moyenne Mini Maxi							

Il n'y a pas d'action possible sur le ratio : Montant chèques bancaires/Nb de chèques bancaires. En revanche, une action est possible sur le ratio : Nb de chèques bancaires étrangers/Heures chèques bancaires étrangers.

2) Identification des données et des opérations sur lesquelles on peut agir

Dans l'exemple précédent, on ne peut pas agir sur le numérateur. En revanche, une action est possible sur le dénominateur (heures chèques bancaires étrangers). Les opérations concernées sont donc celles relatives au traitement des chèques bancaires étrangers.

3) Choix des opérations qu'il est possible d'améliorer

Le RUA a à sa disposition une « grille de repérage des domaines à analyser » qui a la structure suivante :

Titre de l'opération : ....
Ratio concerné par l'opération : ....Indicateur général concerné.............

	Organisation		Matériel			R.H.	
	L'organisation est-elle adaptée ?	L'automatisation est-elle performante ?	Le matériel est-il performant ?	Est-il bien réparti en nombre ?	Le personnel maîtrise-t-il bien le matériel ?	Les plages horaires sont-elles bien adaptées ?	La formation est-elle bien adaptée ?
Oui							
Non							

Domaine(s) à améliorer : ....
Votre décision motivée : .....

4) Décomposition des opérations en tâches élémentaires et estimation de leur durée

Le RUA doit, tout d'abord, décomposer le traitement actuel de l'opération, c'est-à-dire énumérer et ordonner les tâches dans l'ordre de leur exécution, et ensuite en estimer la durée d'exécution (*cf.* formulaire suivant étape 5).

5) Analyse de chaque tâche des opérations
Pour chacune des tâches repérées lors de la phase précédente, le RUA doit répondre aux 4 questions figurant dans le tableau suivant.

Grille de décomposition du *traitement actuel* de l'opération

Liste des tâches dans l'ordre de leur exécution	Durée des tâches	La tâche peut-elle être simplifiée ?	Quelles sont les conséquences au niveau de l'UA ?	Quelles sont les conséquences pour la suite des traitements	Conclusions de l'analyse des tâches

6) Mise au point d'un nouveau traitement de l'opération et estimation de la durée des nouvelles tâches
Il s'agit cette fois de remplir une nouvelle grille de décomposition du traitement de l'opération, en tenant compte de l'analyse des tâches menée précédemment.

Grille de décomposition du *traitement proposé* de l'opération

Liste des tâches dans l'ordre de leur exécution	Durée des tâches

7) Rédaction d'une fiche de synthèse qui décrit l'amélioration préconisée et ses avantages et inconvénients pour l'UA émettrice et pour les autres.

2. *Les limites de l'arbre de performance*

On peut également réfléchir aux limites de l'arbre de performance en les distinguant selon qu'elles sont liées à ses principes de construction ou à ses usages (*cf.* figure 1).

a. Les limites liées aux principes de construction de l'arbre

Elles peuvent être classées en deux grandes catégories en fonction de l'étape du processus de construction.

– Dans la phase de recueil de données, on constate ainsi :

1) des erreurs possibles d'interprétation du contenu des différentes activités élémentaires et de leur agrégation en familles et types, malgré un travail lexicographique lourd et complexe. Par exemple, les agents ont tendance à confondre les « réclamations » et les « renseignements », alors qu'en réalité il s'agit de deux activités différentes qui nécessitent généralement des temps de traitement différents ;

2) des erreurs possibles liées à l'extrapolation annuelle des données. Certaines données sont en effet extrapolées sur la base d'un comptage de quelques jours (en général deux semaines), ce qui peut compromettre leur fiabilité.

– Dans la phase d'évaluation locale ou centrale des performances, des erreurs de classement des établissements peuvent apparaître. Ces erreurs sont imputables à l'absence d'indicateurs des spécificités de l'environnement externe et de l'environnement interne, alors que ces spécificités ont des conséquences indiscutables sur l'évaluation des performances et qu'elles peuvent fausser certaines comparaisons.

S'agissant des indicateurs de *spécificité de l'environnement interne*, on peut dire que l'arbre de performance ne prend pas en compte, par exemple, les spécificités éventuelles de la force de travail, liées à l'histoire. Il ne prend pas non plus en compte les tâches effectuées par certaines unités pour le compte des autres.

Les *spécificités de l'environnement externe* correspondent aux variables démographiques et socioéconomiques qui caractérisent le milieu géographique et social dans lequel intervient l'établissement considéré. En effet, l'arbre de performance considère les différents cas traités, qu'il s'agisse de clients ou de comptes, comme homogènes. Il ne fait aucune distinction entre cas « lourds » et cas « légers » dans la structure de la clientèle et la structure des comptes. Or, un client n'en vaut pas un autre, un compte non plus. Dans la mesure où l'arbre de performance ne prend pas en compte le poids des « clients sociaux », dernier cas, on peut dire qu'*il néglige la performance civique*. La performance civique constitue donc une dimension « refoulée » de la performance. Elle peut donc être à l'origine d'erreurs de classement et d'un sentiment d'injustice, et cela d'autant plus que l'arbre ne prend pas non plus en compte la relation (négative) que ce type de performance entretient avec les autres. Par exemple, une faiblesse relative des performances techniques et/ou marchandes peut être due à (ou compensée par) une importance de la performance civique.

b. Les limites liées à l'utilisation de l'arbre

La finalité ultime de l'arbre de performance est, répétons-le, l'augmentation de la productivité du travail. L'examen des différents chemins (*cf.* figure 1) qui conduisent à une telle finalité permet de mettre en lumière un certain nombre d'effets pervers :

1) La finalité de prise de conscience, d'autoévaluation locale peut être pervertie dans la mesure où elle consiste en définitive à se priver soi-même d'un certain nombre d'emplois. L'autoévaluation peut en effet aboutir à une auto-sanction.

2) De même, puisque la finalité ultime du transfert d'expérience et de l'innovation incrémentale est celle-là, on peut, dans certains cas, assister à une désincitation à la coopération et au transfert.

3) S'il y a des sanctions pour les mauvaises performances dans certains domaines de l'activité, il n'y a pas en revanche de récompenses pour les bonnes performances dans d'autres domaines. Une même entité sera « punie » (par une reprise d'emplois) pour les fonctions pour lesquelles elle sera mal classée, mais, en revanche, elle ne sera pas récompensée pour celle où elle sera bien classée. Il vaut donc mieux être moyen partout pour ne pas tomber sous le coup de la réduction d'effectifs (imposée ou auto-administrée).

4) Ces limites de l'arbre, si elles alimentent un sentiment d'injustice, peuvent entraîner des stratégies de fraudes et de falsifications des données (notamment déclaratives).

5) L'arbre de performance ne prend pas suffisamment en compte la qualité et le dilemme productivité-qualité (qu'on rencontre dans de nombreuses activités de service). Une survalorisation de la productivité (performance technique) peut avoir des conséquences négatives sur la qualité de service.

Figure 1 : Les mécanismes et les limites de l'arbre de performance (Cette figure représente les différentes étapes de la construction et de l'utilisation de l'arbre de performance. Les effets pervers et les problèmes éventuels sont indiqués en italiques)

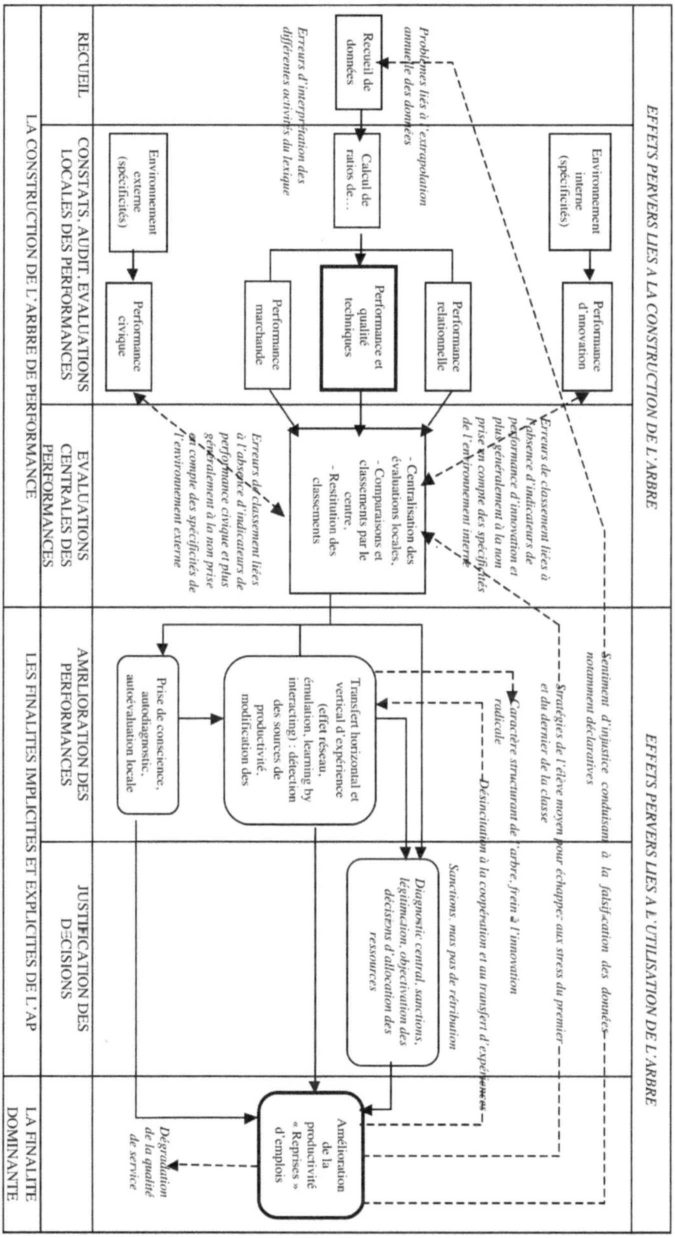

3. *Réduction-simplification, adjonction-intégration : la dialectique de l'amélioration de l'AP*

Les différents axes d'amélioration possibles qui ressortent en filigrane de l'énoncé des limites et des effets pervers de la méthode peuvent être associés à deux dynamiques opposées, mais complémentaires : l'une de réduction-simplification, l'autre d'adjonction-intégration.

Ces deux dynamiques ont pour objectif de rendre l'AP plus opérationnel : la première sous l'angle de son efficacité (*effectiveness*), c'est-à-dire de sa capacité à atteindre le but poursuivi (mesurer et comparer les performances de manière fiable) ; la seconde sous l'angle de son efficience (*efficiency*), c'est-à-dire de sa capacité à atteindre le but poursuivi de manière optimale. Autrement dit, les améliorations de type réduction-simplification ont pour objectif essentiel une certaine adhésion technique à l'AP, c'est-à-dire qu'elles facilitent sa mise en œuvre pratique, tandis que les améliorations de type adjonction-intégration visent davantage à construire une certaine « adhésion morale » en ce sens qu'elles contribuent à réduire les biais de comparaison et les sentiments d'injustice qu'ils génèrent. L'encadré 3 fournit quelques exemples de ce type d'améliorations en distinguant les deux dynamiques précédentes.

Encadré 3 :
Quelques axes d'amélioration possibles
(d'après les entretiens que nous avons réalisés)

Dynamique de réduction-simplification : fiabilité et faisabilité techniques

– Réduire le nombre de données et de ratios, se contenter des ratios-têtes de familles qui sont les plus fiables, éliminer les ratios qui ne sont jamais exploités.
– Limiter au minimum les collectes de type déclaratives (l'outil SACSO va dans le sens de la production automatique de statistiques plus fiables dans les modules CCP).
– Réduire les extrapolations.
– Mesurer et analyser les évolutions de performance au sein d'un même centre.
– Comparer les performances de groupes homogènes de centres selon leur taille, les types de systèmes techniques utilisés, etc.

– Fixer une année d'adaptation (sans comptage) lors de l'introduction de projets innovants de sorte que les différents centres (et les différentes entités d'un même centre) soient au même niveau.
– Réduire les délais entre les différentes phases de l'AP (collecte, quantification, analyse, amélioration), tendre asymptotiquement vers le juste à temps.

Dynamique d'adjonction-intégration : réduire les « injustices » évaluatives, ne pas décourager la qualité

– Intégrer à l'AP des typologies de clientèles et de comptes (les critères des typologies doivent varier en fonction de l'objet traité : exemple selon l'âge de la clientèle pour l'activité succession, selon la situation économique (le volume d'avoirs...) des clients ou des comptes en CCP et en CNE), les clientèles défavorisées.
– Augmenter la périodicité des collectes ou prévoir des pointages qui tiennent compte des cycles du travail.
– Croiser l'AP avec les données sur le risque selon les codes familles
– Intégrer des ratios de qualité de service, en particulier en allant les chercher dans qualipost, téléperformance et le projet global d'entité.
– Intégrer certains particularismes organisationnels (organisation interne, prestations réalisées pour le compte d'autrui, recours à des prestataires), lorsqu'ils sont imposés aux centres.
– Intégrer certains particularismes des ressources humaines lorsqu'ils sont « contraints ».
– Intégrer certains particularismes des systèmes techniques et de l'immobilier lorsqu'ils sont « contraints ».

B. L'externalisation dans les administrations publiques françaises

Il existe une abondante littérature sur les raisons et les mécanismes de l'externalisation (*cf.* Gadrey et *al.*, 1992). On peut dire qu'une conclusion importante de ces travaux est que le recours à l'extérieur ou à la délégation de fonctions ne peut pas s'expliquer que par des arguments de coûts de transaction. Interviennent, également, de manière fondamentale, des arguments de différentiels d'expertise. Ces arguments sont liés, à la fois en statique et en dynamique, d'une part, à la complexité interne des processus de production et de distribution des biens et des services, d'autre part, à la complexité externe (physique, scientifique et technique, économique, sociale et institutionnelle). Ces arguments sont également liés à la montée en puissance de l'incertitude et du risque. Là encore, il est possible de distinguer entre le risque interne (lié à l'environnement interne) et le risque externe (lié à l'environnement externe). Ce risque, il s'agit de l'évaluer, de le couvrir et de le prévenir.

Danjou et Massa (2004) ont réalisé un travail d'audit des pratiques d'externalisation des ministères français. On notera que l'externalisation est envisagée dans un sens restrictif « celui de la délégation de fonction (partielle ou totale) dans un cadre pluri-annnuel ». Cette externalisation se développe (et devrait se développer davantage encore) dans les administrations centrales, en particulier, sous l'effet des nouveaux dispositifs juridiques comme la LOLF, les PPP, le nouveau code des marchés publics.

Cet audit identifie un certain nombre de causes générales de l'externalisation dans les services publics :

– la situation des finances publiques et les critères économiques (moindres coûts, économies sur les charges liées aux retraites des fonctionnaires, plus grande flexibilité de régulation à la conjoncture économique que s'il s'agit d'employés internes) ;

– la pénurie de moyens humains associée à la réforme des 35 heures et à la réduction du nombre de fonctionnaires ;

– la recomposition qualitative de la main-d'œuvre (baisse du nombre de fonctionnaires de la catégorie C, hausse des fonctionnaires de la catégorie A) ;

– le manque d'expertise pour un certain nombre d'activités. C'est vrai pour des fonctions « technologiques », comme l'informatique, la reprographie, mais aussi pour la maintenance technique des bâtiments, voire certaines missions de gardiennage.

L'audit identifie également un certain nombre de facteurs spécifiques pour certains ministères. Par exemple, dans le cas du ministère de l'Économie et des Finances, l'externalisation du parc de photocopieurs vise à libérer des surfaces : il s'agit d'une opération immobilière. Au ministère des Affaires sociales, la création d'Info Emploi par la pérennisation d'une plate-forme téléphonique établie il y a plusieurs années pour répondre (dans une perspective de communication), de manière ponctuelle et transitoire, à certaines questions du grand public, vise désormais l'amélioration de la qualité de service. Au ministère des Affaires étrangères, le recrutement d'agents locaux peut poser problème (compte tenu des législations plus ou moins rigides en matière de licenciements selon les pays), ainsi l'externalisation est souvent utilisée.

Mais, bien entendu, un certain nombre de facteurs peuvent entraver l'externalisation. Ils ne sont pas différents de ceux qu'on rencontre ailleurs. Ils peuvent relever de l'administration (risque social, difficulté d'évaluer les coûts, etc.). Ils peuvent également concerner le prestataire (absence de prestataire, risque de défaillance du prestataire, risque d'intrusion, risque de dépendance vis-à-vis du prestataire)…

Les fonctions qui sont souvent externalisées sont les fonctions de support logistique : nettoyage, restauration, gardiennage, sécurité, accueil, standard téléphonique, gestion immobilière, entretien et maintenance des bâtiments, service informatique, parc des photocopieurs, imprimerie, parc de véhicules et traitement du courrier. La quasi-totalité des ministères externalisent le nettoyage et la restauration. Pour les autres fonctions (par exemple, la gestion du parc automobile ou l'informatique), on constate des différences importantes entre les ministères. Le tableau 3 résume, pour le seul ministère des Affaires sociales, les modalités selon lesquelles ces principales fonctions de support générales sont réalisées.

Tableau 3 : ministère des Affaires sociales : externalisation des fonctions classiques de support logistique

Fonction classique de support logistique	Externalisation
Services informatiques	Oui
Photocopieurs	Non, appareils achetés
Imprimerie	Oui, mais reprographie professionnelle en interne
Gardiennage	Oui, inclus dans la location des bureaux
Sécurité	Oui, inclus dans la location des bureaux, mais haut fonctionnaire affecté et agents désignés
Nettoyage	Oui
Accueil	Oui, inclus dans la location des bureaux
Standard téléphonique	
Construction d'immeubles, gestion de l'immobilier	Non
Entretien des bâtiments ; maintenance	Oui pour les locaux loués ; non pour ceux de l'État (Hôtel du Châtelet, Résidence du Ministre)
Parc de véhicules	Non
Restauration	Oui
Courrier	Non

D'après Danjou et Massa, 2004.

Certaines fonctions externalisées sont spécifiques à des ministères particuliers. Contrairement aux précédentes, elles sont plus proches du cœur de métier du ministère considéré. S'agissant du ministère des Affaires sociales, l'étude indique que les deux principaux domaines d'externalisation (dans le sens réduit donné à ce terme en introduction) sont, d'une part, l'informatique, et, d'autre part, la communication. L'informatique est un domaine ancien d'externalisation. Initialement, les prestations étaient réalisées conjointement par des équipes du ministère et des prestataires extérieurs. Il y a désormais sous-traitance totale. Ainsi, pour son site Internet, qui est hébergé à l'extérieur, le ministère fait appel à des éditeurs de sites. Cette sous-traitance se fait sur la base de contrats de Marché public de trois ans non renouvelables. La maintenance évolutive, qu'il s'agisse de l'Intranet ou de l'Internet, et le développement de logiciels sont réalisés par des prestataires extérieurs. La communication, quant à elle, est un domaine d'externalisation relativement nouveau. Les deux prestations principales évoquées sont le dispositif « Info Emploi » qui confie à des prestataires extérieurs le soin de répondre à des questions particulières par l'intermédiaire du téléphone ou d'Internet ; et la gestion de la vidéothèque du ministère.

C. L'Administration sanitaire et sociale et la productivité

Les réformes récentes de l'administration sanitaire et sociale française (comme d'ailleurs celles de l'ensemble des autres administrations) ont, parmi leurs principales finalités, un objectif explicite d'amélioration de la productivité. Or, ces réformes ont toutes concouru, à des degrés divers, à transformer une bureaucratie pluriactivités en une organisation (de plus en spécialisée et resserrée) de *pilotage stratégique et de conception*. En effet, au gré des réformes, l'administration centrale a renoncé, de différentes manières (délégation à des opérateurs divers, décentralisation, déconcentration) et à des degrés divers, à un certain nombre d'activités, pour se recentrer sur les fonctions de conception et de pilotage. La conséquence de ces évolutions est une perte progressive, sinon de pertinence, du moins d'efficacité du concept de productivité (qu'il s'agisse de sa définition ou de sa mise en œuvre). En effet, l'usage de ce concept est confronté à une loi des rendements décroissants, au gré du cheminement de l'administration sur cette trajectoire qui la transforme en organisation de conception.

1. L'évolution récente de l'administration sanitaire et sociale

En utilisant de nouveau, à titre heuristique, la représentation canonique de Mintzberg (*cf.* chapitre 4), on peut décrire l'évolution de l'administration sanitaire et sociale selon quatre logiques, qui ne constituent pas nécessairement des étapes chronologiques, dans la mesure où elles peuvent coexister dans le temps.

La première logique est celle de la *délégation.* Elle a consisté à réduire la circonférence de l'administration sanitaire et sociale, en confiant (selon différentes modalités et avec des degrés d'autonomie variables) la gestion de ses politiques à différents types d'opérateurs : organismes de sécurité sociale, hôpitaux, associations, agences sanitaires, etc. (*cf.* figure 2). Cette logique peut se traduire à la fois par la création de nouvelles agences ou par l'augmentation du périmètre (c'est-à-dire des fonctions ou des prérogatives) des agences existantes.

Figure 2 : La délégation et la décentralisation

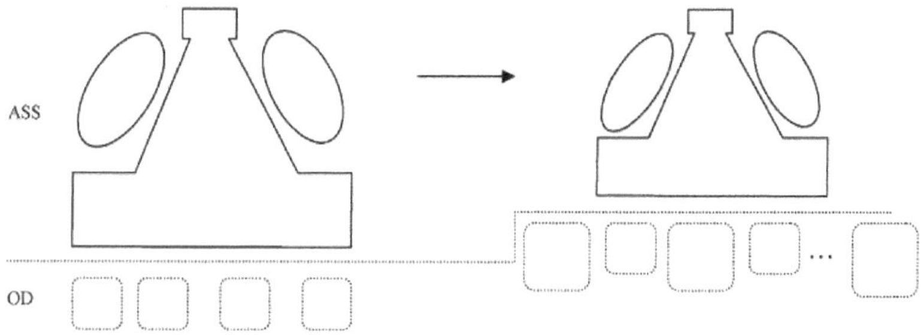

La deuxième logique est celle de la *décentralisation*, qui peut se représenter de la même manière que l'évolution précédente, c'est-à-dire qu'elle réduit le périmètre de l'administration sanitaire et sociale. Elle consiste à confier aux collectivités territoriales un certain nombre de politiques sanitaires et sociales. Tel est le cas, par exemple, de la protection maternelle et infantile (PMI) ou de l'aide sociale à l'enfance (ASE), du service social, transférés aux départements au début des années 1980.

La troisième logique est celle de la *déconcentration*, qui consiste « à confier l'exercice de certaines décisions qui relèvent de l'autorité centrale à des autorités chargées d'une circonscription, mais qui restent sujettes aux règles de subordination hiérarchique » (Rochet, 2002). Dans la configuration de Mintzberg (*cf.* figure 3), la déconcentration va se traduire par une modification de la distribution des tâches entre l'administration centrale et les services déconcentrés (le centre opérationnel). Ainsi, pour un périmètre donné de l'administration dans son ensemble, l'administration centrale se réduit en faveur des services déconcentrés.

Figure 3 : La déconcentration

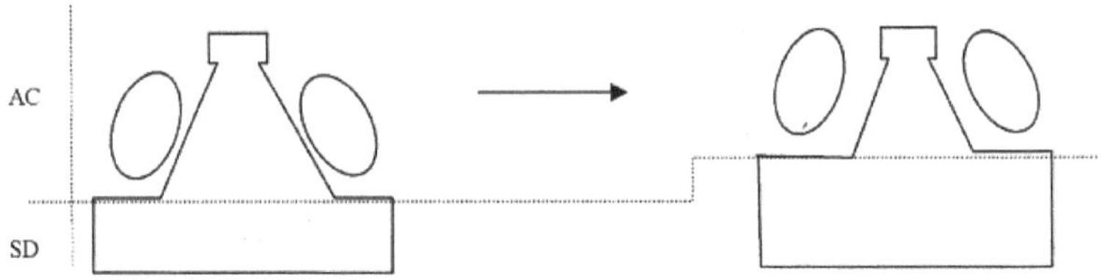

AC = Administration centrale, SD = Services déconcentrés

La dernière logique est celle qui consiste en une évolution (asymptotique, pourrait-on dire) vers les *fonctions de pilotage et de conception*, autrement dit, vers un centrage exclusif sur la composante technostructure de la représentation (*cf.* figure 4).

Figure 4 : Une administration de pilotage et de conception

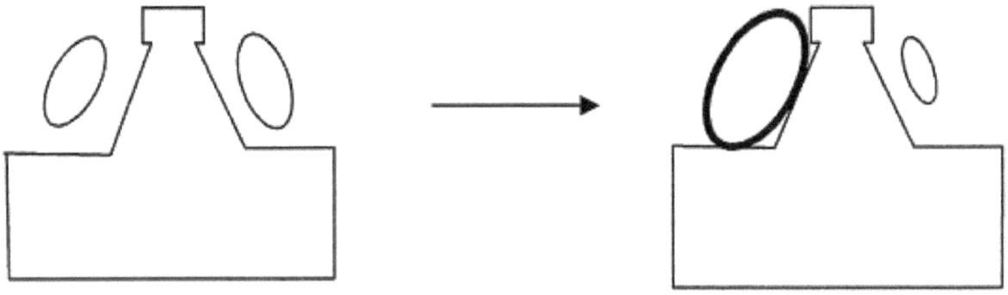

2. *Un panorama général des stratégies de performance possibles*

Les logiques précédentes (déconcentration, délégation à des opérateurs, décentralisation) rendent compte de leviers structurels de la performance. Elles modifient, en effet, le périmètre de l'organisation considérée. Si, pour simplifier, on exclut les réformes structurelles, pour examiner une configuration structurelle donnée (c'est-à-dire relativement stable dans son périmètre), on peut mettre en évidence les principaux leviers possibles de la performance mobilisables par l'administration (*cf.* figure 5). Il s'agit d'un ensemble de stratégies et de leviers génériques possibles et non pas nécessairement activés à un moment donné. Il sera intéressant d'examiner la manière dont les différentes stratégies ministérielles de réformes (SMR) s'insèrent, dans leurs manifestations concrètes, dans ce schéma général. Nous tenterons de formuler quelques hypothèses dans le paragraphe 3 consacré aux « réformes de l'Administration sanitaire et sociale ». Quoi qu'il en soit, bien entendu, les stratégies mises en œuvre ne peuvent être abordées correctement sans être replacées dans le contexte structurel (*cf.* paragraphe 1 consacré à l'évolution récente de l'administration en question).

Si l'on prend comme référence les services centraux de l'administration sanitaire et sociale (la technostructure et les services de support intellectuels), on peut mettre en évidence trois groupes de stratégies de performance (qui s'influencent mutuellement).

Le premier groupe est celui des stratégies de *performance interne*. Il réunit l'ensemble des stratégies qui consistent à tenter d'augmenter les performances de l'administration centrale elle-même (à l'exception des stratégies structurelles que nous avons exclues ici, pour simplifier l'analyse). Ces stratégies peuvent s'appuyer sur des leviers humains (stratégies de ressources humaines : formation, promotion, rémunération, etc.), des leviers organisationnels (réingénierie des processus internes, sous-traitance, contractualisation, normalisation, etc.), des leviers techniques matériels (informatisation, automatisation) ou immatériels (méthodes). On notera que les technologies immatérielles se situent, souvent, en réalité, à l'intersection entre le levier technique et le levier organisationnel… Ces stratégies s'appuient aussi, soit de manière directe, soit par l'intermédiaire de la mise en œuvre des différents leviers évoqués, sur des modifications des « produits » (missions) fournis.

Le second et le troisième groupe réunissent l'ensemble des stratégies de *performance induite* dans d'autres entités. En effet, il ne faut pas l'oublier, la finalité première de l'administration centrale, en tant que technostructure, est le « *coaching* » de la performance des autres entités. Nous distinguerons ici les stratégies de performance induite de niveau 1, qui concernent les services déconcentrés, et les stratégies de performance induite de niveau 2, qui concernent les autres opérateurs.

Cette distinction entre ces deux groupes de stratégies de performance interne et induite est identique à celle qui oppose, dans le cas des services de conseil et d'assistance externes, leur propre performance interne et la performance qu'ils induisent chez leurs clients. Il va de soi que, dans le conseil, comme dans l'administration centrale, les deux termes de cette opposition ne sont pas indépendants.

Les stratégies de performance induite, qu'elles concernent les services déconcentrés (niveau 1) ou les autres opérateurs (niveau 2), consistent à induire des performances chez ces deux types de « clients intermédiaires », de nouveau ici, en s'appuyant sur des leviers humains, techniques ou organisationnels, mais aussi en modifiant la nature des missions. Comme dans le cas du conseil externe (dont le niveau de performance induite dépend de la qualité et de la compétence du client), dans l'administration sanitaire et sociale, on peut dire que le niveau de performance induite atteint dépend de la qualité du service déconcentré ou de l'opérateur considéré.

Globalement, ces stratégies sont orientées vers différentes expressions de la performance : la qualité, la cohésion sociale, la productivité, mais surtout, à l'heure actuelle, semble-t-il, la réduction du coût des systèmes (c'est l'objectif de la réforme de l'assurance maladie, par exemple).

Figure 5 : Les stratégies de performance de l'administration sanitaire et sociale (pour une configuration structurelle donnée)

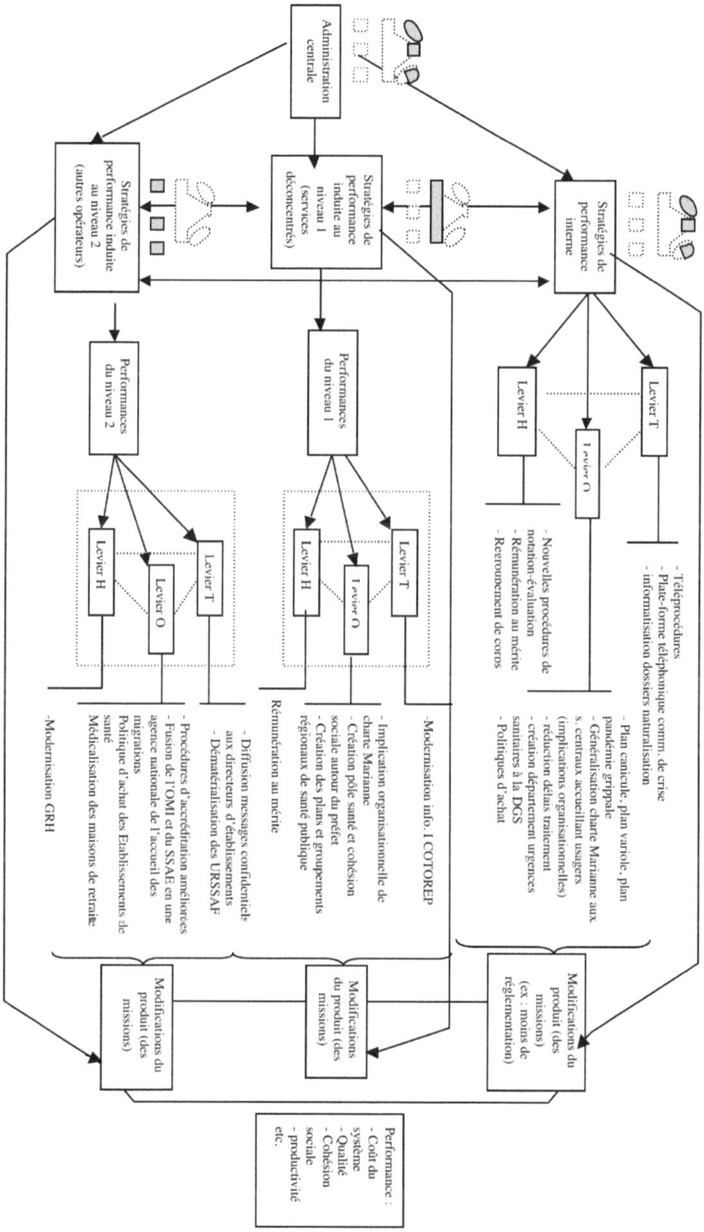

3. *Réformes de l'Administration sanitaire et sociale et rendement décroissant du concept de productivité*

Les différentes évolutions décrites précédemment sont orientées (aussi) vers la recherche de gains de productivité. Mais, les gisements de productivité se tarissent au fur et à mesure de l'évolution, ce qui se traduit par des stratégies d'exploitation d'autres dimensions de la performance (parfois de manière ambiguë).

a. Un tarissement progressif des gisements de productivité

Si l'on prend l'administration centrale de conception, comme unité de référence, on peut dire que les réformes décrites précédemment recouvrent deux types généraux de stratégies de productivité : une stratégie de productivité que l'on pourrait qualifier d'*extensive* et une stratégie de productivité *intensive*. Il s'agit d'une simplification pédagogique, car la frontière entre les deux types de stratégies n'est pas toujours simple à tracer, compte tenu du caractère dynamique de l'organisation.

1) Les stratégies de productivité extensives

Les stratégies de productivité extensives consistent à rechercher des gains de productivité globaux, à l'extérieur de l'administration centrale, en réduisant le périmètre de celle-ci (stratégies de délégation, de décentralisation et de déconcentration). L'hypothèse est, en effet, que l'essentiel des gains de productivité peuvent être réalisés au niveau des structures déléguées, décentralisées ou déconcentrées. C'est dans ces endroits qu'on trouve des effectifs relativement importants, des métiers très divers, des champs de standardisation plus importants, la possibilité d'usage de techniques à grande échelle. Il n'est donc pas étonnant que l'essentiel des travaux consacrés à la productivité des services administratifs privilégient ces niveaux d'analyse.

On peut également intégrer, dans ce groupe, un gisement traditionnel important de productivité qui est celui des fonctions de support logistique (dans leur composante opérationnelle uniquement). En effet, compte tenu du rapport particulier de ces activités avec la « matière », des gains de productivité (par l'organisation du travail, l'usage des technologies, l'externalisation, etc.) y sont possibles et ont largement été exploités dans les administrations (*cf.* section B), comme dans toutes les grandes entreprises industrielles ou de services.

Un troisième gisement de productivité exploitable se situe à l'intersection entre les stratégies extensives et les stratégies intensives. Il s'agit, en effet, des différentes entités ou missions qui sont réalisées à l'intersection entre plusieurs ministères, ou de celles qui sont confiées à l'ASS, mais qui pourraient l'être à d'autres. Il s'agit, pour l'essentiel, de missions relevant de la technostructure, mais dont les niveaux de performances peuvent être altérés par un partage interministériel (non clarifié) des responsabilités ou qui seraient plus efficaces, si on les affectait à d'autres ministères. L'administration sanitaire et sociale française, rappelons-le, réunit deux administrations (l'administration de la santé et l'administration sociale), qui sont parfois séparées dans d'autres pays. Elle est étroitement associée à l'administration du travail. Plus généralement, elle possède cette caractéristique essentielle que les missions principales dont elle est chargée (en particulier, les politiques sociales) ont un important degré de transversalité (interministérielle). Ceci signifie, en particulier, que sa propre performance peut être influencée par les stratégies et les performances d'autres ministères. Cette question du partage interministériel du travail et des missions peut, bien entendu, être généralisée à l'extrême à la question du degré d'efficacité d'une administration unique intégrant les dimensions sanitaires et sociales. Autrement dit, la question peut être posée de savoir si deux administrations séparées ne seraient pas plus efficaces.

2) Les stratégies de productivité intensives

Ces stratégies intensives prospectent des gisements de productivité à l'intérieur d'une administration centrale réduite schématiquement à sa technostructure (fonction de conception). Elles concernent une administration centrale réduite, qui est envisagée comme un maître d'ouvrage, qui « fait » de moins en moins, mais « fait faire » de plus en plus, qui n'est plus acteur opérationnel, mais stratège, concepteur et évaluateur.

Ces stratégies intensives se manifestent également par une tendance au glissement, à l'intérieur des fonctions générales de conception, vers les fonctions de pilotage stratégique et de contrôle au détriment des fonctions de réglementation jugées trop lourdes (nombre excessif de réglementations).

Rappelons que le concept de pilotage stratégique recouvre les trois fonctions suivantes :

1) une fonction conceptuelle de définition des *objectifs* stratégiques à atteindre, compte tenu de la dynamique de l'environnement interne et/ou externe ;

2) une fonction d'élaboration d'une stratégie opérationnelle, c'est-à-dire de déclinaison des objectifs stratégiques en *plans d'action* concrets ;

3) une fonction de *contrôle*, de suivi, de mesure ou d'*évaluation* des résultats.

La littérature de sciences de gestion fournit de nombreux principes normatifs sur ce qui constitue un bon pilotage stratégique. Ces différents principes peuvent plus ou moins trouver leur justification théorique dans les théories économiques des contrats. Sans prétendre à l'exhaustivité, on compte généralement parmi ces règles les suivantes :

– une formulation claire des objectifs (c'est-à-dire un contrat explicite dont les termes sont bien spécifiés). Ces objectifs doivent être cohérents entre eux (non contradictoires) et affectés aux niveaux de décision et d'action pertinents ;

– une formulation claire des stratégies opérationnelles, cohérente avec les objectifs stratégiques ;

– une sélection d'indicateurs de performance adaptés, divers (c'est-à-dire en mesure de rendre compte de différents aspects de l'activité), mais en nombre restreint ;

– la nécessité de mettre l'accent sur le pilotage plus que sur la collecte d'indicateurs ;

– la mise en œuvre d'un système de récompenses (et à l'inverse de sanctions).

Il ne s'agit pas ici de se prononcer sur le bien-fondé de tels principes. Mais, un certain nombre de limites apparaissent immédiatement. En particulier, un excès de contractualisation (de verrouillage des objectifs et des plans d'action) est nuisible à l'innovation et à l'adaptation aux environnements particuliers (locaux) ou au changement. La mise en œuvre d'une rationalité procédurale peut s'avérer plus efficace que celle d'une rationalité substantive. Comme semble l'illustrer le management du conseil, un « bon » pilotage stratégique peut être un copilotage, autrement dit, une relation de service riche, fondée sur la coopération, la confiance et une équivalence des niveaux (sinon des types) d'expertise entre les protagonistes de la relation (relations entre « pairs » sans crainte de sanction).

Ces stratégies centrées sur les fonctions de pilotage peuvent mobiliser l'ensemble des facteurs de productivité énoncés dans les chapitres précédents. On peut ainsi accroître la productivité des services de pilotage par l'amélioration des technologies matérielles ou immatérielles utilisées (les systèmes informatiques, mais aussi les méthodes et autres boîtes à outils : indicateurs, tableaux de bord, etc.), par une meilleure organisation interne du travail, par une meilleure division du travail entre les différentes directions d'administration centrale (en particulier une division qui résout les problèmes de frontières existant entre elles), par des relations externes plus efficaces ou encore une meilleure division interministérielle des tâches, etc.

Les SMR de cette administration fournissent un ensemble d'exemples d'améliorations possibles, qu'il n'est pas nécessaire de rappeler ici. Nous en avons évoqués quelques-uns dans la figure 5. L'encadré 4 en propose quelques illustrations pour d'autres ministères.

Encadré 4 : Exemples de stratégies de productivité intensive dans les SMR de différents ministères

– Mise en place d'un secrétariat général et regroupements afin de réduire le nombre de directions centrales (ministère de l'Équipement)
– Réorganisation de la direction générale de l'aviation civile (ministère de l'Équipement)
– Mesures d'accompagnement et de lutte contre la démotivation (formation, revalorisation des carrières...) pour les personnels des directions centrales dont les effectifs se réduisent (ministère de l'Équipement)
– Mise en place d'un secrétariat général afin de coordonner les actions des différentes directions (divers ministères : dont ministères de l'Emploi, de la Justice, de l'Agriculture, etc.)
– Élaboration d'un tableau de bord prospectif pour le ministre et le comité des directeurs (ministère de l'Intérieur)
– Désignation de correspondants « contrôle de gestion » dans certaines sous-directions (ministère de l'Intérieur)
– Réorganisation de l'administration centrale afin d'intégrer les trois domaines de compétences : sport, jeunesse, vie associative (ministère de la Jeunesse et des sports)
– Mise en place dans chaque direction d'un dispositif pertinent d'indicateurs et de tableaux de bord (ministère de la Justice)
– Mise en place de rémunération au mérite des cadres de direction en administration centrale (ministère de la Justice, ministère de l'Agriculture, etc.)
– Création d'un système d'information sur les ressources humaines, commun aux entités du ministère de la Justice (ministère de la Justice)
– Nouvelle sous-direction des ressources humaines à l'administration centrale de la direction de la protection judiciaire de la jeunesse (ministère de la Justice)
– Réorganisation de la direction de l'administration pénitentiaire (ministère de la Justice)
– Création d'un service central d'information et de communication (ministère de la Justice)
– Réunion sur un seul site des services répartis en onze lieux différents à Paris (ministère des Affaires étrangères)
– Stratégie de rationalisation des achats (ministère de l'Économie et des finances)
– Organisation d'une mobilité des ressources humaines entre les différentes directions centrales (ministère de l'Économie et des finances)
– Mise en place d'une prime collective de performance (ministère de l'Économie et des finances)

Finalement, la décomposition fonctionnelle du produit (que nous avons évoquée dans le chapitre 2) peut être utile, ici aussi, pour analyser les gisements de productivité, car en réalité, les fonctions de pilotage peuvent, elles aussi, être décomposées en fonctions de traitement de la matière, de l'information, de la connaissance et du contact, même si l'essentiel des activités concerne les secondes, mais surtout les troisièmes fonctions (traitement de la connaissance). Ainsi, on peut réaliser des gains de productivité dans les opérations de types M (traitement de la matière). On peut y parvenir de différentes manières : en mécanisant certaines activités, en organisant différemment les tâches, en ayant recours à la sous-traitance.

On peut également réaliser des gains de productivité dans les opérations informationnelles (type I), en introduisant des systèmes d'information (matériels et logiciels) efficaces, et en essayant de démentir (en particulier, par des efforts d'intégration organisationnelle) la manifestation du paradoxe de Solow.

La composante traitement de la connaissance (K) de la prestation peut également être la source de gains de productivité. Ces gains passent, comme dans les activités de conseil extérieures, par l'investissement en formation interne et/ou externe, par la mise au point de méthodologies plus ou moins formalisées (technologies immatérielles). Ainsi, de même que les consultants extérieurs qui mettent en œuvre des stratégies de rationalisation professionnelle passant par la mise au point de nombreux dispositifs structurants (méthodologies, maquettes, plans, tableaux de bord et boîtes à outils...) dont certains sont bien connus (les matrices du BCG, la méthode Hay, par exemple), les consultants internes de l'administration sanitaire et sociale mettent au point des procédures, des méthodologies structurantes, des « technologies invisibles » selon les termes de Michel Berry (1983), pour leur propre technostructure, ou pour l'usage des services déconcentrés ou des opérateurs délégués. On peut mettre, dans cette catégorie, l'élaboration de différents « plans » (plan canicule, plan variole...), l'élaboration de procédures d'accréditation, la construction de nouveaux indicateurs de qualité, ... Mais aussi, plus généralement, et quel que soit le ministère considéré, la simplification des procédures et des démarches administratives.

Les stratégies de productivité peuvent, enfin, également porter sur les opérations ou fonctions relationnelles (R). Dans le cas des administrations de conception, ces relations « en contact » concernent davantage les « clients » internes (les services déconcentrés, délégués, etc.) que les « clients » externes (finaux). Ces relations ont souvent été conçues et interprétées dans le cadre des théories de l'agence. Elles souffrent des limites inhérentes à ce type de relations, que nous avons déjà évoquées dans le chapitre 5. Les théories de l'agence cherchent à améliorer la productivité en contractualisant et en contrôlant les objectifs et les performances, mais aussi en établissant des dispositifs d'incitation. Elles privilégient ainsi un appauvrissement du contenu social de la relation de service. Il est possible, comme le préconisent certaines théories du management et de la socio-économie des services, d'améliorer, sinon la productivité, du moins la performance, au contraire, en enrichissant cette relation de service. Ainsi, tout comme dans la relation de conseil externe (Gadrey et Gallouj, 1998), une interface de type « *sparring* » (coproduction) dans laquelle le prestataire et le client coopèrent étroitement et copilotent le processus peut s'avérer plus efficace qu'une interface de type « *jobbing* », c'est-à-dire de simple sous-traitance et de contrôle. Autrement dit, la question de l'efficacité de l'activité d'interface entre l'administration sanitaire et sociale et ses clients est fondamentale. Elle ne doit pas être traitée selon une perspective strictement informationnelle, mais plutôt envisagée selon une problématique à la fois cognitive, sociale et relationnelle.

Cependant, ces stratégies de productivité intensive se heurtent à un certain nombre de limites *mécaniques*. La principale d'entre elles concerne le facteur humain de la productivité, qu'il s'agisse de qualité ou de quantité. Il n'est pas envisageable de réduire, au-delà d'un certain seuil, les effectifs de cette administration de conception. En effet, une disproportion entre les effectifs de l'administration centrale et ceux des différents opérateurs est préjudiciable à la réalisation des fonctions de pilotage. La stratégie de multiplication du nombre de clients (services déconcentrés, agences) associée à une réduction du nombre de prestataires se heurte à un moment donné à un effet de seuil.

Il s'agit d'un problème non seulement quantitatif, mais aussi qualitatif. En effet, compte tenu de la diversité des activités et des métiers « pilotés », il n'est pas certain que l'ensemble du spectre des compétences nécessaires au pilotage stratégique continue d'être couvert en deçà d'un certain seuil en termes d'effectifs. Or, comme nous l'enseignent l'économie et le management des activités de conseil (externes), la raison d'être de ces activités est le différentiel d'expertise et de compétence. Autrement dit, l'administration de conception (comme le consultant externe) ne doit pas être structurellement moins « compétent » que ses « clients ». Ce sont ces mêmes raisons (limite des stratégies de substitution des prestataires externes aux prestataires internes, importance de la complémentarité entre ces deux types de prestataires), qui expliquent pourquoi depuis les années 1970, le nombre de consultants internes des entreprises continue de croître, malgré l'explosion du phénomène d'externalisation.

Sans pour autant disparaître, ces seuils peuvent être repoussés, dans une certaine mesure, par différentes stratégies :

– des stratégies interministérielles de partage des gains de productivité (*cf.* le cas canadien des services partagés) ;

– le recours aux compétences spécifiques des experts des différents opérateurs (par exemple, dans le domaine de la comptabilité hospitalière ou des organismes de sécurité sociale) ;

– le recours à la consultance pour des expertises très particulières, lorsqu'elles existent et lorsque l'externalisation ne pose pas de problème stratégique (risque d'intrusion).

Une autre limite mécanique au gisement de productivité liée au facteur humain est celle de la compétence (et peut-être celle de la motivation). Globalement, les administrations centrales ont toujours été caractérisées par des niveaux de compétence (et de diplômes) élevés. On peut faire l'hypothèse que le resserrement de leurs activités sur les fonctions de conception et de pilotage induit mécaniquement l'élévation de ce niveau de compétence. Bien qu'il soit toujours possible d'améliorer les compétences (en renforçant davantage encore la formation interne, par exemple), il est peu probable que ce gisement de productivité soit particulièrement riche. Quant au critère de motivation ou plus exactement de démotivation, qu'on associe fréquemment aux ressources humaines de l'administration publique, à supposer qu'il soit réel, on peut faire l'hypothèse qu'il est peu probable qu'il concerne ou qu'il caractérise, de manière fondamentale, les experts de la technostructure dont il est question ici, compte tenu de leur niveau de responsabilité, de la nature de leurs tâches, etc.

b. Un glissement vers l'exploitation d'autres objectifs de performance

Compte tenu de l'épuisement des gisements (traditionnels) de productivité, face aux injonctions de productivité, les administrations centrales (et, en particulier, l'administration sanitaire et sociale) glissent naturellement et souvent légitimement vers d'autres objectifs de performance.

1) Le premier objectif est un objectif de réduction des coûts, d'économie de ressources

Cet objectif n'est pas, bien entendu, illégitime. Il pourrait même être élargi au-delà de l'économie des « coûts supportés » à l'accroissement des « coûts évités ». Cette distinction peut s'avérer particulièrement importante dans le domaine sanitaire et social. Cependant, on ne doit pas confondre gain de productivité et économie de coûts. Cette confusion est néanmoins fréquente.

On notera d'ailleurs que dans les typologies traditionnelles des « centres de responsabilités » proposées par les sciences de gestion, ces entités (les services administratifs) sont généralement considérées comme des « centres de dépenses discrétionnaires ». Il s'agit d'entités dont les tâches sont souvent multiples et peu répétitives, dont il est difficile de mesurer l'efficience et l'efficacité, compte tenu de la difficulté à appréhender le lien entre les coûts consentis et les résultats obtenus (Le Maître, 1993). Leur objectif est de « rendre le meilleur service dans le cadre du budget » et l'élément maîtrisé (le levier sur lequel elles peuvent s'appuyer) est le coût.

Mais, si l'organisation peut avoir pour objectif de réduire ses coûts, il est bien évident que la réduction des coûts n'est pas synonyme de gains de productivité. Il suffit de prendre quelques exemples pour s'en convaincre. Ainsi, réduire le salaire de ses travailleurs ne signifie pas augmenter leur productivité. Ceux-ci ne sont pas plus efficients dans leur labeur (et peuvent même l'être moins). Ne pas le reconnaître, c'est vider le concept de productivité de tout intérêt analytique.

2) Le deuxième objectif est la réforme des politiques

L'examen des SMR de cette administration (mais ce constat pourrait être généralisé à l'ensemble des autres administrations) semble mettre en évidence, à l'heure actuelle, une priorité accordée aux réformes des *politiques* par rapport aux réformes des *structures* ou des *processus internes*. Cependant, il est bien évident que la modification de ces différentes *politiques* ou *missions* peut difficilement être envisagée sans une modification des *structures* et des *processus internes*.

Deux arguments justifient cet ordre de priorité. Le premier argument est que de nombreuses réformes de structure ont été réalisées et que la productivité marginale de nouvelles améliorations structurelles est décroissante. Le second argument est que les enjeux financiers associés à ces réformes des politiques sont considérables (en comparaison de leurs faibles frais de gestion).

Les réformes de ces politiques sont des réformes des missions de l'administration, c'est-à-dire des réformes de ses « produits » (directs ou indirects), autrement dit, à la fois de ses outputs et des outcomes. Il est donc en quelque sorte question ici d'innovations de produit, qui sont aussi des innovations institutionnelles. La réforme de ces missions peut être envisagée sous différents angles : l'introduction de missions nouvelles, l'amélioration ou la réorientation de missions existantes, l'abandon de missions existantes (devenue obsolescentes) ou leur transfert à d'autres entités.

Dans le domaine sanitaire, les différents « produits » ou missions en cours de changement (ou de réformes) concernent, par exemple : la politique de santé publique, le dispositif de sécurité sanitaire et en particulier en matière d'alerte et de réactivité aux situations de crises, le système d'assurance maladie. Dans le domaine social, il s'agit notamment de la réforme de la politique du handicap, de la réforme de l'asile.

3) Performances internes et performances induites

Les réformes des politiques ne visent pas, pour l'essentiel, les performances internes. Ainsi, les performances dont il est question portent sur l'outcome (le résultat à long terme) de l'administration sanitaire et sociale plutôt que sur son output. Ces réformes sont plutôt orientées vers des performances induites chez les différents opérateurs délégués, les services déconcentrés, etc. Les services de pilotage jouent bien ici leur rôle de technostructure au sens de Mintzberg. Cette performance induite comporte deux dimensions importantes : 1) une dimension d'économie de coûts. Il s'agit d'économiser les ressources gérées par les opérateurs, en particulier, dans le domaine des dépenses de santé (*cf.* réforme de l'assurance maladie et modernisation de la gestion hospitalière) ; 2) une dimension de qualité de la prestation destinée au consommateur final (politique de santé publique). Ces deux dimensions ne sont pas indépendantes. Elles peuvent être conciliées : ainsi, des politiques efficaces de prévention du cancer, des maladies nosocomiales ou de lutte contre la drogue et la toxicomanie améliorent la qualité du service rendu, tout en économisant les ressources. Mais elles peuvent aussi s'avérer être contradictoires.

c. De nouveaux problèmes

Ces évolutions générales posent d'autres problèmes, en ce qui concerne la question de la productivité.

Comme nous venons de le rappeler, l'ASS a mis en œuvre de nombreuses réformes portant sur ses *missions* (c'est-à-dire sur ses produits) et sur ses *structures* (son organisation générale). Le périmètre de l'organisation a tellement changé qu'une analyse de l'évolution de sa productivité dans le temps perd de son sens. En effet, la nature du produit n'est plus la même et l'unité organisationnelle de référence est différente. C'est une difficulté semblable que soulèvent certaines comparaisons internationales de la productivité dans les services. Ainsi, une comparaison de la grande distribution alimentaire en France et aux États-Unis indique une nette supériorité de la France en termes de productivité. Il ne s'agit en réalité que d'une « illusion statistique », dans la mesure où l'on ne compare pas les mêmes outputs : la grande distribution américaine est caractérisée par une bien plus forte intensité en services et en relations (Gadrey, 1996a).

On peut également se demander si, paradoxalement, l'évolution de l'ASS vers les fonctions de conception ne risque pas de l'enfermer dans cette « tour d'ivoire technocratique », tant décriée ces dernières années. Il y a en effet un risque, porté par la mise en œuvre de relations d'agence (de type maître d'ouvrage maître d'œuvre) démultipliées, que ces administrations de conception, soient détachées des réalités de terrain (qui se manifestent au niveau des services déconcentrés, délégués et décentralisés). La décentralisation et la déconcentration rapprochent les administrations (décentralisées ou déconcentrées) des usagers, mais n'en éloignent-t-elle pas les fonctions centrales ? Ce risque d'éloignement vis-à-vis de l'usager, du client final peut se conjuguer avec des difficultés croissantes de gestion des performances associées à la démultiplication des relations d'agence.

Conclusion

Dans notre tentative de synthèse des stratégies de productivité dans les services, nous avons distingué, dans le chapitre précédent, d'une part, les stratégies d'assimilation, qui visent la productivité par l'industrialisation des services, et, d'autre part, les stratégies du particularisme, qui mettent en œuvre des modes de rationalisation, adaptés aux spécificités des activités de service. On peut également utiliser cette distinction, en s'appuyant non plus sur l'opposition entre les biens et les services, mais entre le caractère marchand ou non-marchand de ces services. En ce qui concerne la productivité dans les services publics, on peut ainsi également mettre en évidence, d'une part, des stratégies d'assimilation, qui consistent finalement à introduire dans les services non-marchands, les stratégies de productivité mobilisées dans les services marchands, et, d'autre part, des stratégies du particularisme, qui s'efforcent de mettre en œuvre des pratiques adaptées à la dimension non-marchande de ces activités. Les réformes en cours, dans de nombreux pays, qui s'inspirent, en particulier, du « nouveau management public », semblent plutôt s'inscrire dans ces stratégies d'assimilation.

Lorsqu'on pénètre, comme nous l'avons tenté, dans ce chapitre, dans la boîte noire des organisations publiques, la question de la productivité dans les fonctions internes (en particulier, les fonctions intellectuelles de conception et de pilotage) pose d'autres problèmes. Elle conjugue *a priori* plusieurs niveaux de difficultés : tout d'abord, bien sûr, les difficultés associées à la nature des organisations qui les hébergent, à savoir les administrations publiques ; ensuite, les difficultés associées au niveau analytique retenu, c'est-à-dire le niveau intra-organisationnel ; et, enfin, les difficultés correspondant à la nature des fonctions réalisées : il s'agit de fonctions intellectuelles analogues aux services (externes) de conseil.

Dans les chapitres précédents, nous avons longuement considéré les difficultés (pour définir, mesurer ou tenter d'accroître la productivité) associées à chacun de ces niveaux. Notre hypothèse est que, compte tenu de leurs spécificités, les enjeux de ces fonctions relèvent davantage de la performance que de la productivité. Cela ne signifie pas qu'on ne peut pas y réaliser certains gains de productivité. Mais, simplement, qu'il est difficile d'envisager des gains considérables dans ce domaine, d'autant plus que ces gains peuvent, dans certains cas, affecter négativement d'autres dimensions, beaucoup plus fondamentales, de la performance, en particulier les effets de moyen ou long terme (les outcomes).

Conclusion générale

Le concept de productivité, qui a été élaboré initialement pour des économies industrielles et agricoles, est un concept « fordiste », qui pose peu de difficultés, lorsqu'on a affaire à des produits (biens ou services) standardisés. En effet, il décrit un rendement technique : le rapport entre un volume de produit bien identifié et un facteur de production. Le calcul d'un tel ratio est aisé, dans le domaine de la production matérielle. L'avènement de l'économie des services, et plus généralement de l'économie de l'immatériel (au-delà du seul secteur tertiaire), a contribué à remettre en cause, sinon la pertinence de ce concept, du moins ses méthodes de mesure. La question de la productivité dans les services pose, en effet, des problèmes conceptuels, méthodologiques et stratégiques importants, qui constituent des enjeux à la fois pour les économistes, les comptables nationaux, les responsables d'entreprise et les responsables d'administration (qui doivent veiller à l'efficacité de l'utilisation des ressources publiques).

Nous avons tenté, dans ce travail de synthèse, d'établir un bilan des débats théoriques, méthodologiques et stratégiques sur la problématique de la productivité dans les services. Ce bilan s'est efforcé d'être le plus exhaustif possible, soucieux de rendre compte de la pluralité des perspectives adoptées en termes de définitions, de mesures ou de stratégies (c'est-à-dire de mobilisation de facteurs de productivité).

Un des constats de ce travail est qu'on peut établir des « groupes de niveaux » de difficulté d'application du concept de productivité (qu'il s'agisse de définir ce concept et de le mesurer ou qu'il s'agisse de concevoir et de mettre en œuvre des stratégies d'amélioration de la productivité). Ces groupes diffèrent selon le niveau d'analyse retenu.

Le premier groupe se situe au niveau intersectoriel. Il oppose le secteur industriel et le secteur des services. En effet, le concept de productivité rencontre bien plus de difficultés (de définition, de mesure et de mise en œuvre) dans les services que dans l'industrie (où il est né). Mais, les deux composants de ce premier groupe sont bien loin d'être homogènes. Ils comportent eux-mêmes différents groupes de niveaux, qui conduisent à reconsidérer, en le nuançant, ce premier constat général.

En adoptant, cette fois, une perspective intrasectorielle, on peut, en effet, également mettre en évidence, au sein des chacun des secteurs précédents, des groupes polaires de niveaux de difficulté. Ainsi, la question de la productivité est plus aisée dans les industries manufacturières traditionnelles que dans les industries de l'information, du savoir et de l'innovation permanente. Elle est relativement moins problématique dans les services marchands, que dans les services non-marchands. Dans les services marchands, le concept de productivité rencontre des difficultés, à mesure que s'élève le contenu cognitif des activités considérées. Il est ainsi plus adapté aux services opérationnels qu'aux services aux entreprises intensifs en connaissances. À l'intérieur du secteur non-marchand, le problème semble plus aigu pour les services administratifs que pour d'autres.

Les groupes de niveaux de difficulté se manifestent également à l'échelle des organisations elles-mêmes (quel que soit le secteur considéré). Ainsi, la difficulté est plus faible dans les services opérationnels internes que dans les services intellectuels, de conception et de pilotage.

Si l'on accepte l'hypothèse générale selon laquelle les économies contemporaines sont de plus en plus des économies des services, de la connaissance et de l'innovation, alors la prise en compte des différentes « relations d'ordre » précédentes signifie que le périmètre d'application du concept de productivité se réduit progressivement. La montée en puissance progressive des services, de l'information, de la connaissance, de la qualité et de l'innovation, au sein des organisations comme des secteurs économiques, multiplie les défis lancés à la notion de productivité et à sa mise en œuvre.

Si, pour les différentes raisons que nous venons d'évoquer, les économies contemporaines semblent être de moins en moins des économies de la *productivité*, elles sont, en revanche, de plus en plus, des économies de la *performance*, dans lesquelles l'*évaluation* prend le pas sur *la mesure*. Les analyses multicritères fondées sur une conception du produit comme « construction sociale » constituent des solutions intéressantes pour réaliser cette évaluation pluraliste. La productivité (performance technique de court terme) n'y est pas abandonnée. Elle continue d'y occuper une place relativement importante, mais d'autres dimensions du rendement du travail sont envisagées : des « rendements » économiques, bien sûr, mais aussi civiques, relationnels, d'innovation voire de réputation. Ces rendements peuvent se manifester dans le court terme (output) ou dans le long terme (outcome).

L'avantage essentiel de telles approches est leur flexibilité et leur capacité à rendre compte de la diversité des situations économiques et sociales. Ainsi, il est possible de renoncer purement et simplement au concept de productivité, lorsqu'il apparaît inadapté ou secondaire au regard d'autres dimensions de la performance. Par ailleurs, ces approches permettent de prendre en compte, de manière systémique et non mutilante, les relations entre les différentes expressions de la performance. En effet, celles-ci ne sont pas indépendantes les unes des autres. Elles peuvent entretenir entre elles des relations positives ou négatives dont il fondamental de tenir compte, non seulement dans la mesure de la performance, mais surtout dans l'élaboration de chaque stratégie particulière de performance.

Bibliographie

Abernathy W., Utterback, J., "Patterns of Industrial Innovation", *in Technology Review*, 80, juin-juillet 1978, p. 41-47.

Adjerad, S., *L'évaluation des organismes de service public à vocation sociale : une approche par le produit*, Thèse de Doctorat, Université Lille 1, octobre 1997.

Adjerad, S., *Les mondes de production des services sociaux : le cas des caisses d'allocation familiales*, 6es journées de l'IFRESI, Lille, 21-22 avril 1999.

Afonso, A., Schknecht, L., Tanzi, V., "Public sector efficiency: an international comparison", *in Public Choice*, 123 (3-4), 2005, p. 321-347.

Afonso, A., St Aubyn, "Non-parametric approaches to education and health efficiency in OECD countries", *in Journal of Applied Economics*, 8 (2), 2005, p. 227-246.

Aigner, D.J., Chu, S.F., "On estimating the industry production function", *in American Economic Reviw*, 58, 1968, p. 826-839.

Aigner, D.J., Lovell, C.A.K., Schmidt, P., "Formulation and Estimation of stochastic frontier production function models", *in Journal of econometrics*, 6, 1977, p. 21-37.

Anderson, R. I., Fish, M., Xia, Y. and Michello, F., "Measuring efficiency in the hotel industry: A stochastic frontier approach", *in International Journal of Hospitality Management*, 18(1), 1999, p. 45-47.

Arrow, K., "The Economic Implication of Learning by Doing", *in Review of Economic Studies*, vol. 29, n° 80, 1962, p. 155-173.

Ashaye, T., "Recent developments in the measurement of general government output", *in Economic Trends*, 76, novembre 2001, p. 41-44.

Audit Commission, *Managing to improve local services*, Londres, 2001.

Barras, R., "Interactive Innovation in Financial and Business Services: The Vanguard of the Service Revolution", *in Research Policy*, 19, 1990, p. 215-237.

Barras, R., "Towards a Theory of Innovation in Services", *in Research Policy*, 15, 1986, p. 161-173.

Barraud-Didier, V., *Contribution à l'étude du lien entre les pratiques de GRH et la performance financière de l'entreprise : le cas des pratiques de mobilisation*, Thèse de Doctorat en sciences de gestion, Université de Toulouse I, 1999.

Barro, R.J., Sala-i-Martin, X., *Economic growth*, New York, Mc Graw-Hill, 1995.

Barros, C.P., "A stochastic cost frontier in the Portuguese hotel industry", *in Tourism economics*, vol. 10, n° 2, 2004, p. 177-192.

Barros, C.P., "Performance measurement in tax offices with a stochastic frontier model", *in Journal of Economic Studies*, vol. 32 (6), 2005, p. 497-510.

Barros, C.P., Matias, A., "Assessing the efficiency of travel agencies with a stochastic cost frontier: a Portuguese case study", *in International journal of tourism research*, vol. 8, n° 5, 2006, p. 367-379.

Barros, C.P., Santos C.A., "The Measurement of Efficiency in Portuguese Hotels Using Data Envelopment", Analysis, *in Journal of Hospitality & Tourism Research*, 30 (3), 2006, p. 378-400.

Bartelsman, E., Van Leeuwen, G., Nieuwenhuijsen, H., Zeelenburg, K., *R-D and Productivity Growth: Evidence from Firm-Level Data in the Netherlands*, Conference of the European Economic Association, Istanbul, 1996.

Bassanini, A., Scarpetta, S., Visco, I., "Knowledge, technology and economic growth: recent evidence from OECD countries", *in* OECD Working Paper, mai 2000.

Batley, R., *The role of government in adjusting economies: an overview of findings*, International Development Department, University of Birmingham, Birmingham, Alabama, 1999.

Battese, G.E., Cora, G.S., "Estimation of a production frontier model: with application to the pastoral zone of eastern Australia", *in Australian Journal of Agricultural Economics*, 21, 1977, p. 169-179.

Bauer, P.W., "Recent developments in the econometric estimation of frontiers", *in Journal of Econometrics*, 46(1/2), 1990, p. 39-56.

Baumol, W., "Macroeconomics of unbalanced growth: the anatomy of urban crisis", *in The American Economic Review*, n° 3, juin 1967, p. 415-426.

Baxter, M., "Developments in the measurement of general government output", *in Economic Trends*, n° 562, septembre 2000, p. 3-5.

Bélanger, J., « L'influence de la participation des employés sur la productivité : état de la recherche », *in Gazette du travail*, vol. 4, n° 4, 2001, p. 72-88.

Bell, D., *The Coming of Post-Industrial Society*, New York Basic Books, traduction française (1976), *Vers la société postindustrielle*, Paris, Laffont, 1973.

Bernatchez, J.C., *L'appréciation des performances au travail : de l'individu à l'équipe*, Sainte-Foy, Presses de l'Université du Québec, 2003.

Berry, M., *Une technologie invisible : l'impact des instruments de gestion sur l'évolution des systèmes humains*, Paris, CRG, miméo, 1983.

Billaudot, B., *Régulation et croissance*, Paris, L'Harmattan, 2001.

Bluestone, B., Harrison, B., *The Great American Job Machine*, Report for the Joint Economic Committee, décembre 1986.

Boltanski, L., Thévenot, L., *De la justification. Les économies de la grandeur*, Paris, Gallimard, 1991.

Bonneville, L., « Un regard sociologique sur la notion de productivité dans le passage à la nouvelle économie », *in Hermès : revue critique*, n° 8, 2001, p. 1-16.

Boskin, M.J., *Towards a more accurate measure of the cost of living*, Report for the Senate Committee by the advisory commission to study the consumer price index, décembre, 5, 1996.

Boulianne, N., *Résumés d'études statistiques sur l'impact des innovations organisationnelles*, Direction de la Recherche et de l'Évaluation, ministère du Travail, Québec, janvier 2005.

Boyer, *Théorie de la régulation, les fondamentaux*, Paris, La Découverte, 2004.

Broussolle, D., « Un réexamen de deux problèmes de mesure de la production dans les services marchands : l'unité de production et la prise en compte du résultat », Colloque de l'AFSE, septembre.

Burchell, B., "The prevalence and redistribution of job insecurity and work intensification", *in* Burchell, B., Lapido, D. and Wilkinson, F. (eds.), *Job insecurity and work intensification*, London, Routledge, 2002, p. 8-38.

Cameron, G., *Innovation and Growth: a survey of the empirical evidence*, Nuffield College Oxford, mimeo, 1998.

Caplan, D., "Measuring the output of non-market services", *in Economic Trends*, 359, octobre 1998, p. 45-49.

Castagnos, J.C., « Performance et gestion publique : un pari impossible », *in Économies et sociétés*, n° 12, 1987, p. 141-173.

Caves, D.W., Christensen, L.R., Diewert, W.E., "The economic theory of index numbers and the measurement of input, output and productivity," *in Econometrica*, 50, 1982, p. 1393-1414.

CBO (Congressional Budget Office), *The productivity problem: Alternatives for actions*, Congressional budget office U.S. Congress, Washington, janvier 1981.

CENV (Centre d'étude sur le niveau de vie), *La productivité : secret de la réussite économique*, Rapport pour L'Agence de promotion économique du Canada Atlantique, mars 1998.

Chaffai, M., « Estimation de frontières d'efficience : un survol des développements récents de la littérature », *in Revue d'économie du développement*, 3, 1997, p. 33-67.

Charnes, A., Cooper, W.W., Lewin, A.Y., Seiford, L.M. (eds.), *Data Envelopment Analysis: Theory, Methodology and Applications*, Dordrecht, Kluwer, 1995.

Charnes, A., Cooper, W.W., Rhoades, E., "Measuring the efficiency of decision making units", *in European Journal of operational research*, 2, 1978, p. 429-444.

Clark, C., *The conditions of Progress and Security*, Londres, Mac Millan, 1940 ; traduction française, *in Les conditions du progrès économique*, Paris, PUF, 1960.

Coe, D., Helpman, E., "International R-D spillovers", *in European Economic Review*, vol. 39, 1995, p. 859-887.

Coelli, T., "A comparison of alternative productivity growth mesaures: with application to electricity generation", *in* Fox, K. (ed.), *Efficiency in the public sector*, Dordrecht, Kluwer Academic Publishers, 2002, p. 169-200.

Cohen, M., Levinthal, D., "Innovation and learning: the two faces of R-D", *in The Economic Journal*, Septembre, 99 (397), 1989, p. 569-596.

Cohen, S., Zysman, J., *Manufacturing Matters*, Basic Books, New York, 1987.

Commission européenne, *Competitiveness and benchmarking*, European competitiveness report, Enterprise and industry publication, 2004.

Conseil scientifique de l'évaluation, *Petit guide de l'évaluation des_politiques publiques*, Paris La Documentation française, 1996, 123 p.

Cully, M., Woodland, W., O'Reilly, A., Dix, G. (eds.), *Britain at Work*, Routledge, London, New York, 1999.

Cunéo, P., « L'impact de la Recherche-développement sur la productivité industrielle », *in Économie et statistique*, n° 164, mars 1984, p. 3-18.

Cunéo, P., Mairesse, J., "Productivity and R&D at the Firm Level in French Manufacturing", *in* Griliches, Z. (ed.), *R&D, Patents and Productivity* Chicago, University of Chicago Press, 1984.

DAGPB (Direction de l'administration générale, du personnel et du budget, *Ministères de l'Emploi, de la Santé, de la Famille, de la Parité et de l'Égalité professionnelle : Missions et Structures*, 2003.

Danjou, B., Massa, E., *Services publics et externalisation : réalités, actualités et perspectives*, Rapport de stage, École des Mines de Paris, 2004.

Debreu, G., "The coefficient of resource utilization", *in Econometrica*, 19(3), 1951, p. 273-292.

Delaunay, J.-C., Gadrey, J., *Les enjeux de la société de service*, Paris, Presses de la Fondation nationale des sciences politiques, 1987.

Delfini, C., *Quelques éléments d'évaluation des services et de la performance à l'ANPE*, Séminaire du groupe services, Université Lille 1, miméo, 1999.

Denison, E., *The Sources of Economic Growth in the United States*, Washington, D.C., Committee for Economic Development, 1962.

Dewatripont, M., Jewitt, I., Tirole, J., "The economics od career concerns", *in Review of Economic Studies*, 66(1), 1999, p. 189-217.

Dixit, A., *Incentives and organizations in the public sector: an interpretative review*, mimeo, Princeton University, 2000.

Dixit, A., *The making of economic policy: a transaction cost politics perspective*, Cambridge, MIT press, 1996.

Djellal, F., « Les services de nettoyage face aux nouvelles technologies », *in Formation et emploi*, n° 77, 2002b, p. 37-49.

Djellal, F., Francoz, D. Gallouj, C., Gallouj, F., Jacquin, Y., "Revising the definition of research and development in the light of the specificities of services", *in Science and Public Policy*, 30/6, 2003, p. 415-429.

Djellal, F., Gallouj, C., Gallouj, F., *La R-D dans les services : à la recherche d'indicateurs utilisables*, ministère de l'Éducation nationale, de la Recherche et de la Technologie, décembre 2001, 2 tomes : rapport de synthèse et études de cas, 235 p.

Djellal, F., Gallouj, F., « "Le casse-tête" de la mesure de l'innovation dans les services : enquête sur les enquêtes », *in Revue d'économie industrielle*, n° 93, 4e trimestre, 2000, p. 7-28.

Djellal, F., Gallouj, F., "Mapping innovation dynamics in hospitals", *in Research Policy*, vol. 34, 2005, p. 817-835.

Djellal, F., « Technologies de l'information et services "non informationnels" », *in Économies et sociétés*, série EGS, n° 2, juin 2002(a), p. 62-78.

Dolton, P., "Performance related pay for teachers", *in Public services productivity seminar papers*, Londres, HM Treasury, 2003.

Donthu, N., Yoo, B., "Retail productivity assessment using data envelopment analysis", *in Journal of retailing*, vol. 74, n° 1, 1998, p. 89-105.

Dopuch, N., Gupta, M., Simunic, DA, Stein, MT, "Production efficiency and the pricing of audit services", *in Contemporary Accounting Research*, vol. 20 (1), 2003, p. 47-77.

Drake, L., Hall, M.J.B., "Efficiency in Japanese banking: An empirical analysis", *in Journal Of Banking & Finance*, vol. 27 (5), 2003, p 891-917.

Drake, L., Simper, R., "The measurement of english and welsh police force efficiency: a comparison of distance function models", *in European Journal of Operational Research*, 147, 2003, p. 165-186.

Drucker, P., *Les nouvelles réalités : de l'État-providence à la société du savoir*, Paris, InterÉditions, 1989.

Du Tertre, C., Blandin, O., *Productivité et performance des activités de service : éléments de repères théoriques*, Rapport intermédiaire, Direction de la stratégie et de la planification, La Poste, janvier 1998.

Dumez, H., Jeunemaître, A., « Combinaison harmonieuse des vertus du public et du privé, ou mélanges des genres ? Les partenariats public/privé nouveaux venus du management public », *in Politiques et Management public*, vol. 21, n° 4, décembre 2003, p. 1-14.

Englander, A.S, Mittelstädt, A., "Total productivity: Macroeconomic and Structural Aspects of the Slowdown", *in OECD Economic Studies*, n° 10, summer, 1988.

Eurostat, *Handbook of price and volume measures in national accounts*, European Commission, 2001, version française (2005) : *Manuel de la mesure des lprix et des volumes dans les comptes nationaux.*

EWON (European Work Organisation), *New forms of work organisation: the benefits and impact on performance*, 2001.

Färe, R., Grosskop, S., Norris, M., Zhang, Z., "Productivity growth, technical progress, and efficiency changes in industrialised countries", *in American Economic Review*, 84, 1994, p. 66-83.

Färe, R., Grosskop, S., Lovell, C.A.K., *The measurement of efficiency of production*, Boston, Kluwer-Nijhoff, 1985.

Farrell, M.J., "The measurement of productive efficiency", *in Journal of the Royal Statistical Society (series A)*, 120(3), 1957, p. 253-281.

Farsi, M., Filippini, M., Kuenzle, M., "Cost efficiency of regional bus companies: an application of alternative stochastic frontier models", *in Journal of Transport Economics and Policy*, vol. 40 (1), 2006, p. 105-118.

Fernandez, C., Koop, G., Steel, M.F.J., "Alternative efficiency measures for multiple-output production", *in Journal of Econometrics*, vol. 126, issue 2, 2005, p. 411-444.

Fisk, D., Forte, D., "The federal productivity measurement program: final results", *in Monthly labour review*, may 1997, p. 19-28.

Fleck, J., "Learning by trying: the implementation of configurational technology", *in Research Policy*, 23, 1994, p. 637-652.

Fourastié, J., *Le grand espoir du XXe siècle*, Paris, PUF, 1949.

Fox, K.J., "Efficiency at different levels of aggregation: public vs. private sector firms", *in Economic Letters*, 65 (2), 1999, p. 17-176.

Freeman, C., Soete, L. (eds.), *Technical change and full employment*, Oxford, Basil Blackwell, 1987.

Fuchs, V. (ed.), *Production and productivity in the service industries*, New York, Columbia University Press, 1969.

Fuentes, H.J., Grifell-Tatje, E., Perelman, E., "A parametric distance function approach for Malmquist productivity index estimation", *in Journal of Productivity Analysis*, vol. 15, n° 2, march 2001, p. 79-94.

Gadrey J., Gallouj C., Gallouj F., Moulaert F., Martinelli F., Tordoir P., *in Manager le conseil*, Paris, Ediscience International, 1992.

Gadrey, J. Gallouj, F., "The provider-customer interface in business and professional services", *in The Service Industries Journal*, vol. 18, n° 2, avril 1998, p. 1-15.

Gadrey, J., « Croissance et productivité : des indicateurs en crise larvée », *in Travail et Emploi*, n° 91, juillet 2002b, p. 9-17.

Gadrey, J., « La théorie de la régulation à l'épreuve de l'économie de la qualité et du service », *in Économies et sociétés*, série EGS, n° 4, 7/2002a, p. 1095-1117.

Gadrey, J., « Le service n'est pas un produit : quelques implications pour l'analyse économique et pour la gestion », *in Politiques et Management Public*, vol. 9, n° 1, mars 1991, p. 1-24.

Gadrey, J., « Les relations de services dans le secteur marchand », *in* De Bandt J., Gadrey, J. (eds.), *Relations de service, marchés des services*, Paris, CNRS Editions, 1994a.

Gadrey, J., Gallouj, C., Gallouj, F., Martinelli, F., Moulaert, F., Tordoir, P., *Manager le conseil*, Edisciences International, 1992.

Gadrey, J., Jany-Catrice, F., *Les nouveaux indicateurs de croissance*, Repère, La Découverte, Paris, 2007.

Gadrey, J., *L'économie des services*, La Découverte, Paris (2e éd.), 1996b.

Gadrey, J., *Services : la productivité en question*, Desclée de Brouwer, 1996a.

Gadrey, J., *Société de service ou de self-service : examen du cas français*, John Hopkins European Center for Regional Planning and Research, Working Paper n° 14, 1985.

Gadrey, J., *Socio-économie des services*, Paris, Repère, La Découverte, 2003.

Gallouj F., *Économie de l'innovation dans les services*, Paris, L'Harmattan, Logiques économiques, 1994.

Gallouj, C., "Asymmetry of Information and the Service Relationship", *in International Journal of Services Industry Management*, 8(5), 1997, p. 377-397.

Gallouj, F., "Interactional innovation: a neo-Schumpeterian model", *in* Sundbo, J. et Fuglsang, L. (eds.), *Innovation as strategic reflexivity*, Londres et New York, Routledge, 2002, p. 29-56.

Gallouj, F., "Knowledge intensive business services: processing knowledge and producing innovation", *in* Gadrey, J., Gallouj, F. (eds.), *Productivity, Innovation and Knowledge in Services*, Cheltenham, Northampton, Edward Elgar, 2002, p. 256-284.

Gallouj, F., *Évaluer et comparer les performances des établissements postaux : la méthode de l'arbre de performance en question*, Clersé, Université Lille I, Rapport de recherche pour la mission de la recherche de La Poste, novembre 1999, 70 p.

Gamache, R., *La productivité : définition et enjeux*, Travail Québec, février 2005, mimeo.

Gershuny, J., « L'innovation sociale : nouveaux modes de prestation de services », *in Futurible*, février 1986, p. 37-63.

Gershuny, J., *After Industrial Society? The Emerging Self-Service Economy*, Londres, Mac Millan, 1978.

Gershuny, J., Miles, I., *The new service economy*, Londres, Frances Pinter, 1983.

Gershuny, J., *Social Innovation and the Division of Labour*, Oxford, Oxford University Press, 1983.

Gilbert, R.A, Whelelock, D.C, Wilson, P.W., "New evidence on the Fed's productivity in providing payments services", *in Journal of Banking and Finance*, 28, 2004, p. 2175-2190.

Giles, A., *La productivité et l'emploi : un drôle de couple, Forum sur la productivité et l'emploi*, Québec, 14-15 mars 2005.

Goffman, E., *Asiles*, Paris, Éditions de Minuit, 1968.

Gollac, M., Volkoff, S., « Citius, altius, fortius, l'intensification du travail », *in Actes de la Recherche en Sciences Sociales*, n° 114, septembre 1996, p. 54-67.

Gordon, R., Does the « New Economy » Measure up to the Great Inventions of the Past? », *in Journal of Economic Perspectives*, vol. 14, n° 4, 2000, p. 49-74.

Gordon, R., *Technology and Economic Performance in the American Economy*, CEPR, Discussion Paper Series, n° 3213, February 2002.

Gorz, A., *Métamorphoses du travail et quête de sens*, Paris, Galilée, 1988.

Government of Malaysia, *Guidelines on productivity improvement in the public service*, Development administration circular N° 6 OF 1991, juillet 1991.

Green, F., *Why has work effort becomemore intense? effort biased technical change and other stories*, Canterbury, Department of Economics, University of Kent, 2001.

Greene, W., Segal, D., "Profitability and efficiency in US Life insurance industry", *in Journal of Productivity Analysis*, 21, 2004, p. 229-247.

Greiner, J.M., "Positioning performance measurement for the twenty-first century", *in* Halachmi, A., Bouckaert, G. (eds.), Organizational performance and measurement in the public sector, Londres, Quorum Books, 1996, p. 11-50.

Griliches, Z. (ed.), *Output measurement in the service sectors*, Chicago, The University of Chicago Press, 1984.

Griliches, Z., "Productivity, R&D and Basic Research at the Firm Level in the 1970s", *in American Economic Review*, vol. 76, 1986, p. 141-154.

Griliches, Z., "R&D and the productivity slowdown", *in American Economic Review* vol. 70, 1980b, p. 343-348.

Griliches, Z., "Research expenditures, Education, and the aggregate agricultural production function", *in American Economic Review*, 54, 1964, p. 961-974.

Griliches, Z., "Returns to R&D Expenditures in the Private Sector", *in* Kendrick, K.W. and Vaccara, B. (eds.), *in New Developments in Productivity Measurement* Chicago University Press, 1980a.

Gueret-Talon, L., « Management par la qualité: et si le service public devenait une référence sur le marché », *in Politiques et Management public*, vol. 22, n° 2, juin 2004, p. 39-54.

Halachmi, A., Boorsma, P. (eds.), *Inter and intra government arrangements for productivity: an agency approach*, Dordrecht, Kluwer Academic Publishers, 1988.

Hammond, C., "Efficiency in the provision of public services: a data, envelopment analysis of UK public library systems", *in Applied Economics*, vol. 34 (5), 2002, p. 649-657.

Handler, H., Koebel, B., Reiss, P., Schratzenstaller, M., *The size and performance of public sector activities in Europe*, WIFO (Osterreichisches Institut Für Wirstschaftsforschung), Working Papers n° 246, 2005.

Harris, G.R., *Les déterminants de la croissance de la productivité canadienne : Enjeux et perspectives*, Document de travail, n° 8, 1999.

Harris, G.R., *Politiques sociales et croissance de la productivité : quels sont les liens* ? Document de travail, n° 11, 2002.

He, Y.Q., Chan, L.K., Wu, M.L., "Balancing productivity and consumer satisfaction for profitability: statistical and fuzzy regression analysis", *in European Journal of Operational research*, vol. 176, issue 1, 2007, p. 252-263.

Hempell, T., "What's spurious, what's real? Measuring productivity impacts of ICT at the firm level", *in Empirical Economics*, 30, 2005, p. 427-464.

Hill, P., "On Goods and Services", *in The Review of Income and Wealth*, 4-23, 1977, p. 315-338.

HM Treasury, *Public services: meeting the productivity challenge*, Discussion docuement, avril 2003.

Hollingsworth, B., Dawson, P.J. Maniadakis, N., "Efficiency measurement of health care: a review of non-parametric methods and applications", *in Health care management science*, 2, 1999, p. 161-172.

Holmstrom, B., "Moral hazard in teams", *in Bell Journal of Economics and Management Science*, 13(2), 1982, p. 324-340.

Holmstrom, B., Milgrom, P., "Multi-task principal agent analyses", *in Journal of law, economics and organization*, 7(1), 1991, p. 24-52.

Holzer, M., Lee, S.-H., "Mastering public productivity and performance improvement from a productive management perspective", *in* Holzer, M., Lee, S.-H. (eds.), *Public productivity handbook*, New York, Marcel Dekker, 2004, p. 1-16.

Hulten, C.R., "Comment: Measurement of output and productivity in the service sector", *in* Inman *et al.* (eds.), *Managing the service economy*, Cambridge, Cambridge university press, 1985, p. 127-130.

Jaldell, H., "Output specification and performance measurement in fire services: an ordinal output variable approach", *in European Journal of Operational Research*, 161, 2005, p. 525-535.

Jensen, M.C., Meckling, W.H., "Theory of the firm: managerial behavior, agency costs and ownership structure", *in Journal of Financial Economy*, vol. 3, 1976, p. 305-360.

Jex, S.M., *Stress and job performance: theory, research and implications for managerial practice*, Thousand Oaks, CA, Sage Publications, 1998.

Johnes, G., Johnes, J., "Measuring the research performance of UK economics departments: an application of data envelopment", *in Oxford Economic Papers*, 45, 1993, p. 332-347.

Jorgensen, D.W. (ed.), *Productivity: international comparisons of Economic growth*, Cambridge MA, MIT Press, 1995.

Joumard, I., Kongsrud, M., Nam, Y.S., Price, R., *Enhancing the cost effectiveness of spending: Experiences in OECD countries*, OCDE, Working Papers, 380, 2004.

Jowett, P., Rothwell, M., *Performance indicators in the public sector*, Londres, McMillan, 1988.

Karasek, R., Theorell, T., *Healthy work: stress, productivity and the reconstruction of working life*, New York, Basic Books, 1990.

Karlafits, M., Maccarthy, P., "The effects of privatization on public transit costs", *in Journal of Regulatory Economics*, 16, 1999, p. 27-43.

Karpik, L., « L'économie de la qualité », *in Revue française de sociologie*, XXX(2), 1989, p. 187-210.

Keh, H.T., Chu, S., "Retail productivity and scale economies at the firm level: a DEA approach", *in The International Journal of Management Science*, vol. 31(2), 2003, p. 75-82.

Kingman-Brundage, J., "The ABCs of Service System Blueprinting", *in* Lovelock, C. (ed.), *Managing services*, Englewood Cliffs, New Jersey, Prentice-Hall International Editions, 1992, p. 96–102.

Knight, F., *Risk, uncertainty and profit*, Boston and new York, Houghton Mifflin, 1921.

Knox Lovell, C.A., "Performance assessement in the public sector", *in* Fox, K. (ed.), *Efficiency in the public sector*, Dordrecht, Kluwer Academic Publishers, 2002, p. 11-35.

Koopmans, T.C., "Efficient Allocation of Resources", *in Econometrica*, 19, 1952, p. 455–465.

Kopel, S., « Le déroulement de carrières des « surdiplômés de la fonction publique: propositions pour une gestion différenciée », *in Politiques et management publics*, vol. 19, n° 2, juin 2001, p. 25-43.

Kubr, M., *Management Consulting: a Guide to the Profession*, BIT, Genève, 1988.

Lacaze, A., « La Lolf : simple outil de management ou dogme écrasant ? », *in Gérer et Comprendre*, septembre, n° 81, 2005, p. 5-13.

Lakshmanan, T.R., *Technological and Institutional Innovation in the Service Sector*, Colloque « Recherche et développement, changement industriel et politique économique », Université de Karlstad, Suède, juin 1987.

Lawler, E.E., *High-Involvement Management: Participative Strategies for Improving Organizational Performance*, San Francisco, Jossey Bass, 1986.

Lawrence, D., Houghton, J., George, A., "International comparisons of Australia's infrastructure performance", *in Journal of Productivity Analysis*, 8, 1997, p. 361-378.

Lay, G., Shapira, P., Wegel, J. (eds.), "Innovation in Production", *in Technology, Innovation & Policy*, n° 8 (6), 1999.

Le Duff, R., Papillon, J.P, « La productivité des services publics », *in* J.P. Helfer et J.P Orsoni (ed.), *Encyclopédie du Management*, Paris, Vuibert, 1992, p. 558-567.

Le Maître, D., *Évaluation de la performance et comportements opportunistes dans les centres de responsabilité*, Thèse de Doctorat en sciences de gestion, Université Rennes 1, 1993.

Le Pen, C., « La productivité des services publics non-marchands : Quelques réflexions méthodologiques », *in Revue d'économie politique*, n° 5, 1986, p. 476-489.

Leibenstein, H., "Allocative Efficiency vs. X-Efficiency", *in American Economic Review* 56, juin 1966, p. 392-415.

Levitt, T., "Production line approach to service", *in Harvard Business Review*, 50, septembre-octobre 1972, p. 41-52.

Lewin. A., Morey, R., Cook, T., "Evaluating the administrative efficiency of courts", *in Omega*, vol. 10, n° 4, 1982, p. 401-411.

Lichtenberg, F.), "R-D Investment and International Productivity Differences", *in NBER Working Paper*, n° 4161, 1992.

Lindsay, C.M., "A theory of government enterprise", *in Journal of political economy*, 84(5), 1976, p. 1061-1077.

Lindsay, W.M., Petrick, J.A., *Total quality and organisation development*, Delray Beach, FL, St. Lucie Press, 1997.

Lovelock, C., "A basic toolkit for service managers", *in* Lovelock, C. (ed.), *Managing services*, Englewood Cliffs, New Jersey, Prentice-Hall International editions, 1992, p. 17-30.

Lowe, G.S., *Milieux de travail sain et productivité : un document de travail*, Division de l'analyse et de l'évaluation économiques, Santé Canada, avril 2003.

Lucas, R., "On the Mechanisms of Economic Growth", *in Journal of Monetary Economics*, vol. 22, n° 1, 1988, p. 3-42.

Lundvall, B., "Innovation as an interactive proces: from user-producer interaction to the nation system of innovation, *in* Dosi *et al.* (eds.), *Technical Change and Economic Theory*, London, Frances Pinter, 1988, p. 349-369.

Mahar, M., "Blue collar, white collar: good jobs are vanishing throughout the economy", *in Barron's*, May 1992, 11, p. 8-24.

Mahlerg, B., Url, T., "Effects of the single market on the austrian insurance industry", *in Empirical Economics*, 28, 2003, p. 813-838.

Mairesse, J. et Hall, B., "Estimating the Productivity of Research and Development in French and United States Manufacturing Firms: An Exploration of Simultaneity Issues with GMM Methods", *in* Wagner, K. et Van Ark, B. (eds.), *International productivity differences: measurement and explanations*, North Holland Amsterdam, Elsevier, p. 285-315.

Mairesse, J., Cunéo, P., « Recherche-développement et performances des entreprises : une étude économétrique sur données individuelles », *in Revue économique*, vol. 36, 1985, p. 1001-1042.

Mairesse, J., Mohnen, P., Recherche-développement et productivité : un survol de la littérature économétrique, *in Économie et statistique*, n° 237-238, novembre-décembre 1990, p. 99-108.

Malerba, F.), "Learning by firms and incremental technical change", *in The economic Journal*, 102, juillet 1992, p. 845-859.

Malleret, V., « L'évaluation des performances des services fonctionnels : une étude empirique », *in Finance, Contrôle, Stratégie*, vol. 1, n° 1, mars 1998, p. 145-168.

Malleret, V., *Une approche de la performance des services fonctionnels : l'évaluation des centres de coûts discrétionnaires*, Thèse de Doctorat en sciences de gestion, Université de Paris IX-Dauphine, 1993.

Malmquist, S., "Index numbers and indifference surfaces", *in Trabajos de Estatistics*, 4, 1953, p. 209-242.

Maniadakis, N., Hollingsworth, B., Thanassoulis, E., "The impact of the internal market on hospital efficiency, productivity and service quality", *in Health Care Management Science*, 2, 1999, p. 75-85.

Mansfield, E., "Industrial R&D in Japan and the United States: A Comparative Study", *in American Economic Review*, vol. 78, 1988, p. 223-228.

Mansfield, E., "Technical Change and the Rate of Imitation", *in Econometrica*, vol. 29, n° 4, 1961, p. 741-766.

Mayère, A., « Relations de service et enjeux d'industrialisation », *in* De Bandt, J., et Gadrey, J. (dir.), *Relations de service, marchés des services*, Paris, CNRS Éditions, 1994, p. 101–17.

Meeusen, W., vand den Broeck, J., "Efficiency estimation from Cobb-Douglas production functions with composed error", *in International Economic Review*, 18, 1977, p. 435-444.

Meisenheimer, J.R., "The service industries in the 'good' versus 'bad' jobs debate", *in Monthly Labor Review*, February 1998, p. 22-47.

Menon, N.M., Lee, B.", Cost control and production performance enhancement by IT investment and regulation changes: evidence from the healthcare industry", *in Decision Support systems*, 30, 2000, p. 153-169.

Ministry of Labour, *Changements organisationnels pour améliorer la productivité et l'emploi : recueil de cas vécus*, Québec, 2005 (www.travail.gouv.qc.ca).

Mintzberg, H., *Structure et dynamique des organisations*, Paris, Les éditions d'organisation, 1982.

Murillo-Zamorano, L.R., "Economic Efficiency and frontier techniques", *in Journal of Economic Survey*, 18(1), 2004, p. 33-77.

Nachum, L., "Measurement of productivity of professional services: an illustration on Swedish management consulting firms", *in International Journal of Operations and Production Management*, vol. 19, n° 9, 1999, p. 922-949.

Nadiri, M., "Contributions and determinants of research and development expenditures in the US manufacturing industries", *in* von Furstenberg, G. (ed.), *Capital, Efficiency and Growth*, Cambridge, Ballinger, 1980b, p. 361-392.

Nadiri, M., Bitros, G., "Research and Development Expenditures and Labor Productivity at the Firm Level", *in* Kendrick, J. et Vaccara, B. (eds.), *Conference on New Developments in Productivity Measurement, Studies in Income and Wealth*, vol. 44, Chicago, University of Chicago Press, 1980, p. 387-417.

Nadiri, M., Prucha, I., "Comparison and Analysis of Productivity Growth and R&D Investment in the Electrical Machinery Industries of the United States and Japan", *in* Hulten, C. et Norsworthy, R. (eds.), *Productivity Growth in Japan and the United States*, Chicago, University of Chicago Press, 1990, p. 109-133.

Nadiri, M., Sectoral productivity slowdown, *in American Economic Review*, vol. 70, 1980a, p. 349-355.

Nemoto, J., Asai, S., "Scale Economies, technical change and productivity growth in Japanese local telecommunications services", *in Japan and the World Economy*, n° 14, 2002, p. 305-320.

Nonaka, S., "A dynamic theory of organizational knowledge creation", *in Organization Science*, vol. 5, n° 1, 1994, p. 14-37.

Northwood, K., Hinchcliffe, C., Henerson, L., Rawnsley, T., *in Experimental output measures for the Australian justice sector*, discussion paper n° 1, Australian Bureau of Statistics, 2001.

Noyelle, T., *New Technologies and Services: Impact on Cities and Jobs*, University of Maryland, College Park, 1986.

OCDE, *Mesurer la productivité : Mesurer la croissance de la productivité par secteur et pour l'ensemble de l'économie*, Paris, 2001 (www.sourceOECD.org).

OCDE, *Micro-policies for growth and productivity*, final report, 2005.

OCDE, *Productivity measurement in the general government sector*, Expert meeting, 18-19 mars 1999, Paris, PUMA/HRM/M(99)1.

OCDE, *Services: measuring real annual value added*, Paris, 1995.

OCDE, *The e-government imperative*, Paris, 2003.

Odeck, J., "Assessing the relative efficiency and productivity growth of vehicle inspection services: An application of DEA and Malmquist", *in European Journal of Operational Research*, 126, 2000, p. 501-514.

Oï, W., "Productivity in the Distributive Trades: The Shopper and the Economies of Massed Reserves", *in* Griliches, Z. (ed.), *Output Measurement in the Service Sectors*, Chicago, University of Chicago Press, 1992, p. 161-191.

Olson, M., "Evaluating performance in the service sector", *in* Moss, M. (ed.), *The measurement of economic and social performances*, NBER, New York, Columbia University Press, 1972.

Osborne, D., Gaebler, T., *Reinventing government*, Reading, Mass., Addison Wesley Publishing Company, 1992.

Ouellette, P., Vierstraete, V., "Technological change and efficiency in the presence of quasi-fixed inputs: A DEA application of the hospital sector", *in European Journal of Operational research*, 154, 2004, p. 755-763.

Oum, T.H., Yu, C., Fu, X., "A comparative analysis of productivity performance of the world's major airports: summary report of the ATRS global airport benchmarking research report-2002", *in Journal of Air Transport Management*, 9, 2003, p. 285-297.

Parienty, A., *Productivité, croissance, Emploi : la France dans la compétitivité mondiale*, Paris, Armand Colin, 2005.

Patel, P., Soete, L., « L'Évaluation des effets économiques de la technologie », *in STI Review*, n° 4, 1988, p. 133-183.

Pavitt, K., "Sectoral Patterns of Technical Change: Towards a Taxonomy and a Theory", *in Research Policy*, 13, 1984, p. 343-373.

Perret, B., « L'industrialisation des services », *in* Blanc, G. (dir.), *Le travail au XXIe siècle : mutations de l'économie et de la société à l'ère des autoroutes de l'information*, Paris, Dunod, 1995, p. 37-38.

Petit, P., "Employment and Technological Change", *in* P. Stoneman (ed.) *Handbook of the economics of innovation and technological change*, Amsterdam, North Holland, Wiley-Blackwell, 1995, p. 366-408.

Petit, P., "Growth and Productivity in a knowlege based service economy", *in* Gadrey, J., Gallouj, F. (eds.), *Productivity, Innovation and knowledge in services*, Cheltenham, Northampton, Edward Elgar, 2002, p. 102-123.

Petit, P., « Formes structurelles et régimes de croissance de l'après-fordisme », *in Les cahiers de CEPREMAP*, n° 9818, 1998.

Porat, M., *The Information Economy*, PhD. Dissertation, Stanford, 1976.

Pritchard, A., "Understanding government output and productivity", *in Economic Trends*, n° 596, juillet 2003, p. 27-40.

Pritchard, A., *Étude Atkinson sur la mesure de la production des administrations publiques au Royaume-Uni*, Office For National Statistiques, Conférence des Statisticiens européens, 8-10 juin 2004, Paris.

Pritchard, A., *Measuring productivity change in the provision of publics services*, NIESR Conference on Productivity and Performances in the Provision of Public Services, 19 novembre 2002, Londres.

Ratchford, B., "Has the productivity of retail food stores really declined", *in Journal of retailing*, 79, 2003, p. 171-182.

Rees, R., *Public enterprise economics*, 2e éd., Londres, Weidenfeld and Nicholson, 1984.

Reynolds, D., Thompson, G.M., "Multiunit restaurant productivity assessment using three-phase data envelopment analysis", *in International journal of hospitality management*, vol. 26, n° 1, 2007, p. 20-32.

Rochet, C., *Les établisssements publics nationaux : un chantier pilote pour la réforme de l'État*, Paris, La Documentation française, 2002.

Romer, P., "Increasing returns and long term growth", *in Journal of political economy*, vol. 94, 1986, p. 1002-1037.

Rosenberg, N., *Inside the Black Box: Technology and Economics*, Cambridge (USA), Cambridge University Press, 1982.

Rosko, M.D., Mutter, R.L., "Stochastic Frontier Analysis of Hospital inefficiency", *in Medical Care Research and Review*, vol. 65, n° 2, 2008, p. 131-166.

Rouillard, L., Bourgault, J., Charih, M., Maltais, D., « Les ressources humaines : clé de voûte de la réforme du secteur public au Québec », *in Politiques et Management public*, vol. 22, n° 3, septembre 2004, p. 91-96.

Rouse, P., Putterill, M., Ryan, D., "Integrated performance measurement design: insights from an application in aircraft maintenance", *in Management Accounting Research*, 13, 2002, p. 229-248.

Roy, W., Yvrande-Billon, A., "Ownership, Contractual Practices and Technical Efficiency: The Case of Urban Public Transport in France", *in Journal of Transport Economics and Policy*, vol. 41, n° 2, 2007, p. 257-282.

Rubalcaba, L., *The New Service Economy: Challenges and Policy Implications for Europe*, Cheltenham, Northampton, Edward Elgar, 2007.

Salais, R., Storper, M., *Les mondes de production Enquête sur l'identité économique de la France*, Paris, École des hautes études en sciences sociales, 1993.

Sarkis, J., "An analysis of the operational efficiency major airports in the United States", *in Journal of Operation Management*, 18, 2000, p. 335-351.

Sassenou, M., *Recherche-développement et productivité dans les entreprises japonaises: une étude économétrique sur données de panel*, Thèse pour le doctorat de l'École des Hautes études en science sociales, Paris, 1988.

Schreyer, P., Pilat, D., « Mesurer la productivité », *in Revue économique de l'OCDE*, n° 33, 2001, p. 137-184.

Schreyer, P., *The contribution of information and communication technology to output growth: a study of the G7 countries*, OECD, Directorate for Science, Technology and Industry, DSTI/DOC (2000) 2, 23 mars 2000.

Schwartz, Y. (dir.), *L'évaluation économique à l'épreuve des services*, rapport de recherche financé par le ministère de la Recherche et de la Technologie, Centre APST Université Aix-en-Provence, 1992.

Schwartz, Y., *Analyse des activités de travail et pertinence des ratios économiques*, Centre A.P.S.T (rapport de recherche), 1992, p. 67-107.

Scicluna, E., Foot, R.M., Bird, R., "Productivity measurement in the public sector: the case of the police services", Communication au 36e Congrès de l'IIFP, Jérusalem, 1980.

Secrétariat d'État au Tourisme, *Le tourisme des années 2010*, Paris, La Documentation française, 2001.

Secrétariat d'État au Tourisme, *Tourisme et technologies de l'information et de la communication*, Paris, La Documentation française, 2000.

Secrétariat du Conseil du Trésor du Canada, 2005, http://www.tbs-sct.gc.ca/cio-dpi/intern_e.asp.

Sénat, *Projet de loi de finances pour 2005 : Fonction publique et réforme de l'État*, Rapport général n° 74 (2004-2005), déposé le 25 novembre 2004, http://www.senat.fr/rap/l04-074-321/l04-074-321.html

Sharle, P., "Public-Private Partnership (PPP) as a social game", *in Innovation*, vol. 15, n° 3, 2000, p. 227-252.

Shostack, G.L., "How to design a service", *in* Donelly, J.H. et George, W.R. (eds.), *Marketing of services*, Chicago, American Marketing Association, 1981.

Shostack, G.L., "Service Design in the Operating Environment", *in* George, W., Marshall, C. (eds.), *Developing New Services*, American Marketing Association, Proceedings Series, 1984, p. 27-43.

Shu, W., Strassmann, P.A., "Does information technology provide banks with profit", *in Information and management*, 42, 2005, p. 781-787.

Smith, A., *The wealth of nations*, New York, The Modern Library, 1960 (1re éd. : 1776).

Smith, P., Mannion, R., Goddard, M., "Performance management in health care: information, incentives and culture", *in Public services productivity seminar papers*, HM Treasury, Londres, 2003.

Soete, L., Miozzo, M., *Trade and Development in Services: a Technological Perspective*, mimeo, MERIT, 1990.

Solow, R., "A contribution to the theory of economic growth", *in Quarterly Journal of Economics*, vol. 70, 1956, p. 65-94.

Solow, R., "Technical change and the aggregate production function", *in Review of economics and statistics*, vol. 39, 1957, p. 312-320.

Srinivasan, S., *Estimation of own R&D, R&D Spillovers and Exogenous Technical Change Effects in some US High-Technology industries*, University of Southampton, *Discussion paper in Economics* n° 9607, février 1996.

Stankiewicz, F., « Productivité ou « valorité » du salarié ? Contribution au débat sur le travail », *in Travail et Emploi*, n° 91, juillet 2002, p. 19-29.

Stevens, P., "A stochastic frontier analysis of English and Welsh universities", *in Education Economics*, vol. 13 (4), 2005a, p. 355-374.

Stevens, P., "Assessing the performance of local services", *in National Institute Economic Review*, n° 193, 2005b, p. 90-101.

Stiglitz, J., Sen, A., Fitoussi, J.-P., Rapport de la Commission sur la mesure des performances économiques et du progrès social, Paris, septembre 2009.

Sundbo, J., "Modulization of service production and a thesis of convergence between service and manufacturing organizations", *in Scandinavian Journal of Management*, 10 (3), 1994, p. 245–66.

Sundbo, J., "The Service Economy: Standardisation or Customisation?", *in The Service Industries Journal*, vol. 22, n° 4, 2002, p. 93-116.

Thurow, L., *Towards a High-Wage, High-Productivity Service Sector*, Economic Policy Institute, Washington D.C, 1989.

Tirole, J., "Hierarchies and bureaucraties: on the role of collusion in organizations", *in Journal of law, economics and organization*, 2, 1986, p. 181-214.

Toivonen, M., *Expertise as business: Long-term development and future prospects of knowledge-intensive business services*, Doctoral dissertation, Helsinki University of Technology, 2004.

Tulkens, H., « La performance productive d'un service public : définitions, méthodes de mesure et application à la régie des Postes en Belgique », *in L'Actualité économique, Revue d'analyse économique*, vol. 62, n° 2, 1986, p. 306-335.

UNPAN, *UN global e-government readiness report 2004: towards access for opportunity*, United Nations Online Network in Public Administration and Finance (UNPAN), New York, 2004.

Valeyre, A., *Les formes d'intensification du travail industriel et leurs déterminants*, Colloque « Organisation, intensité du travail, qualité du travail », 21, 22 novembre 2002, Paris.

Verspagen, B., "R&D and Productivity: A Broad Cross-Section Cross-Country Look", *in Journal of Productivity Analysis*, vol. 6, 1995, p. 117-135.

Vivarelli M., *The economics of technology and employment: Theory and Empirical Evidence*, Aldershot, Edward Elgar, 1995.

Von Hippel, E., "The dominant role of users in the scientific instruments innovation process", *in Research Policy*, 5, juillet 1976, p. 212-239.

Von Hippel, E., *The sources of innovation*, New York, Oxford University Press, 1988.

Williams, J., Gardener, E., "The efficiency of European regional banking", *in Regional Studies*, vol. 37 (4), 2003, p. 321-330.

Wölfl, A., « La productivité des services est-elle sous-estimée ? », *in Problèmes économiques*, n° 2870, 2005, p. 32-37.

Worthington, A., Lee, B., "Efficiency, technology and productivity change in Australian Universities, 1998-2003", *in Working Paper* 05/01, University of Wollongong, 2004.

Worthington, C.A., "Malmquist indices of productivity change in Australian financial services", *in Journal of International Financial markets, Institutions and Money*, 9, 1999, p. 303-320.

Yaisawarng, S., "Performance measurement and resource allocation", *in* Fox, K. (ed.), *Efficiency in the public sector*, Dordrecht, Kluwer Academic Publishers, 2002, p. 61-81.

Young-Yong, L., Yong-Tae, P., Hyung-Sik, O., « The impact of competition on the efficiency of public enterprise: the case of Korea Telecom », *in Asia Pacific Journal of Management*, vol. 17, 2000, p. 423-442.

Yu, K., *Measurement of government output: A review*, Document de travail, Ontario, 2003.

Business & Innovation

The creation of new activities, of news production and consumption modes, of new goods and services, of new markets and new jobs (etc.) depends as much on the heroic action of entrepreneurs as on the strategies of big corporations which develop their activities at a global scale. Innovation and business are interlinked. The main themes of the books published in this series are: Entrepreneurship, enterprise and innovation; Innovation strategies in a global context; Innovation policies and business climate; Innovation, business dynamics and socio-economic change. The synergies between innovative entrepreneurship, firms' strategies and innovation policies is of major importance in the explanation of technological paradigms change and of the transformations in economic and social structures of wealthy and less wealthy countries. In this series are published books in English or in French specialized in economics, management and sociology of innovation and also dealing with change and entrepreneurship in a local, national or international perspective.

This series is supported by the Research Network on Innovation.

La création de nouvelles activités, de nouveaux modes de production et de consommation, de nouveaux biens et services, de nouveaux marchés, de nouveaux emplois, etc. repose aussi bien sur l'action héroïque des entrepreneurs que sur la stratégie des grandes entreprises qui se déploient sur une échelle mondiale. L'innovation et les affaires sont intrinsèquement liées. Trois grandes thématiques seront particulièrement privilégiées : Entrepreneuriat, entreprise, innovation et développement durable ; Innovation et réseaux ; L'Innovation dans un contexte global. Les rapports synergiques entre entrepreneuriat innovant, stratégies des firmes et politiques d'innovation est un axe majeur dans le changement des paradigmes technologiques et la modification des structures économiques et sociales des pays riches et moins riches. Dans la collection sont publiés en français ou en anglais des ouvrages d'économie, de management et de sociologie de l'innovation, du changement et de l'entrepreneur dans une perspective locale, nationale et internationale.

La collection bénéficie de l'appui du Réseau de Recherche sur l'Innovation.

FSC
www.fsc.org
MIX
Papier | Fördert gute Waldnutzung
FSC® C083411

Kolibri 360 GmbH
Ferdinand-Jühlke-Straße 7
99095 Erfurt, Deutschland
produktsicherheit@kolibri360.de